MINERVA
保育士等キャリアアップ
研修テキスト

今井和子・近藤幹生 監修

保護者支援・子育て支援

小野崎佳代・石田幸美
編著

ミネルヴァ書房

監修者のことば

このMINERVA 保育士等キャリアアップ研修テキストは、「乳児保育」「幼児教育」「障害児保育」「食育・アレルギー対応」「保健衛生・安全対策」「保護者支援・子育て支援」「マネジメント」の全７巻で構成されています。いずれも、保育士養成校等で教育・研究に尽力されている専門分野の先生方、そして経験豊富な保育実践者の方々により、執筆していただきました。

これらのテキストの執筆をお願いした専門分野の先生方は、常に現場の職員と一緒に研究活動に取り組み、保育の質の向上を支えてこられ、現場に精通されています。そして、現職の園長先生や主任保育士、保育者にあえてこのテキストの執筆を依頼したのは、今日的な保育課題に主体的に取り組み、活力のある保育・教育を創造していくのに、現場の実践力こそが不可欠ではないかと考えたからです。

2017年４月、厚生労働省は通知「保育士等キャリアアップ研修の実施について」を発出しました。この通知を受けた研修の一番のねらいは、保育実践現場において、すでに一定の経験をもっている保育者が学びを深めること、保育の質的向上、職員の資質向上を目指すことです。研修の受講者自身が、各園においてミドルリーダーあるいはリーダーとなることを目的としています。保育に関わる基本的知識はもちろんですが、専門的知識･技術を土台にして、最近の保育の動向についても理解し、さらに深めてもらえる内容になっています。

各巻では、レッスンのはじめにポイントを箇条書きにしてあります。そして、保育実践現場の具体的事例や写真、図表類などを盛り込むようにしました。また講義形式での講座を受講しながら、必要な事項をメモできるように本文欄外にスペースを設けました。さらに、各レッスンでは、演習形式でのグループ討議の際、考え合ってほしい課題を盛り込みました。職場以外の同じ立場の者同士が多様な保育課題について語り合い、専門性の向上に努めるまたとない機会として活用していただければと思います。さらに、学びを深めたい方々のために、巻末に参考文献リストや資料を掲載しています。

このキャリアアップ研修テキスト（全７巻）により学びを進め、各園における課題を見いだし、あるいはこれまでの保育内容を再考する契機となることを願っています。キャリアアップ研修の参加者自身が、保育の質的向上、職員の資質向上を目指すために奮闘してほしいと願っています。保育者たちは、日常業務の忙しさのなかにあり、学ぶ時間をつくりだすこと自体が困難となっています。もちろん、こうした保育実践現場の課題は、実践現場の方々の努力だけで解決できうることではありません。しかし、「学ぶことは変わること」（林竹二）です。このキャリアアップ研修においてかなりの長い時間をかけて学ばれる以上は、学びの達成感やリーダーとしての力量、すなわち「園の組織を学び合う実践共同体へと変えていく力」を修得していただければ、という願いをもってつくりました。それによって、保育者としての生きがいを追求する姿を確かめ合っていけるのではないでしょうか。

皆さんの、学びへの積極的意欲を励ますとともに、全７巻の執筆者のご協力に感謝し、監修者のことばとします。

2020年10月

近藤幹生
今井和子

はじめに

社会の変化のなかで子育て環境も大きく変化し、今ほど子育てが困難な時代はないのではないでしょうか。かつては、家庭や地域において子育ての文化が受け継がれ、親以外の多くの大人に見守られながら子どもが育つ環境がありました。

しかし、核家族のなかで育った世代が親となり、家庭における育児の継承が難しくなっています。また、都市化が進むとともに地域のつながりも希薄になり、「孤育て」という言葉に表されるように、周囲に相談相手がなく親が孤立する状況が増えています。

このような状況のなかで、多くの母親が子育てに不安や負担感をもつようになり、さらに子どもから離れる時間がもてないことからくる育児ストレスや、メディアやSNSなどにあふれる育児情報に翻弄されて不安を増大させるといった現実があります。

こうしたなか、園児の保護者だけでなく地域の保護者にとっても、最も身近な児童福祉施設である保育所やこども園に求められる子育て支援の役割はますます大きくなっています。

2001年、保育士は、「児童の保育及び児童の保護者に対する保育に関する指導を行う」専門職として「児童福祉法」に位置づけられました。2008年改定の「保育所保育指針」には「保護者に対する支援」として「保育所に入所している子どもの保護者に対する支援」と「地域における子育て支援」が規定され、2017年改定の「保育所保育指針」では「子育て支援」として、その重要性がより強調されました。

保育所やこども園に求められる子育て支援とは、親子の愛着関係を支え、子どもが発達の道筋をたどって成長していく、その成長の喜びを共有しながら親が親として育っていくことを支えることだと思います。乳幼児期の親子の愛着関係は、生涯にわたって生きる力の基盤になります。保護者の悩みや不安を受けとめ、保護者が子どもと向き合い子育ての喜びを感じられるように支援していくことが重要なのです。

本テキストでは、こうした保育の専門性を生かした子育て支援のあり方について、保育現場での事例をもとに、実践につながる理解を深められるよう努めました。

第１章、第２章では、保護者支援、子育て支援の意義と、保護者・地域への子育て支援の基本を確認します。第３章では、ソーシャルワークの技法を援用しながら保育の専門性を基盤とする相談援助のあり方を学びます。第４章では、児童虐待の予防や対応について、子どもの人権を守るために園が取り組むべきことについて考えます。第５章では、多様化、個別化する保護者への支援において今後ますます重要になってくる専門機関、関係機関などの社会資源や地域資源との連携について考えていきます。

本テキストを活用し、ミドルリーダーとして、保護者に寄り添い保護者と共に歩む子育て支援を実践するとともに、園全体での体制づくりや職員の資質向上に積極的に取り組んでほしいと願っています。

2020年10月

小野﨑佳代
石田　幸美

目 次

本シリーズは、厚生労働省「保育士のキャリアパスに係る研修体系等の構築について」に準拠したうえで、ミドルリーダーとして知っておきたい保育内容を充実させ、学んだ知識を保育現場で活用できるような構成になっている。したがってキャリアアップ研修のみならず、園内研修用のテキストとしても使用可能である。

第１章

保護者支援・子育て支援とは

少子化、核家族化が進む現在、乳児から子どもを園にあずけ仕事に就く保護者が増えました。保育者には、子どもの最善の利益を尊重することを目的としつつ、保護者のもつさまざまな悩みに向き合い、共に考えていく姿勢が求められます。

その際には、保護者自身の背景にある育ちや家庭の現状や環境にも目を向け、対応する必要があります。また保育者は一人で抱え込まず、保護者とある程度の距離を保ち、守秘義務を守りながら園全体で考えていくことも大切です。

この章では、現在の子育て家庭を取り巻くさまざまな環境を理解し、保護者一人ひとりに寄り添い、支援するために必要な知識、心構えなどを考えていきましょう。

レッスン 1

現代の保護者を取り巻く子育て環境と子育て支援

保育所、認定こども園には、さまざまな子育て支援が求められている。

写真提供：ほしのみや保育園

ポイント

1 社会の変化のなか、保護者の子育てに対する不安や負担が増大している。
2 園における子育て支援の意義と役割はより重要になっている。
3 園の保護者と地域の子育て家庭に対する支援が求められている。

1 保護者を取り巻く社会的環境の変化と子育て不安の増大

少子高齢化が急速に進む現在、核家族化の進行や地域のつながりの希薄化など子育て家庭を取り巻く環境が大きく変容するなかで、子育て不安の増大や児童虐待などの問題が生じています。子育て支援の必要性が叫ばれるようになり、園に求められる保護者支援・子育て支援の役割もより重要になってきています。

1 少子化、核家族化の進行

まず、保護者の置かれている状況についてみていきましょう。

図 1 - 1 は、出生数と**合計特殊出生率**を示したグラフです。

1973年をピークに出生数は減少し続け、1989年、合計特殊出生率が1.57

用語 **合計特殊出生率**
一人の女性が一生の間に産む子どもの数。人口を一定に維持するために必要な水準は2.08であるとされている。

図１-１　出生数および合計特殊出生率の年次推移

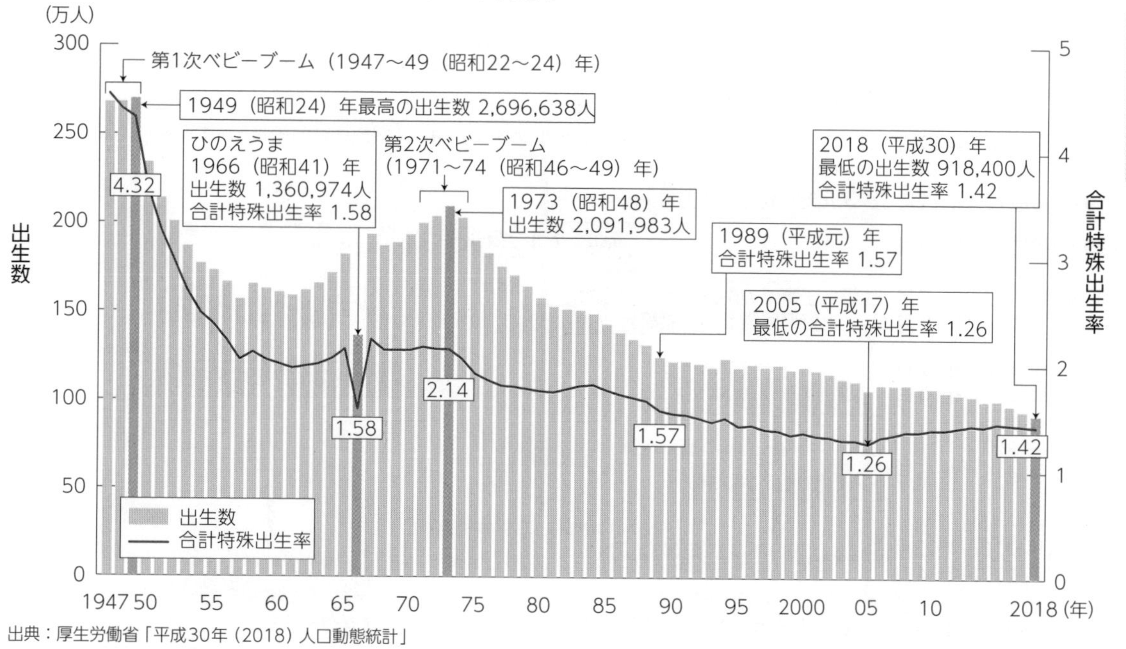

出典：厚生労働省「平成30年（2018）人口動態統計」

となり、そのことが翌年の調査で判明したときは「1.57ショック」といわれました。これ以降、国はさまざまな子育て支援策（図１-２）を行ってきましたが、出生数は減り続け2018年には合計特殊出生率が1.42と、少子化には歯止めがかからないのが現状です（図１-１）。

また、18歳以下の子どものいる世帯の約８割が核家族という調査結果があります（「平成30年国民生活基礎調査」）。さらに、核家族化の進行とも相まって地域における人と人とのつながりが希薄になっていることがあげられます。

６歳未満の子どもをもつ夫婦が１日のなかで家事・育児に費やす時間は、妻が１日当たり７時間34分であるのに対して夫は１時間23分と、他の先進国に比べて極めて少なく（図１-３）、共働き家庭と妻が働いていない家庭とで、その数字は大きく変わりません（図１-４）。また、共働き家庭でも約８割の夫が家事をまったく行っておらず、約７割の夫が育児をまったく行っていないというデータもあります（図１-４）。そこからは、家事も子育ても母親がほとんど一人で引き受けている（共働き家庭の母親はそのうえに仕事もしている）状況がみえてきます。身近にサポートしてくれる人がいないなか、子育ての負担が母親だけに偏れば、育児ストレスにつながるでしょう。

図１－２　これまでの国の少子化対策の取り組み

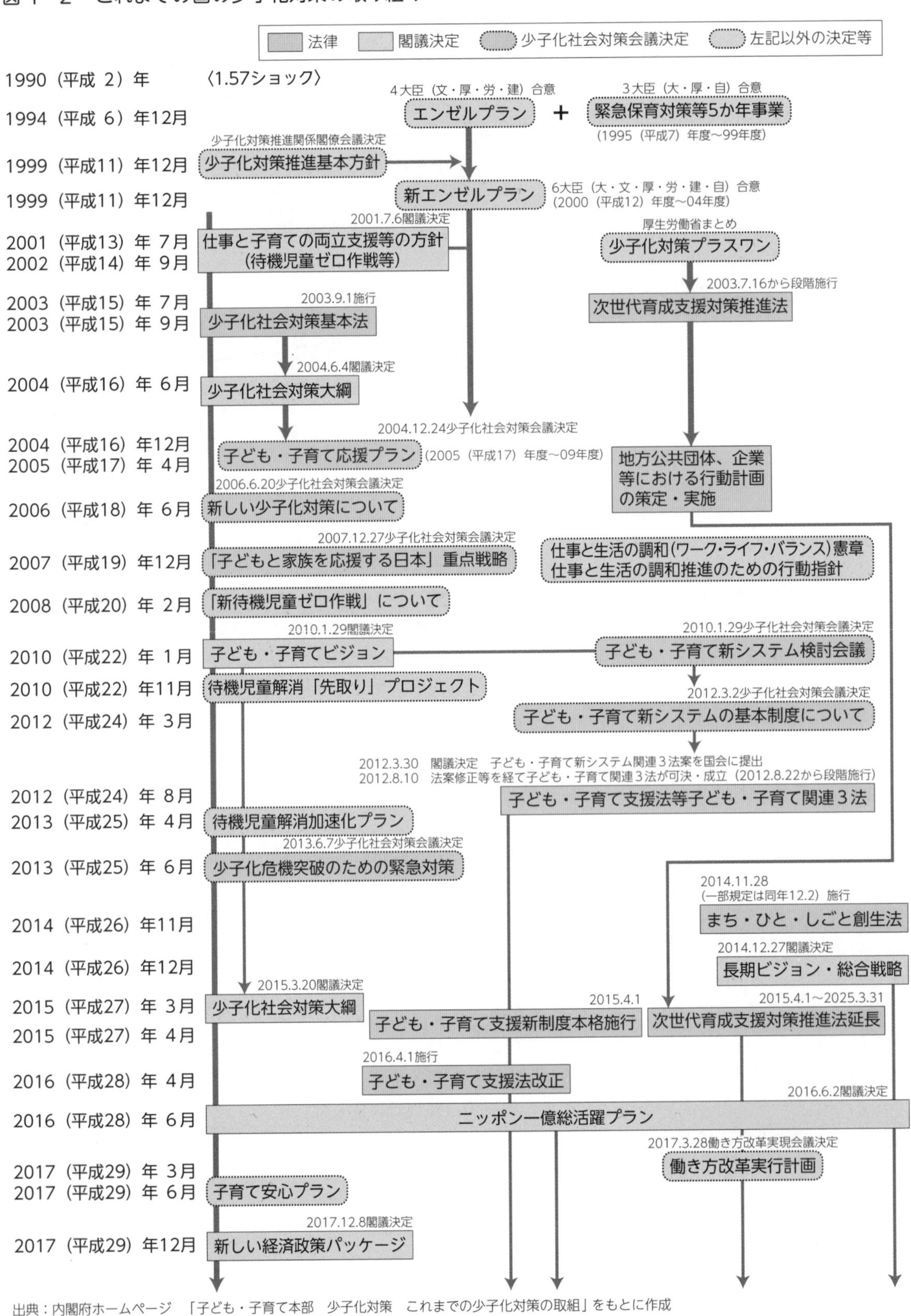

出典：内閣府ホームページ　「子ども・子育て本部　少子化対策　これまでの少子化対策の取組」をもとに作成

図１－３　６歳未満の子どもをもつ夫婦の家事・育児関連時間（１日当たり、国際比較）

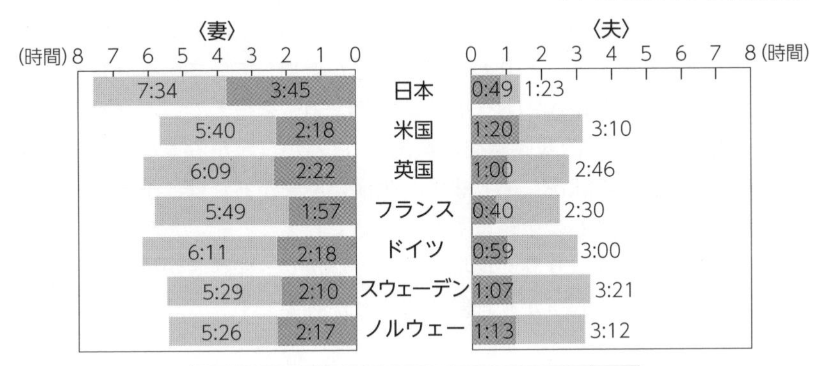

備考：１.総務省「社会生活基本調査」（平成28年）、Bureau of Labor Statistics of the U.S. “American Time Use Survey”（2016）及び Eurostat “How Europeans Spend Their Time Everyday Life of Women and Men”（2004）より作成。
２.日本の値は、「夫婦と子供の世帯」に限定した夫と妻の１日当たりの「家事」、「介護・看護」、「育児」及び「買い物」の合計時間（週全体平均）。
出典：内閣府『平成30年版男女共同参画白書』2018年

図１－４　６歳未満の子どもをもつ夫の家事・育児関連行動者率

a. 妻・夫共に有業（共働き）の世帯　b. 夫が有業で妻が無業の世帯

〈家事〉

	a. 行動者率	a. 非行動者率	b. 行動者率	b. 非行動者率
平成23年	19.5	80.5	12.2	87.8
28年	23.3	76.7	14.0	86.0

〈育児〉

	a. 行動者率	a. 非行動者率	b. 行動者率	b. 非行動者率
平成23年	32.8	67.2	29.6	70.4
28年	31.0	69.0	29.6	70.4

（0　20　40　60　80　100(%)）
行動者率　非行動者率

備考：１.総務省「社会生活基本調査」より作成。
２.「夫婦と子供の世帯」における６歳未満の子供を持つ夫の１日当たりの家事関連（「家事」及び「育児」）の行動者率（週全体平均）。
※行動者率…該当する種類の行動をした人の割合（％）　※非行動者率…100％－行動者率
３.本調査では、15分単位で行動を報告することとなっているため、短時間の行動は報告されない可能性があることに留意が必要である。
出典：内閣府『平成30年版男女共同参画白書』2018年

２ あふれる育児情報

少子社会では、わが子が生まれるまで赤ちゃんに触れたことがなく、親になる準備がほとんどなされないまま親になる保護者が増えています。そのため乳幼児の育ちが理解できず、「泣かれるとどうしていいかわからない」「いうことをきかないとイライラしてしまう」など、子育てに悩み、負担感を強める保護者も少なくありません。

その一方で、インターネットなどには育児情報があふれ、検索すれば簡単に情報が得られる反面、何が本当に正しい情報なのか判断基準がわからず、「自分の育て方でいいのか」と、よけいに不安を募らせている現状があります。

3 経済的困難、ひとり親家庭の増加

さらに、非正規雇用者が全労働人口の4割近くを占めるなかで、共働きの忙しさに加え、厳しい経済状況に直面している家庭もあります。

また、ひとり親家庭、とりわけ母子家庭が増加しています（→レッスン4参照）。相対的貧困率がひとり親家庭では50％を超えている（厚生労働省「平成28年国民生活基礎調査の概況」）ことからわかるように、その多くは経済的に困難な状況にあります。生活に不安があれば、子どもとゆっくり向き合う時間や心の余裕はもちにくいでしょう。

こうした子育てを取り巻く環境の変化のなかで、保護者が置かれている現状について、まずしっかり理解することが必要です。

2 園における子育て支援の必要性と保育者の役割

1 入所する子どもの保護者と地域の子育て家庭に対する支援

このように社会の変容や家族のありようの変化に伴い、子育てへの困難や負担が増しているなか、園には保護者の子育てに対する支援と地域の子育て家庭に対する支援が求められるようになりました。

「児童福祉法」第18条の4には「この法律で、保育士とは、第18条の18第1項の登録を受け、保育士の名称を用いて、専門的知識及び技術をもつて、児童の保育及び児童の保護者に対する保育に関する指導を行うことを業とする者をいう」と、子どもの保育とともに保護者に対する保育に関する指導を行うことが、保育士の法定業務であることが明記されています（この「指導」の意味については後述します）。

さらに、保育所の役割として、第48条の4には「当該保育所が主として利用される地域の住民に対してその行う保育に関し情報の提供を行い、並びにその行う保育に支障がない限りにおいて、乳児、幼児等の保育に関する相談に応じ、及び助言を行うよう努めなければならない」と書かれています。

これを踏まえ、「保育所保育指針」にも、保育所の役割として次のように示されています[*1]（下線部は筆者による）。

> ウ　保育所は、入所する子どもを保育するとともに、家庭や地域の様々な社会資源との連携を図りながら、<u>入所する子どもの保護者に対する支援及び地域の子育て家庭に対する支援</u>等を行う役割を担うものである。
>
> エ　保育所における保育士は、児童福祉法第18条の4の規定を踏ま

参照　＊1　「保育所保育指針」第1章1（1）「保育所の役割」ウ、エ

> え、保育所の役割及び機能が適切に発揮されるように、倫理観に裏付けられた専門的知識、技術及び判断をもって、子どもを保育するとともに、子どもの保護者に対する保育に関する指導を行うものであり、その職責を遂行するための専門性の向上に絶えず努めなければならない。

すなわち、園には、入所している子どもの保護者に対する支援と地域の子育て家庭の保護者に対する支援という、両面の支援が求められているのです。そして、その役割を十分に果たすため、保育者は絶えず自らの倫理観に裏づけられた専門性を高める努力をすることが必要なのです。

2 子育てのパートナーとしての保育者の役割

保育者は、日中のほとんどの時間を園で過ごす子どものことを、保護者以外で最もよく理解している存在だといえるでしょう。園の保護者にとっては、わが子のことをよく理解してくれている保育者だから、何でも気軽に相談できるのではないでしょうか。子どもを真ん中にして保護者と共育していく子育てのパートナー、これこそが保育者の役割だといえるでしょう。

また、地域の子育て家庭の保護者にとって、園は最も身近な児童福祉施設です。気軽に子どもと一緒に遊びに行けたり、子育ての相談ができたりする場所が近くにあり、そこに保育のプロがいることは、どんなに心強いでしょう。子育ての孤立化のなかにあって、専業主婦のほうが、より育児ストレスを抱えているというデータもあります（村山ほか、2006年）。

保育者は、保育の専門職としての保育者の役割、地域の子育てに関する社会資源の中核としての園の機能を、しっかりと自覚することが重要です。

3 指示ではなく、支持を（「保育に関する指導」の意味）

ここで、「児童福祉法」第18条の4に規定された「保護者に対する保育に関する指導」という言葉の意味について考えてみましょう。

「指導」というと、何かを「教える」ことのようにとらえられがちですが、上から「こうすべき」と指示したり、教えたりすることではけっしてありません。

「保育所保育指針解説」には次のように書かれています[＊2]。

> 子どもの保護者に対する保育に関する指導とは、保護者が支援を求めている子育ての問題や課題に対して、保護者の気持ちを受け止めつつ行われる、子育てに関する相談、助言、行動見本の提示その他の援助業務の総体を指す。子どもの保育に関する専門性を有する保育士が、各家庭において安定した親子関係が築かれ、保護者の養育力の向上に

参照　＊2　「保育所保育指針解説」第4章「子育て支援」「保育所における保護者に対する子育て支援の原則」

つながることを目指して、保育の専門的知識・技術を背景としながら行うものである。

保護者が求めている課題に対して、保護者の気持ちを受けとめ寄り添いながら、相談に応じたり必要な助言を行ったりすること、そして子どもへの関わり方のモデルを示すことなどの援助こそ、保育士の専門性を生かした指導であるということです。

「指示」ではなく、寄り添いサポートする「支持」こそ、保護者支援の役割を果たすうえで保育者に求められる大切な姿勢だといえましょう。

次の事例から考えてみましょう。

事例 保育園に行きたくない！

子どもたちが次々と登園してくる朝のことです。ミユちゃん（5歳児）の母親から園長先生に電話がかかってきました。「今日も保育園に行かないと言って手こずらせて困っています。登園が遅くなるので担任の先生に伝えてください」。感情的になっていることが伝わる電話の向こうから、「保育園なんか行きたくない！　なんで電話するんだ！」と大声で泣き叫んでいるミユちゃんの声が聞こえてきます。

「何時になっても待っていますよ。ミユちゃんが落ち着いてから、ミユちゃんの気持ちを聞いてあげてください」と言って園長先生は受話器を置きました。

お昼近くになって登園してきたので、今日は仕事を休んだという母親に園長先生が声をかけ、話を聞くことにしました。

「このところ毎朝、『保育園に行きたくない！』と布団から起きてこず、やっと起こすと着替えもせず、朝食もだらだら食べていて、ついには私が怒って手が出てしまう。そうすると、よけい大暴れし、どう対応したらよいかわからない。本当に疲れ果ててしまう……」と、母親は涙ぐみながら話してくれました。園長先生が、「お母さん、大変でしたね。今日はよく園に連れてきてくださいましたね。ミユちゃんがなぜそういう行動をとるのか、ミユちゃんの気持ちを考えながら、どうしたらよいか一緒に考えていきましょう」と話すと、母親は「話を聞いてもらって少しすっきりしました」と帰っていきました。

この事例では、園長先生は担任から、最近、ミユちゃんが母親に反抗することが多く、母親から相談されていることを聞いていました。ミユちゃん親子は母子家庭です。母親は子どもに対する要求が高く、週３日、降園後や休日に習い事に通わせています。習い事に行くのが嫌だとミユちゃんが担任に言うこともあり、母親からあれこれ指図されることもミユちゃんのストレスになっているのではないかと、親子関係が不安定になっていることを担任も心配していました。担任としてのミユちゃんと母親への対応とともに、園長先生が母親の話をじっくり聞くなど、園全体での支援の方向を話し合うことにしました。

ワーク

①あなたの園では、保護者支援・子育て支援について、どのような理念や方針をもっていますか。グループ内で発表し合った後、気づいたことを話し合いましょう。
②事例について、この後、どのような支援が必要だと考えますか。自分が担任だったら、母親と子どもに対して具体的にどのように支援しますか。また、園全体でどのように支援する体制をつくればよいか、話し合いましょう。

レッスン 2

保護者との信頼関係をどう築くか
——子育て支援の基本

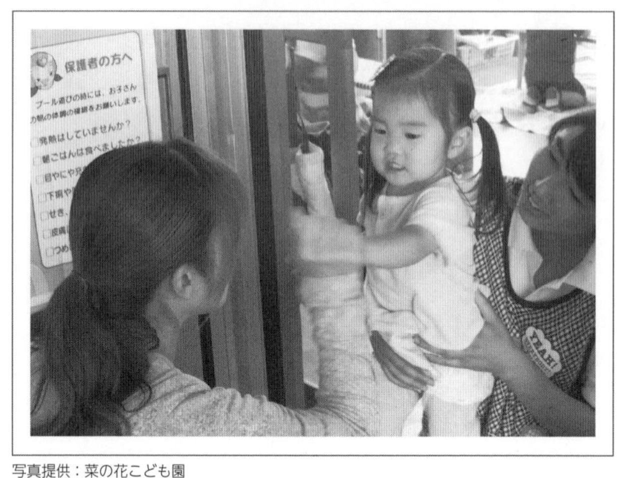

朝夕の親子の「出会い」と「別れ」の時間を大切に。

写真提供：菜の花こども園

ポイント

1. 保護者に対する子育て支援の基本は、子どもの最善の利益を尊重し、保護者の養育力の向上を支えることである。
2. 日頃から保護者と本音で語り合える関係を築くことが大切である。
3. 安定した親子関係を支えることが保育者の役割である。

1 保護者に対する子育て支援の基本

1 子どもの最善の利益の尊重

これまで述べてきたように、子育てに困難を抱える保護者が増え、子どもの健やかな成長が保障されにくいなかで、社会全体で子育てを支える必要性が高まり、園に求められる役割も大きくなっています。園における保護者に対する子育て支援の基本について考えるとき、子どもの最善の利益を尊重することは、根幹となる理念です。

保育所は「入所する子どもの最善の利益を考慮し、その福祉を積極的に増進することに最もふさわしい生活の場[*1]」であり、保護者に対する支援も、この大切な視点を忘れてはなりません。

参照 ＊1 「保育所保育指針」第1章1（1）「保育所の役割」ア

「子どもの最善の利益」については、**「児童の権利に関する条約」**第３条に、「子どもに関係のあることを行うときには、子どもにもっともよいことは何かを第一に考えなければなりません」（日本ユニセフ協会抄訳）と定められ、「いつの時代においても、どの地域においても、どんな状況においても、子どもの最善の利益が考慮される必要があり、『子どもに関わるすべての活動』に適用されなければならない」（井村・今井、2016年）とされています。

「児童福祉法」では、2016年６月に改正された第１条、第２条において、こうした子どもを権利の主体としてとらえる児童福祉の理念が明確に示されています。

> **第１条**
> 全て児童は、児童の権利に関する条約の精神にのつとり、適切に養育されること、その生活を保障されること、愛され、保護されること、その心身の健やかな成長及び発達並びにその自立が図られることその他の福祉を等しく保障される権利を有する。
>
> **第２条**
> 全て国民は、児童が良好な環境において生まれ、かつ、社会のあらゆる分野において、児童の年齢及び発達の程度に応じて、その意見が尊重され、その最善の利益が優先して考慮され、心身ともに健やかに育成されるよう努めなければならない。
> ②　児童の保護者は、児童を心身ともに健やかに育成することについて第一義的責任を負う。
> ③　国及び地方公共団体は、児童の保護者とともに、児童を心身ともに健やかに育成する責任を負う。

つまり、保護者に対する子育て支援は、保護者への働きかけをとおして「子どもの最善の利益」を保障する取り組みであり、保護者が適切な養育ができるよう支えていくことなのです。実際の保育の場面では、延長保育や病児病後児保育など保護者のニーズと子どもの思いとの狭間で悩むこともあるでしょう。仕事と子育ての両立を支援するために保護者の状況を理解しつつ、常に子どもの最善の利益を念頭に置き、子どもの生活や健康面、情緒の安定などに配慮することが必要です。

2 保護者の養育力の向上を支える

子どもの成長を保護者と共に理解し合い、その喜びを共有しながら子育ての主体である保護者が自らの養育力を高めていけるよう支えることも重

用語　「児童の権利に関する条約」
通称「子どもの権利条約」。1989年に国際連合で採択された子どもの基本的人権を保障するための条約。日本は1994年に批准した。

要な子育て支援の基本です。このことについて、「保育所保育指針」では次のように述べています*2（下線部は筆者による）。

> 保育所における保護者に対する子育て支援は、全ての子どもの健やかな育ちを実現することができるよう、（中略）子どもの育ちを家庭と連携して支援していくとともに、保護者及び地域が有する子育てを自ら実践する力の向上に資するよう、次の事項に留意するものとする。

子育て支援とは、子育てをとおして保護者が親として成長していくことを支える営みであり、子育ての代行をすることではけっしてありません。保護者と共に子どもの育ちを支える視点をもって、保護者が子育ての喜びを感じられ、子育てに自信がもてるように支援していくということです。最初から完璧な親などいません。深い子ども理解に基づいて、日々成長する子どもの姿を保護者に伝え、保護者が子育ての喜びを感じられるように支援していくことが大切です。

3 保護者の自己決定を尊重する

保護者を支援していく過程においては、保護者自らが選択し決定することを支援していくことが大切です。保育所の特性を生かした子育て支援のあり方として、「保育所保育指針」には次のように示されています*3。

> 保護者に対する子育て支援を行う際には、各地域や家庭の実態等を踏まえるとともに、保護者の気持ちを受け止め、相互の信頼関係を基本に、保護者の自己決定を尊重すること。

「保護者の自己決定を尊重する」とは、不適切だと思う行為などを無条件に受け入れることではありません。肯定できないと思うことでも、まずは、ありのままの「保護者の気持ちを受け止め」ることで、保護者を深く理解する手がかりとするのです。その際、背景まで深く理解するために「各地域や家庭の実態等を踏まえる」ことが重要になります。

子育ての主体は保護者です。大切なことは、「指示」するのではなく、「こんな方法もあります」「こんなふうに考えることもできます」と情報や選択肢を提示し、保護者自身の考えるプロセスに寄り添うこと、そして保護者が判断し自己決定したことに対して「支持」する姿勢を示すことです。

4 プライバシーの保護と秘密保持

保育の現場ではさまざまな個人情報を扱いますが、知り得た個人情報はけっして漏らしてはなりません。「児童福祉法」第18条の22に「保育士は、正当な理由がなく、その業務に関して知り得た人の秘密を漏らしてはなら

＊2　「保育所保育指針」第4章「子育て支援」
＊3　「保育所保育指針」第4章1（1）「保育所の特性を生かした子育て支援」ア

ない。保育士でなくなつた後においても、同様とする」とあるように、保育士には秘密保持義務があり、違反した場合の罰則規定もあります（同法第61条の2）。子どもや保護者、家族に関する個人情報の取り扱いには十分注意しなければなりません。「個人情報の取り扱い」についてはルールを定め、情報の種類や活用範囲、活用目的などを理解し、全職員で共有することが大切です。

ただし、虐待など子どもの利益を損なう場合は、秘密保持よりも通告義務を優先しなければなりません。

2　日頃からの信頼関係づくりを大切に

1　子どもとの信頼関係を土台に、保護者一人ひとりと向き合う

保護者との間に信頼関係がなければ、支援は成り立ちません。そのため、日々の保育実践や保護者との関わりのなかで、いかに信頼関係を築いていけるかが鍵になります。何よりも大切なことは、一人ひとりの子どもを大切に、愛情をもって保育するということです。そんな保育者を子どもは好きになり、わが子が大好きな保育者には保護者も信頼を寄せてくれるでしょう。

これまでも述べたように、園生活のなかで子どもの育ちを、さまざまな機会や場面をとらえてていねいに伝えることで、保護者はわが子の成長の喜びを実感し、子育てに前向きになれるでしょう。しかし、ときには、子育てに悩んだりすることもあります。悩みや愚痴も含めて本音で語り合える、そんな保護者とのよい関係をつくっていきたいものです。そのために、保護者一人ひとりとしっかり向き合い、対話できる力が必要です。

2　受容と保護者への共感的理解

保護者に関わるときの基本姿勢として、保護者の言葉の背後にある思いを受け止めることが重要です。耳を傾けて心を込めて聴く（傾聴）とは、気持ちを聴くことにほかなりません。保護者が思いを出しやすい、本音をいえる関係を築くことが大切であることは、これまで述べてきたとおりです。

保護者の思いを受けとめたら（受容）、その気持ちに寄り添い共感することです。自分の価値観を押し付けず、「～と思われたのですね」と相手の言葉を繰り返すのがポイントです。肯定できない考えだからといって、「それは間違っています」と否定されたり、「～すべきです」と指示されたりしたら、保護者は話す気持ちをなくしてしまいます。

まずは、相手の話に真剣に耳を傾け、途中で口を挟まず最後まで聴き取ること、そして、「大変でしたね」「頑張りましたね」などと共感を言葉で表すことが大切です。

3 自己開示とリフレーミング

自己開示とは、自分をオープンにすることです。子育ての経験など、自慢話ではなく、特に失敗談や悩みなどを話すことが大切です。保育者も人間としての欠点や弱さをもっていることをみせることで、保護者は、保育者だってそうなのだ、自分だけではないのだと心を開き、安心感をもつでしょう。それによって、保護者は自分の悩みなどを話しやすくなり、保育者との信頼関係につながっていくでしょう。

リフレーミングとは、心理的な出来事のフレーム（枠組み）を別の視点からみてみることをいいます。同じ出来事（姿）でも、プラスの視点でみるか、マイナスの視点でみるかによって、表現も印象も変わってきます。

リフレーミングを意識して、相手を肯定的にみることで、相手への関わりもやりとりも変わってきます。

ワーク1

リフレーミング

3～4人のグループになって、図2-1の例も参考にしながら、以下の手順で実際にリフレーミングをやってみましょう。

・紙に自分の短所だと思うことを一つだけ書く。
・書いた紙を左隣の人に渡し、自分も右隣の人から短所を書いた紙をもらう。
・もらった紙に書かれた内容を、見方を変えて肯定的な表現に書き換える。
・その紙を相手に、声に出して読んでから返す。返してもらった人はこのとき、感想を言う。
・一人ずつ順番に行い、ほかの人は聞いている。
・グループの全員が終わったら、感想を話し合う。

出典：新保・田中編著、2016年、48頁

図2-1　リフレーミングの例

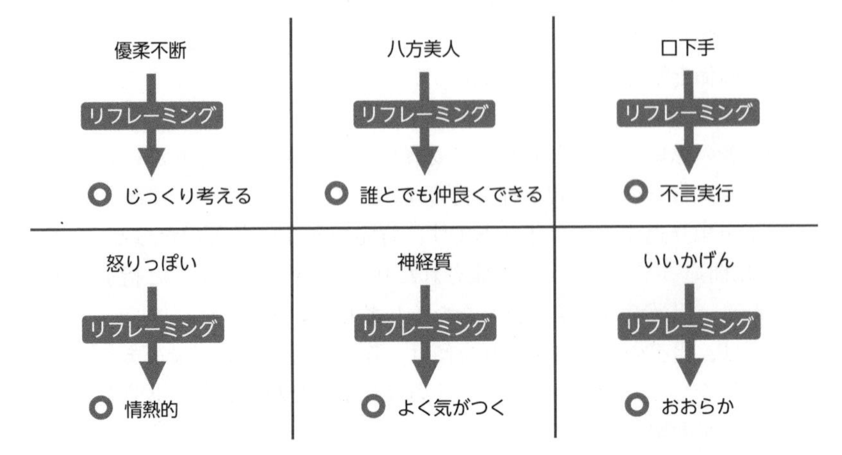

3 親子の安定した関係を支える

「保育所保育指針」には、次のように書かれています＊４。

> 保育所は、入所する子どもの保護者に対し、その意向を受け止め、子どもと保護者の安定した関係に配慮し、保育所の特性や保育士等の専門性を生かして、その援助に当たらなければならない。

ここでは、保護者の気持ちを受けとめながら、乳幼児期の親子の愛着形成を支え、その後の親と子どもの安定した関係へとつながる援助を具体的に考えていきましょう。

1 親子の朝夕の別れと再会を大切に

登園とお迎えのときは、親子の絆を深める大切な時間です。

朝は、「お仕事に行ってくるね」と、スキンシップとともに言葉をかけてもらうように保護者に伝えましょう。特に、入園してまだ園に慣れない頃など、泣かれるからと遊んでいる間にそっと出て行ったりすると、子どもは置き去りにされたと感じ、よけいに不安が大きくなってしまいます。泣いていても、「必ずお迎えに来るからね」と伝え、バイバイしてもらうようにします。保育者は抱っこで受け入れ、「大丈夫ですよ」と保護者が安心できるような言葉をかけましょう。

お迎えのときも、「会いたかった」という思いを込めて、「ただいま」と子どもをぎゅっと抱きしめてもらうよう伝えましょう。親子の毎日の別れと再会のとき、密度の濃い関わりによって親子の絆（愛着）が深まるようサポートすることが大切です。

2 子どもの心の育ちを伝える

子どもの育ちを温かいまなざしで肯定的に伝えることが大切です。1歳を過ぎて自我が芽生えると、何でも「いや」と拒否したり、「じぶんで」と自己主張したりするようになります。自我が拡大することに伴って、思い通りにならないことで葛藤し、だだこねとして表れたりします。

自分なりの心の世界が誕生し、順調に自我が育っている証ですが、保護者にとっては扱いづらく、わが子ながらどう対応していいか悩むことも多くなります。そんなとき、子どもの行動の意味をていねいに伝え、心の育ちについて理解してもらうことが必要です。

思い通りにならないときや失敗したときこそ葛藤をどう支えるか、葛藤をくぐりぬけて自律が芽生えることや、友だちとぶつかり合うなかで人と

参照　＊４　「保育所保育指針」第１章１（２）「保育の目標」イ

の関わりを学ぶことなど、子どもの発達に沿った心の育ちを伝えることです。大人を困らせるような行為も「成長の芽」ととらえ、次の発達のための準備段階にあるということを共通に理解することが大切です。

たとえば、自我が拡大するだだこね期の対応では、いったん気持ちを受けとめる、「どちらにする？」と子ども自身に選択させるなど、子どもとの関わり方や、子どもの育ちに見通しがもてるようアドバイスをします。保護者にとっては子どもへの関わり方の参考になり、子どもの成長を保護者と一緒に育んでいくことにつながります。

事例　「これじゃなきゃいやだ！」

ユウキくん（2歳児）は、祖母に買ってもらったサンダルが気に入って、保育所にも履いていきたいと言ってきかず、毎日履いて登園していました。担任からは、外遊びや散歩に出かけたりするときなど危ないので運動靴にしてほしいと言われているのですが、毎朝これがいいとだだをこねるので、母親は困っていました。忙しい朝に、ユウキくんが納得するまで言い聞かせる余裕はなく、無理やり運動靴を履かせようとすると「やだ！」と投げて大泣きする始末です。しかたなく、またサンダルで登園したユウキくんに担任が「今日もサンダルで来たの？」と一言。その言葉に、母親は、自分が子どもの言いなりになっていると非難されているように感じ、辛くなってしまいました。

この後、担任が「ユウキくん、おばあちゃんに買ってもらったサンダルが大好きなんだね」と気持ちを受け止めたうえで、「でも、お外で遊ぶとき、けがするとあぶないから保育所ではおくつをはけるかな？」と訊くと「ウン」とうなずいてくれました。お迎えのとき、このことを母親に伝え、登降園のときは、サンダルでも構わないけれど園で履き替えるように運動靴を持ってきてもらうことになりました。しかし、母親の心のなかには担任のひとことがモヤモヤしたものとなって残りました。

この事例のように、保育者の何気ないひとことで、悩んでいる保護者がよけいに自信をなくしたり、保育者に不信感をもってしまったりすることもあります。同じ言葉でも、表情や声のトーンなどから、聞き手には異なったメッセージが伝わってしまいます。子どもの行動の意味を温かいまなざしで伝え、保護者と共に問題の解決に向けて伴走する姿勢が保育者には求められているのではないでしょうか。

ワーク２

事例を読んで、４～５人の小グループで話し合いましょう。

①事例からどんなことを感じましたか。

②あなたが担任の保育者だとしたら、毎朝ユウキくんのだだこねに困っている母親にどのように対応をしますか（言葉かけやモデルを示すことなど具体的に）。

レッスン 3

保育の積み重ねをとおして子どもの成長を共有する

写真提供：菜の花こども園

「ママいってらっしゃい」
日々のコミュニケーションが信頼関係構築の鍵になる。

ポイント

1 コミュニケーションを大切にし、子どもの育ちを共有する。
2 日々の連絡帳や園だより、クラスだよりをとおして信頼関係を築く。
3 行事等をとおして、保護者と共に子どもの心と体の成長を共有する。

1 園で行う保護者支援・子育て支援

『0・1・2歳児の世界⑤　家庭との連携と子育ての支援』(今井編著、大須賀・小野﨑、2018年、1頁）には、次のように述べられています。

> 子育て支援というのは「子どもが道筋をたどって成長していくのを保護者とともに理解し合い、その時々の保護者の子育てを支えていくこと」であり決して育児の代行ではないと思っています。(中略）一人ひとりの親の考えや悩みを理解し、共感し、子どもの姿や本当の願いを相互に理解していくにはお互いが人格を認め合い、対等な立場で語り合う「対話」が不可欠です。この対話のなかから新しい視野が開け、何かが生まれる……。
> 　この対話力こそ、保護者とのいい関係を築く要だと思います。

保護者と園とをつなぐものには、①毎日の送迎時の対話の時間、②連絡帳、③園だより、クラスだより、保健だより、④写真を利用した**ドキュメ**

ンテーションやポートフォリオ　⑤子どもの姿を観覧する運動会や生活発表会などの園行事や保育参観や保育参加、懇談会などがあります。それらについて、具体的にみなさんと考えていきましょう。

1　登降園時の対話から信頼関係を築く

レッスン２でも少し述べましたが、日々の「笑顔でのあいさつ＋ひとこと（トモくん、最近だいぶ歩くのが上手になりましたね、など）」の繰り返しが保護者の園に対する信頼感へとつながります。

登園時、保護者は「今日１日元気に楽しく過ごせるように」と願いわが子を保育者に託し仕事へと向かいます。また、降園時は、「わが子がどのように１日を過ごしたか？」「けがはなかったか？」などいろいろなことを考えながら迎えに来ることでしょう。また長時間保育のなか、シフト制で働いている保育者は、担任以外が早番で受け入れ、遅番で引き渡しをすることも多くあります。当番の保育者は、そんな保護者の思いを受けとめつつ朝は笑顔で子どもをあずかり、伝言があるときはしっかりとメモに残し担任に伝えます。前日のけが等は保育者間で情報を共有し、早番が「いかがですか？」と声がかけられるようにしておきましょう。しかし、なかには、朝、時間ギリギリに子どもを園に連れてくる保護者もいます。そのときは笑顔のあいさつのみであずかることも大切です。保護者が今どのような状況で子どもの送迎をしているのか、その表情や様子から見極めて適切な対応をする必要があります。

また降園時は、朝の伝言に対しての返答や、限られた時間のなかで子どもの今日１日を振り返り、印象に残ったその子らしい一面や成長を感じられた出来事の場面を切り取り伝えます。そして共に成長を喜び合い、心配事は一緒に考えていくことの積み重ねが、信頼へとつながり、安心して子どもをあずけることができます。反対に伝言への返答やけがの報告を忘れていたり、「元気でした」という短い一言だけで引き渡しを済ませたりすると、不信感につながることもあります。小さなけがでも、発生した状況とどのような手当てや対処をしたのかを必ず伝えましょう。また、お迎えが家族以外になるときもあるので、連絡帳にも記録しておき、その旨を伝えることも大切です。そうした保育者の細やかな気配りや園での連携のとれた姿勢が、親の安心を生み、「子どもの最善の利益」へとつながることを忘れずに、保護者の気持ちに寄り添い、支え、子どもを真ん中にして語り合える関係でありたいものです。

「全国保育士会倫理綱領」の３「保護者との協力」には「私たちは、子どもと保護者のおかれた状況や意向を受けとめ、保護者とより良い協力関係を築きながら、子どもの育ちや子育てを支えます」と書かれています。

用語　**ドキュメンテーション**

日々の保育のなかの子どもたちの姿を写真と文章で伝えること。「保育の見える化」ともいう。

ポートフォリオ

個々の子どもの園での育ちの過程が写真と文章の両方で可視化、言語化されたもの。

2 送迎時の対話からの相談

保育者との信頼関係が築かれてくると、ふとした会話から急に相談へと発展することもあります。保育者にとっては急なことでも保護者にしてみれば、「機会があったら聞いてみよう」と思っていることかもしれません。そんなとき保育者は、共感的に耳を傾けながらメモをとりましょう。そして相談の種類によって安易にこたえないほうがよいと判断した場合は、「私ではすぐに返答できないので、のちほど園長に確認してからお返事いたします。明日までお待ちください」と確認をとり、必ず約束した日には返答をすることが大切です。また、保護者の表情が暗くなり、子どもの発達の悩みや、家庭内のいざこざなど難しい相談になる場合は、「その件は、私には経験不足なこともありアドバイスが難しいので、園長（主任）に話しておきます。改めて日時を決めて話をされてはどうでしょうか？」と伝え、園長や主任など相談担当者と話ができるよう園内で連携し改めてゆっくりと話す場をつくることも大事です。

ワーク1

下記のようにロールプレイを行いましょう。

①保護者役と保育者役に分かれ、あいさつや相談などのやりとりをしてみましょう。その際、保護者役はいろいろな立場の役割を演じてみましょう。

②保護者役が保育者の対応について感じたことを話したうえで、お互いに意見を交換しましょう。

2 連絡帳やおたよりの相手に伝わる書き方

1 連絡帳

連絡帳は、家庭と園で生活を伝え合う、子ども、保護者、保育者の相互信頼を培うコミュニケーションツールです（遠藤ほか、2011年、248頁）。

> 連絡帳では、子どもの健康状態やその日にあったことが伝えられるだけでなく、ときには、保育者が保護者の思いを受け止めたり悩みを共有していく機能をもつこともあります。その意味で、連絡帳は、保育におけるカウンセリング機能をもっているともいえます。

特にまだ言葉での伝達が未熟な０・１・２歳児にとっては、保護者と保育者が家庭と園との生活を伝え合い、健康面に配慮したり、その成長を共に喜び合ったりする大切な記録であり、「一人ひとりの保護者と連絡を密にとりあう『家庭と園とをつなぐ架け橋』となるもの」（今井編著、大須賀・小野﨑、2018年、14頁）であり、「子育て支援」の役割も担っています。しかし、その書き方ひとつで保護者に伝わる記録になることもあれば、不信感につながる記録になってしまうこともあります。気をつけなければならないことは、指導的で上から目線な記述はしないことです。また、「今日は～して遊びました」のような遊びの報告のみで終わらないことや、書くことが苦手な保護者もいるということを理解し、保護者に強制しないようにすることが大切です。連絡帳を書くうえで大切なポイントとして、「①その子らしい魅力を伝える。②子どもの気持ちを代弁する。③発達の特徴を伝える。④具体的な子育て支援」（今井編著、大須賀・小野﨑、2018年、16頁）にもなるということを理解しましょう。

事例　子どもの気持ちもわかってほしい

２歳半のヒロシくんは、言葉数が増え、会話が多くなりましたが、同時に少し乱暴な言葉を使うようになりました。母親がそのことに悩み、連絡帳に次のように書いてきました。

「言葉を話し始めたことはうれしいのですが、最近は『自分で』が多くなり、何をするのにも『自分で』と言います。『いや』『だめ』などもよく言うようになり、そんなときどうしたらいいかわからず、叱ってしまいそうになります。何かよい方法はないでしょうか？」

この事例の母親からの連絡帳に対する園からの返事として、どのようなものが考えられるでしょうか。２通りの返事をみてみましょう。

返事Ａ

家庭ではそんな言葉を使うのですね。園ではあまり聞きませんが、そういうときは反応をしないほうがよいでしょう。また、よい方法があったら伝えますね。今日は、戸外でたくさん遊びました。砂遊びが大好きで友だちと高いお山を作って喜んでいました。

返事Ｂ

ヒロシくん、園でも本当によくおしゃべりします。自分の思ったことが言葉にできるのがうれしいようです。でも、乱暴な言葉を使う時期は、悩みますよね。言葉を覚え始める時期は、テレビの主人公や友だちが使っている簡単で乱暴な言葉をまねして、大人の反応を楽しむ傾向があります。園でも、今、ヒロシくんと同じ年齢の子どもたちからよく聞かれる言葉です。そのような言葉を使うときは、担任の私たちは共通意識で、その言葉に対してあまり反応せず「○くん、先生とお話ししたいのね」などその気持ちに合うような言葉を返すようにしています。また、「自分で」というときですが、時間はかかっても本人の頑張る姿を見守ります。そして本人が助けを求めてきたときに、「少しお手伝いしようか？」と確認してから必要なところだけお手伝いしています。そしてできたときは一緒に喜びます。この時期は「自分一人でやりたい」という気持ちと「甘えたい」という気持ちが行ったり来たりしているようです。私たちもその気持ちに寄り添い関わっています。またよい方法をみつけたらお伝えします。

連絡帳を単なる情報伝達の道具と考え、必要事項の記述に留まるようでは信頼関係の構築にはつながらないでしょう。保育者の細かな心がけにより、保護者支援・子育て支援において有効に機能させることが大切です。

ワーク2

①上記のA・B２つの返事を比べ、受け取る側としてどのように感じるかを考えてみましょう。
②文章のなかで、保護者支援になっている部分について線を引き、どのような支援になっているか書き込み、グループで話し合いましょう。

2 園だより、クラスだより

連絡帳が保護者と保育者との双方向性のコミュニケーションツールであるのに対して、園だより、クラスだよりなどは園やクラスの全体像を保育者から十分伝えることができます。

それぞれのおたよりには、以下のようなことを書きます。

①園だより

・園の方針
・その月に行われる行事の主旨や目指す子ども像を具体的に伝える
・月の予定や時間、持ち物等を伝える
・子育てのヒントなどを月ごとにコラム式に伝える

②クラスだより

・仲間のなかで育ち合う姿（葛藤をくぐりながら成長していく姿）
・年齢の発達的特徴や大人としての関わり方（具体的な育児のアドバイス）
・連絡帳や懇談会などで出された悩みに対して取り上げる
・子どもたちの間で流行している遊びや制作物、絵本、わらべ歌、ふれあい遊びを紹介する
・保護者からのコメントで子どもの育ちで感動したことなどを掲載する
・クラスで統一したい持ち物や生活習慣などについてのお願い

※以上のような内容を、子どもの写真を貼り付け「保育ドキュメンテーション」として記載するとよりわかりやすく、家庭で保存してもらいやすくなります。

③給食だより

・食物の栄養価
・旬の食材を利用した料理レシピ
・体調不良のときの食べ物レシピなど（家庭での参考になる）

おたよりは、やりとりのない一方的なものになると思われがちですが、保護者にとっては返事をする必要がないために、負担を感じずに楽しく読めるものでもあります。保護者が家での参考にしたり、子どもと実践してみるなど、いろいろな面で「子育て支援」になります。

ワーク3

①各園のクラスだより等を持ち寄り保護者支援となっているもの・ことを出し合いましょう。
②①の話し合いをとおして読みやすいおたよりをグループで作り、全体で発表しましょう。

その他の伝達手段としては以下のものがあります。

・掲示物をとおして、よくある質問にこたえる（模造紙に書いて室内に掲示し、送迎の際に読むことができるようにする）
・１日の出来事を簡潔にホワイトボードに書いて知らせる
・感染症について園の掲示板に貼る
・月の行事や持ち物について掲示板に貼る
・ホームページやブログをとおして、上記のことを発信する

保護者のなかには忙しさからか、連絡帳や月のおたよりに目を通さない人もいます。そんな保護者のなかにも、スマートフォンやPCのブログなどからのメッセージならみるという人はいます。一つのツールに限らずいろいろな方法を利用することで、「知らなかった」「読み忘れた」などが解消されることもあります。

3　園行事、保育参観、懇談会等をとおして行う保護者支援・子育て支援

「保育所保育指針」には「保育及び子育てに関する知識や技術など、保育士等の専門性や、子どもが常に存在する環境など、保育所の特性を生かし、保護者が子どもの成長に気付き子育ての喜びを感じられるように努めること[*1]」とあります。

参照　＊１　「保育所保育指針」第４章１（１）「保育所の特性を生かした子育て支援」イ

おたよりで伝える子どもの様子や子育てのヒントの数々も大切ですが、園に直接出向いて参加してもらったり、参観してもらったりすることも大切な「子育て支援」です。保護者にとっては、園の環境や保育者の子どもへの関わり方や援助のしかたをみることで、子育ての参考になることが多くあります。直接的に保育者の「専門性」が保護者へと伝わる機会だといえます。

子どもの園行事（夏祭り、運動会、生活発表会など）、保育参加、保育参観、懇談会の内容や、保護者支援になる工夫について、ここでは２つを取り上げてみたいと思います。

1 子どもの園行事

運動会や生活発表会などの園行事は、見栄えのよい発表を行うことを目的にして、そのための技術を笛や号令で長時間、何日もかけて子どもに教え込み、保護者の満足度を高めるような風潮がありました。しかし、今では園行事を日常生活の延長線上にあるものと考え、見直しをする園も増えています。

園行事を変更する際、歴史ある園であればあるほど保護者の期待度は高く、なかなか恒例の行事内容を変更できない場合もあります。しかし「子どもの最善の利益」を尊重するという趣旨で、前もって保護者懇談会の場などを利用して資料を用いて説明したり、取り組みの様子や過程、それぞれの発達段階における育みたい力などをおたよりや掲示板などでこまめに伝えたりすることで、園の思いは必ず伝わるはずです。自園の保育目標や目の前の子どもの姿と合致する行事づくりについて、職員全員で意見を出し合い、一丸となって取り組む必要があります。

2 保護者懇談会について

保護者懇談会は、園やクラス運営の方針や園の安全対策（けがや病気のときの対応、かみつき、ひっかきなどの行動をとる際の子どもの思い、人的・物的環境など）を伝える場として大切な時間であるのと同時に、保護者同士をつなぐ大切な時間でもあります。一方的に保育者から伝えることばかりにならないよう注意し、時間管理をしっかり行い保護者同士をつなぐための内容の工夫をすることで支援につながります。以下にいくつか例をあげますのでグループワークの参考にしてください。

①事前にやっておくこと

来園してもらう日は、時間に限りがありますので、子育ての悩み、園への質問事項、情報の共有（例：子どもと行くお出かけスポット）などは事前に提出してもらい、園やクラスから伝えたいこと（例：子どもの発達やクラス運営について、ふれあい遊びや歌など）とともにＱ＆Ａ方式で記載した冊子などを用意しておくと進行もスムーズです。家庭に戻ってからも育児書の一つとして保存しておくこともでき便利です。

②当日の進行

・懇談会の時間は、午睡中を利用して行うとゆっくり話ができます。0・1・

２歳児は特に親の姿を見ると泣いてしまうので、午後からの懇談会→子どもと一緒に遊ぶといった流れにできるとよいでしょう。
・小グループ（５、６人）のほうが話しやすい雰囲気となります。保護者のなかには、率先して話すことが得意な人と、人前で話すことが苦手な人がいることも理解し配慮することが大切です。
・進行役を決め、時間を決めて保護者同士のグループ懇談を行います。題目はあらかじめ用紙などに記入しておくと、話を進めやすくなります。

③懇談会の内容

・自己紹介（緊張してしまう人もいるので、名前以外に「何を話すか」も共通に冊子などに書いておくと心の準備ができます）
・事前アンケートのなかで一番多かった質問を画用紙などに書き、家庭ではどうしているのかなど意見交換をします。
・最後は話したことをグループごとに簡単に発表してもらうようにするとお互いの参考にもなります。
・グループ懇談が終わったら、園で子どもたちが歌っている歌やハンドプレーを行い、園で子どもたちが好んで使用しているもので、20分程度で簡単にできる手作り楽器や人形作りなどを行います。
・最後に、目覚めた子どもたちの検温をしてもらい、懇談会で覚えた歌や、作ったもので一緒に遊びます。

ワーク４

以下の園行事をＡグループから１つ、Ｂグループから１つ選び、時期や時間帯、目的、内容、保護者支援につながると感じたことなどについて意見を出し合いましょう。また、選んだ行事のなかで、それらの行事に参加したくなる工夫や保護者支援となることを話し合いましょう。

◎Ａグループ：保育参観、保育参加、懇談会、個人面談、給食試食会

◎Ｂグループ：夏祭り、運動会、クリスマス会、生活発表会、卒園式

レッスン

4

特別な配慮が必要な保護者への支援

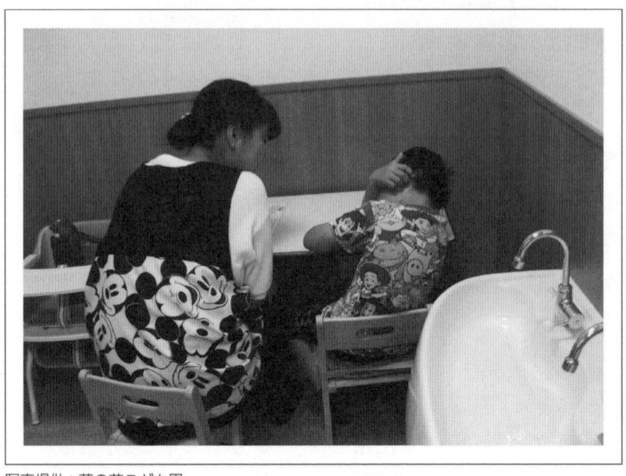

写真提供：菜の花こども園

保護者の気持ちに寄り添うことは、子育て支援の基本的な姿勢である。

ポイント

1 園に通う保護者の多様なニーズを理解し、個別に支援していく。

2 発達上の課題のある子どもの保護者には、その気持ちに寄り添いながら支援を進める必要がある。

3 育児不安をもつ保護者への支援は、慎重かつていねいな姿勢が求められる。

1 多様なニーズに対する個別支援

これまでのレッスンで述べてきたように、現在は家庭の状況もさまざまであり、生活水準の認識（価値観）にも違いがあるため、個々の家庭からの園に対するニーズも多様化しています。園には専門職として、保育士、看護師、栄養士等多職種の職員が勤務しています。園では、それらの職員が連携して、子どもへの直接的な保育と子どもを介しての保護者支援を主として行いますが、保護者自身の課題や家庭支援においては、地域資源を活用し専門機関と連携を図りながら、個別に支援していくことが必要です。特に家庭支援の中心である保育相談支援では、親子関係の安定と保護者の養育力向上を目指して、保護者の自己決定を尊重し、その気持ちを受けとめていく必要がありますが、その際にも保育に関する知識・技術を生かすことができます。

現在の子育て環境は、表 4－1 にみられるように夫婦と未婚の子の世帯が一番多いのが現状です。また、女性の社会進出がめざましく共働き家庭が増加しています。そんな社会の状況から、現在の保育所や認定こども園

表４－１　世帯構造別、世帯類型別世帯数及び平均世帯人員の年次推移

	総数	世帯構造						世帯類型				平均世帯人員
		単独世帯	夫婦のみの世帯	夫婦と未婚の子のみの世帯	ひとり親と未婚の子のみの世帯	三世代世帯	その他の世帯	高齢者世帯	母子世帯	父子世帯	その他の世帯	
	推計数（単位：千世帯）											（人）
1986（昭和61）年	37,544	6,826	5,401	15,525	1,908	5,757	2,127	2,362	600	115	34,468	3.22
89（平成元）	39,417	7,866	6,322	15,478	1,985	5,599	2,166	3,057	554	100	35,707	3.10
92（　4）	41,210	8,974	7,071	15,247	1,998	5,390	2,529	3,688	480	86	36,957	2.99
95（　7）	40,770	9,213	7,488	14,398	2,112	5,082	2,478	4,390	483	84	35,812	2.91
98（　10）	44,496	10,627	8,781	14,951	2,364	5,125	2,648	5,614	502	78	38,302	2.81
2001（　13）	45,664	11,017	9,403	14,872	2,618	4,844	2,909	6,654	587	80	38,343	2.75
04（　16）	46,323	10,817	10,161	15,125	2,774	4,512	2,934	7,874	627	90	37,732	2.72
07（　19）	48,023	11,983	10,636	15,015	3,006	4,045	3,337	9,009	717	100	38,197	2.63
10（　22）	48,638	12,386	10,994	14,922	3,180	3,835	3,320	10,207	708	77	37,646	2.59
13（　25）	50,112	13,285	11,644	14,899	3,621	3,329	3,334	11,614	821	91	37,586	2.51
16（　28）	49,945	13,434	11,850	14,744	3,640	2,947	3,330	13,271	712	91	35,871	2.47
17（　29）	50,425	13,613	12,096	14,891	3,645	2,910	3,270	13,223	767	97	36,338	2.47
18（　30）	50,991	14,125	12,270	14,851	3,683	2,720	3,342	14,063	662	82	36,184	2.44
	構成割合（単位：％）											
1986（昭和61）年	100.0	18.2	14.4	41.4	5.1	15.3	5.7	6.3	1.6	0.3	91.8	—
89（平成元）	100.0	20.0	16.0	39.3	5.0	14.2	5.5	7.8	1.4	0.3	90.6	—
92（　4）	100.0	21.8	17.2	37.0	4.8	13.1	6.1	8.9	1.2	0.2	89.7	—
95（　7）	100.0	22.6	18.4	35.3	5.2	12.5	6.1	10.8	1.2	0.2	87.8	—
98（　10）	100.0	23.9	19.7	33.6	5.3	11.5	6.0	12.6	1.1	0.2	86.1	—
2001（　13）	100.0	24.1	20.6	32.6	5.7	10.6	6.4	14.6	1.3	0.2	84.0	—
04（　16）	100.0	23.4	21.9	32.7	6.0	9.7	6.3	17.0	1.4	0.2	81.5	—
07（　19）	100.0	25.0	22.1	31.3	6.3	8.4	6.9	18.8	1.5	0.2	79.5	—
10（　22）	100.0	25.5	22.6	30.7	6.5	7.9	6.8	21.0	1.5	0.2	77.4	—
13（　25）	100.0	26.5	23.2	29.7	7.2	6.6	6.7	23.2	1.6	0.2	75.0	—
16（　28）	100.0	26.9	23.7	29.5	7.3	5.9	6.7	26.6	1.4	0.2	71.8	—
17（　29）	100.0	27.0	24.0	29.5	7.2	5.8	6.5	26.2	1.5	0.2	72.1	—
18（　30）	100.0	27.7	24.1	29.1	7.2	5.3	6.6	27.6	1.3	0.2	71.0	—

注：１）1995（平成７）年の数値は、兵庫県を除いたものである。
　　２）2016（平成28）年の数値は、熊本県を除いたものである。
出典：厚生労働省「平成30年国民生活基礎調査の概況」2018年

を利用している家庭が必要とする個別支援について考えていきましょう。

2　それぞれの家庭に合わせた支援の実際

1　病児病後児保育

病児病後児保育事業とは看護師等が地域の病児・病後児（10歳未満）を「病院・診療所、保育所等に付設された専用スペース又は本事業のための専用施設で一時的に保育する事業」(厚生労働省「病児保育事業実施要項」2017年一部改正）です。病児病後児保育事業に子どもをあずけるためには、事前申し込み（登録）が必要です。また、料金が発生することによる経済

的負担や、慣れない場所での保育を受けることによる子どもへの精神的負担がかかるなどの理由により、利用者は少ないのが現状です。しかし、医師、看護師、保育士が常駐していることで、体調の急変にも即時に対応が可能であり、適切な処置を施してくれるため、安心してあずけられることや仕事を休まなくて済むという利点もあります。

また、ここ数年、体調不良児対応型保育を行う園も増えました。こうした園では、日中園で体調が悪くなった場合、保護者に連絡を入れた後、お迎えに来るまでの時間、個別に対応することが可能です。体調不良児対応型保育のみを行う場合は、入園の際には、その違いについてきちんと説明します。感染症について長期欠席が必要な場合や、朝、子どもの体調がすぐれないときに仕事が休みにくい保護者には、病児病後児保育事業への登録を勧めておくと、後々混乱をまねくことがないでしょう。ただし、保護者の気持ちに寄り添うことと「子どもの最善の利益」を考えたときに、その場で判断しなければならない状況に遭遇することがよくあるのも保育の現場の現状です。

事例 1 「ユウくん、ごめんね」

前日の夕方、3度の嘔吐のあったユウくんについて、保育者は母親に電話を入れましたが、母親は仕事で都合がつかず、通常の時刻にお迎えにきました。また、「今日は病院がお休みだから帰ろうね」と言い、そのまま帰宅した様子でした。

翌朝、母親は受け入れの保育者に「今朝、以前に病院でもらった吐き止めの座薬を入れてきました。元気はあり、熱もないので、お願いします」と言って足早に仕事に出かけてしまいました。その後別室で看護師が2時間ほど個別に様子を診ていましたが、元気がない様子で食欲もなかったため、母親に連絡を入れ症状を伝えました。母親は「2時間くらいかかってしまいますが迎えに行きます」とのことで、昼頃にお迎えに来て、「すみませんでした。頼める人もいなかったので本当に助かりました。」と頭を下げ、ユウくんを抱きしめて「ユウくん、ごめんね。今から病院に行こうね」と病院に向かいました。

2 延長保育（長時間保育）

共働き家庭を支援するため、子ども・子育て支援新制度では**保育標準時間**が1日あたり最長11時間となりました。また、その後の延長保育を行う園も増えてきています。延長保育の利用率は低年齢の子どもが多く、長い子は1日10〜12時間を園で生活しています。「保育所保育指針」では、

保育標準時間

子ども・子育て支援新制度において、保育を必要とする事由や保護者の状況に応じて区分される保育所利用時間のうちの一つ。主にフルタイム就労を想定しており、1日あたり最長11時間とされている。もう一方の「保育短時間」は主にパートタイム就労を想定しており、1日あたり最長8時間とされている。

長時間保育について、「子どもの発達過程、生活のリズム及び心身の状態に十分配慮して、保育の内容や方法、職員の協力体制、家庭との連携などを指導計画に位置付けること*1」と記載されています。また、子どもの保育だけでなく、保護者との連携や家庭の子育てへの支援も必要です。子どもの成長・発達に及ぼす保護者の影響は大きく、家庭生活が安定し親子の愛着関係が結ばれることが、子どもの成長・発達の基盤となるためです。

事例2　母親の思いに寄り添って

ケンくん（2歳）は0歳児から入園しています。父親は残業が多く、母親も7時30分から18時までの勤務です。近隣には頼れる人もなく、月曜日から土曜日まで早朝7時から夜18時30分まで長時間保育を利用しています。ケンくんは、園では片付けの順番が違うだけで、床に伏せて大声で長泣きをすることがあります。母親も家庭でケンくんの同じような姿に悩んでおり、主任に相談に来ました。

「家に帰ってから父親がいなくて、毎日夕飯が待てずに大声で泣くのです。団地の人から警察に通報されてしまいどうしたらいいか困っています。一つお願いがあるのですが、仕事が終わって夕飯の支度をしてからお迎えに来てもよいでしょうか。19時までには迎えに来ることができます。そうすれば、帰ってすぐ夕飯ができるのでありがたいのですが。おなかがすいて泣いていると思うので……」

主任は園長と相談して母親の願いを受け入れ、「1週間は19時まで延長保育利用をしてもらい様子をみましょう」ということにしました。園内では情報を共有し、栄養士から母親に朝食の支度時に多めにおにぎりなどを作り、冷蔵庫に入れておき帰宅後すぐ出せるようにするとよいことや、冷凍保存できる手作りの簡単料理レシピ集を渡しました。そして、母親は家庭でも実際に提案されたことを少しずつ試してみるようになり、帰宅後すぐ食事をすることでケンくんの姿も改善されました。その後母親が通常のお迎え時間でも家庭で対応できるようになりました。

このように母親の話を傾聴し、その思いに共感しつつも、すべてを受け入れるのではなく、保護者の事情をいったん受け入れてから、タイミングをみて状況に合うアドバイスをすることで保護者自身も受け入れやすく改善につながるケースもあります。園で改善できないことについては必要に応じて、ファミリー・サポート・センター事業や休日保育等の社会資源を紹介することも大切です。

参照　＊1　「保育所保育指針」第1章3（2）「指導計画の作成」カ

ワーク1

前記の体調不良児対応型保育と延長保育の 2 つの事例から、1 つ選んで以下 2 点についてグループで話し合いましょう。

①あなたの園で行っている延長保育（長時間保育）、もしくは体調不良児対応型保育、病児病後児対応型保育で配慮している点について意見交換をしていきましょう。

②選んだ事例について、「保護者支援」の視点と「子どもの最善の利益」の視点からメリットとデメリットの意見を出し合い考えてみましょう。

3 ひとり親家庭への支援

1 ひとり親家庭の現状

厚生労働省「平成28年度全国ひとり親世帯等調査」によると、母子世帯約124万世帯、父子世帯約19万世帯で、過去25年間で母子世帯は1.5倍、父子世帯は1.3倍に増加しています。ひとり親世帯になった理由の約 8 割が離婚です。母子世帯で約 8 割、父子世帯で約 9 割が就労していますが、特に母子世帯はそのうち約半数がパート、アルバイトなどであり不安定な雇用環境にあります。その影響もあって、平均年間就労収入は母子世帯200万円、父子世帯398万円と低い水準にあり、父子世帯もけっして経済的に安定しているとはいえません。ひとり親家庭の50.8％が**相対的貧困**状態にあります。

2 具体的な支援

ひとり親家庭には、入園する前からひとり親家庭である場合と、在園中にそうなる場合とがあります。

前者の場合は、入園時の家族との面談で、連絡先の確認や現在の生活状況の把握を行い必要な支援を話し合いで決めていくことができます。

後者の場合は、途中からの変化で保護者も子どもも不安定になることを予測して、必要に応じて定期的に面談を計画し、延長保育利用や行事等の参加については家庭の状況に合わせた対応をしていくことが大切です。特に子どもは、さまざまな形でさびしさや不安が行動に表れてくる場合もあります。そのつど家庭と連携して、スキンシップを多くとることや、十分な対話を心がけるようにしましょう。また、そういった現状においても公

相対的貧困

相対的貧困とは、国や社会、地域など一定の母数の大多数より貧しい状態（国民の所得の中央値の半分未満にあたる）のこと。絶対的貧困とは、食料や衣類など人間らしい生活の最低条件の基準が満たされていない状態のこと。

共の支援を利用しながら、仕事と子育てを両立している保護者もいます。そんな保護者の頑張っている姿を認め、「大変なときはいつでも話を聴きます」という姿勢を保ちながら、日々の保育での信頼関係を築いていきましょう。必要な支援に関しては行政の保健師等関係者・機関と連携していくことも大切な園の役割です。くわしくは、第２章、第３章で紹介していきます。

4　外国籍の保護者への支援

世のなかのグローバル化が進み、保育所や認定こども園に外国籍の保護者も多くなってきています。

人権保育の視点からも、言語、宗教、生活様式、習慣の違いを知り、認め合うことで自分や相手を尊重する心を育てることも私たち保育者の役割です。文化のもつ多様性や保護者の思いを理解して、親切でていねいなコミュニケーションを心がけ、外国籍の保護者も安心して子育てができるように努めなければなりません。

日本の文化のなかで育ちながら自国の文化を受け継いでいる人たちの存在を社会的歴史的背景も含めて理解することが大切です。

具体的な対応例や支援のポイントとして、以下があげられます。

・体調不良時（発熱、けが）や園行事の詳細など伝える内容を緊急性で分類→母国語でカードやパネルに記載しておき、説明する。
・園生活の決まり、園生活の様子など、細かい説明が必要な場合
→保護者の知人など言葉がわかる人がいる場合は通訳してもらう。
・クラス懇談会などで母国の文化紹介の機会を設け保護者間で交流を図る

ワーク２

上記以外に行っている支援があるような場合、情報交換しましょう。

5　障害や発達上の課題のある子どもをもつ保護者への支援

「保育所保育指針」第４章には「子どもに障害や発達上の課題が見られる場合には、市町村や関連機関と連携及び協力を図りつつ、保護者に対する個別の支援を行うよう努めること*2」と示されています。

「身体障害」「知的障害」などは、保護者は受容しやすく、積極的に支援を受けようと行動することが多い反面、発達障害に関しては、子どもの障害に気づきにくい面があり、気づいたとしても、それを受け入れるには大きな感情の揺れを体験することを理解しておく必要があります。以下、軽度発達障害の子どもをもつ保護者への支援について考えていきます。

1　保護者の受容の難しさ

園に入園すると、たくさんの子どもや保護者と毎日の送迎や園行事等をとおして親しくなります。集団で行う行事に参加するときに、よその子どもと自分の子どもを見てなんとなく違いを感じ始めるのは、２歳を過ぎたあたりからが多いようです。こだわりが強い、言葉が遅い、活動の切り替えに時間がかかる、目が合わない、落ち着きがない、奇声を発する、手が出やすいなどの姿が気になり始めます。とはいえ、その段階では保護者は「成長がちょっと遅いだけかな？」とか「やんちゃな性格なのかな？」と自分にいい聞かせ「もしかするとそうかも……」という不安を消そうとするものです。また、保健師などに相談して、「言葉は３歳を過ぎると急に出てくる子もいますよ」「まだ心配するのは早いです」などと助言されることで「大丈夫だった」と安心することもあります。そのため、子どもの在住している市区町村の保健師と連絡をとり、健診の予定日を確認し、事前に子どもの園での生活にみられる気になる様子などを伝え、情報を共有しておくことや、必要に応じて働きかけてもらうことも大切です。

毎日生活を共にする保育者は集団で子どもを見ている分、子どもの課題に気づきやすいため、親が気づく前にわかっていることも多いので、職員会議などで情報の共有をしておく必要があります。保護者には、十分な信頼関係が築けてから、少しずつ園と家庭の様子についての情報を個人面談や連絡帳などで伝え合いながら、保護者の気づきや相談をきっかけに専門機関へとつなげることが望ましいのですが、受容するのには時間がかかることを理解し、慎重かつ長期的視野で、園全体で取り組む必要があります。

2　保護者の気持ちに寄り添った対応を

ある園で２歳半になったわが子が、行事の際に友だちの背中を強く押す行為を繰り返し担任も困っていたのを保護者が見て、「うちの子ちょっ

参照　＊2　「保育所保育指針」第４章２（２）「保護者の状況に配慮した個別の支援」イ

とおかしいですか？」と担任に聞き、担任は「はい、少し心配ですね」とこたえました。翌日、保護者はそのことを苦情として主任に伝えに来ました。そして「心配と思っていたらもっと早く言ってほしかったです」と泣きながら話した、ということがありました。

担任は、1歳の入園当初からの持ち上がりであり、信頼関係もできていると思ったので、「つい、はい、と言ってしまいました」というのです。保護者はその後しばらく、担任を避けて別の保育者にわが子をあずけていくようになってしまいました。

どんなに信頼関係があっても、障害に関してはデリケートな部分であることを理解し、慎重に言葉を選んで伝える必要があります。保護者は自分の子どもしか見ていないため、気づかないことがあり、もしくは少しは気づいていたとしても「そんなはずはない。～はできているのだから」とできる部分に焦点を当て、わが子の個性だと自分にいい聞かせる保護者もいます。保育者は障害の専門家ではありませんので、障害名を告知したり、むやみに病院受診をすすめたりすることはできません。できることは、保育のなかで子どもが「何で困っているのか？」そして、「どんな言葉をかけたら（もしくはどんなものを利用したら）理解できるのか？」ということを子どもの視点に立って考え、一人ひとりの子どものもつ特性を理解して環境を整えることです。そして保護者には子どもの頑張っている姿や得意なことをまずは具体的に伝えましょう。そして対応に迷ったときは、「こんなとき、どうしたらよいか、迷うときがあります。家庭ではいかがですか？　もし、よい声かけなどありましたらぜひ教えてください」などと保護者に教えてもらう姿勢もときには大切です。

そうした日々のやりとりの繰り返しで「先生はうちの子のことをよく考えてくれているな」という思いに至り、保護者のほうから「うちの子、少し心配なことがあるのですが……」と相談してくることがあるかもしれません。そのときは、一人で対応せず「そうですか。そのことは主任がくわしいので、お母さんからそのような話があったことを伝えておきます。またお話があると思いますので、時間をつくって話してみてはと思います」といったん話をあずかることが大切です。その後、園内で専門機関へとつなげる役割、保護者の気持ちに寄り添い一緒に考えていく役割など役割分担を明確にして支援することがよいでしょう。そのときも「○○ちゃんの接し方について私たちも一緒に考えていきたいので……」など「一緒に……」という言葉を使い「同じ立場で△△くんのことを考えたい」というスタンスを伝えると、受容しやすいでしょう。それでもいざ専門機関に行くとなると躊躇して「やっぱり、もう少し様子をみてからにしたいです」などとためらうこともあります。なかには「祖父母に話して障害児扱いされたら困る」とレッテルを貼られることをおそれたり、世間体を気にする家庭が多く、気持ちが変わることもあります。そのときは気持ちをいったん受けとめて、園でできることを継続しましょう。内科健診などを利用して園医から伝えてもらうのも有効です。医師の診察なら一度は行ってみようと思う保護者もいます。

卒園まで受容できず専門機関へとつながらなかった場合でもけっして焦らずに、保護者の気持ちに寄り添い園内でできる肯定的な支援を続けましょう。保護者が認めないからといって保育者が強引になることで、保護者の心がよけいにかたくなになってしまい、子どもに強く当たってしまう場合もあります。あくまでも保護者の「もしかして、そうかもしれない」という気持ちや「違うはず」などと揺れる心に寄り添いながら、「子どもの最善の利益」を第一に考え慎重に保護者対応を進めていくことが大切です。

6　育児不安の強い保護者への支援

育児不安の強さは養育者のもつ生育歴や気質からの影響もありますし、環境をとおして（結婚、出産を経て精神面の疾患となった場合など）徐々に不安が強くなっていくケースもあります。なかには精神疾患から服薬をしている保護者もいます。こうした育児不安が不適切な養育へとつながることもあります。それぞれの保護者や子どもの性格等を十分理解し、保護者の気持ちに寄り添いながら信頼関係を築き、話しやすい雰囲気をつくることが大切です。このときも園内で情報を共有し関係機関と連携を図り、園としてできる支援を継続していくことが大切です。

特に発達障害などの育てにくさを感じる子どもの子育てをしている保護者においては、さまざまな家庭の状況が絡み合い育児不安を引き起こし、虐待へとつながるケースもありますので、園内や関係機関と定期的に連携し継続的な支援をしていく必要があります。

地域の社会資源やネットワーク等については、第３章でくわしく紹介していくことにします。また、不適切な養育（虐待）が疑われる保護者への支援については、第４章を参照ください。

第２章

園における地域の子育て支援

地域の子育て機能が低下した昨今、保育所や認定こども園等の福祉施設の役割は多岐にわたります。

家庭で育児をする親の悩みは、子どもを園に通わせる親の悩みとはまた違ったものとして深刻化しています。経験に裏打ちされた子育てに関する知恵や知識などの世代を超えた継承も減り、子育ての孤立化が進み、家庭という閉鎖的な育児空間のなか、子育てに苦痛を感じる親が多くなっていることがさまざまな調査結果からも読み取れます。

この章ではそのような現状に目を向け、家庭で子育てをしている親に対して園ができる支援を探りながら、さまざまなネットワークを生かし、安心して子育てができるよう、より多くの家庭に支援の手を差し伸べる手段を共に考えていきましょう。

レッスン 5

地域に開かれた保育所・認定こども園

写真提供：菜の花こども園

地域の子育て支援の基本は「出会う・つなぐ・つながる」。

ポイント

1. 地域における子育て家庭の現状と課題を理解する。
2. 園は地域の親子が気軽に足を運べる開かれた場所となる必要がある。
3. 園はその専門性を生かし、地域の子育て家庭への支援を行うことが求められる。

1 地域の子育て家庭の現状とニーズを知る

1 地域の子育て家庭の現状

子どもが地域のなかで、多くの大人に見守られて育つ時代は過ぎ去り、地域での人間関係の希薄化が進み、隣にどんな人が住み、どのような生活をしているのかさえわからないという人も多くなりました。以前は、3世代同居の家庭が多く、そこには「子育て文化の継承」があり、日々の生活のなかで年配者が子どもをあやしたり、褒めたり叱ったりする姿を見ることは、若い母親の手本となり、共に生活することで自然と身についていったものでした。わからないことでも、その場で聞くことができ、子育てについて自然に覚えていきました。また、家事や子育ての役割分担もできており、たくさんの愛情のなかで子どもは育てられ、人への信頼をベースにさまざまな経験を経て成長していくことができました。しかし今では、前章でも述べてきたように少子化、核家族化が進むなか、子育て家庭において「子育ての文化」を継承している地域は減少し、親同士の交流や、子ども同士が群れて遊ぶ姿や場所自体も少なくなりました。現代の親世代も多くの人が核家族のなかで育てられてきたこともあり、対人関係の苦手な親が増えています。また、子どものいない家庭が増加したこともあり、子どもの声がうるさいと苦情を言う地域住民も少なくありません。

そのような地域の現状から、室内にこもり誰にも相談できず、孤立した「密室育児」をしている親が増えている傾向があります。また、地域における子育ての現状として「アウェイ育児」（自分の育った市区町村以外で子育てをしている状況）や「ワンオペ育児」（父親の長時間就労により母親一人で子育てをしていること）、と育児に名前が付けられるようになったのも、今の時代を象徴することといえるでしょう。そうした親のうち、子どもとの関わり方をあまり知らずに親になったことで、「育児不安」をもつ親も増えました。ここ数年の出生率低下の改善策として、1994年の「エンゼルプラン」以降、国をあげてさまざまな子育て支援の施策が講じられてきています。しかし、その施策も働く女性、共働き家庭に向けられる支援は多く、家庭で育児をする専業主婦への支援は少ないのも現状です。

2 具体的な課題

2019年の厚生労働省「保育所等関連状況取りまとめ（平成31年４月１日）」では、３歳未満児で保育所等を利用している数は全体の37.8％です。残りの約３分の２は家庭で子育てをしていることになります。家庭で育児をする母親からの声として、図５−１、５−２の調査結果が示すとおり、2014年では約７割の母親が地域に子どもをあずけられる人が一人もおらず、約６割の母親が子育ての悩みを相談できる人が一人もいません。地域で子どもを通じて生まれた人間関係は減少傾向にあり、子育て家庭同士の助け合いも難しくなってきています。専業主婦で子育てをしている母親の悩みは、仕事をもち園にあずけ子育てと両立している保護者とはまた違ったものであることが、図５−３から読み取れます。１日中一緒にいることで、「子どもがかわいくなくなってしまった」や「子どもに八つ当たりしてしまう」などについても、周囲が早期に気づいて支援していくことが求められます。また図５−４からは、共働きの主婦より専業主婦のほうが育児不安やイライラ感が強く表れています。

図５−１　妊娠中または３歳未満の子どもを育てている母親の周囲や世間の人々に対する意識

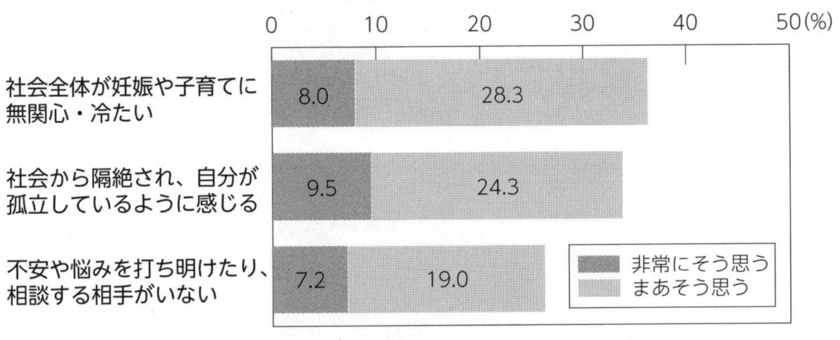

出典：財団法人こども未来財団「子育て中の親の外出等に関するアンケート調査」2011年

図 5 - 2　地域のなかでの子どもを通じたつきあい

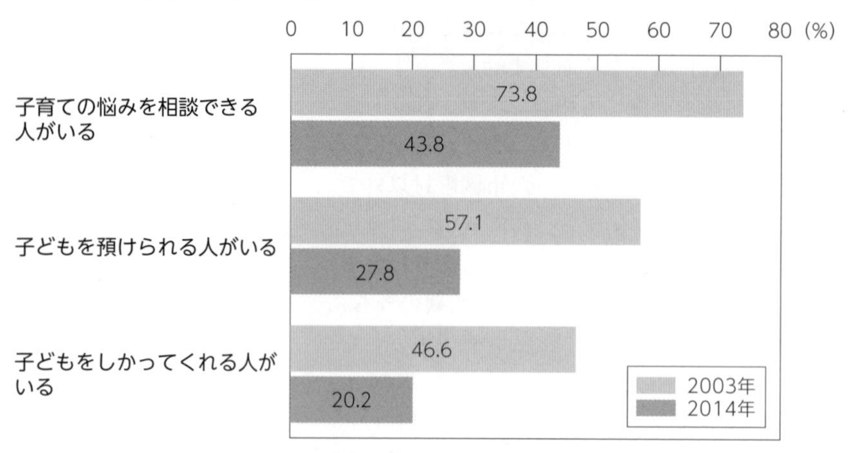

出典：UFJ総合研究所「子育て支援策等に関する調査研究」厚生労働省委託、2003年；三菱UFJリサーチ&コンサルティング「子育て支援策等に関する調査」2014年

図 5 - 3　母親の子育て意識（母親の就業状況別　経年比較）

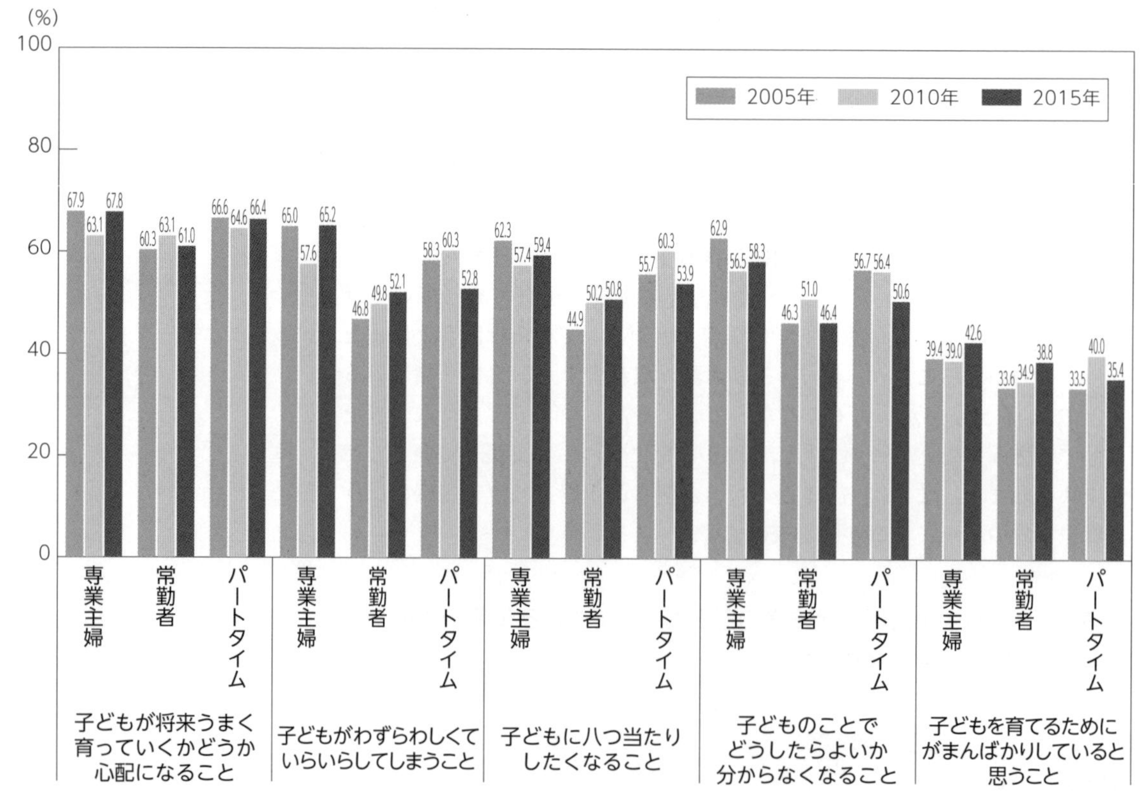

注 1）「よくある＋ときどきある」の%。
2）母親の回答のみ分析。
3）10項目のうち、否定的感情を表す 5 項目を図示。
4）サンプル数は2005年（専業主婦1,578人、常勤者213人、パートタイム253人）、2010年（専業主婦1,608人、常勤者405人、パートタイム465人）、2015年（専業主婦1,701人、常勤者639人、パートタイム556人）。

出典：ベネッセ教育総合研究所「第 5 回幼児の生活アンケート」2016年

図5-4　出生・育児に関する意識（専業主婦の母親に大きい育児不安）

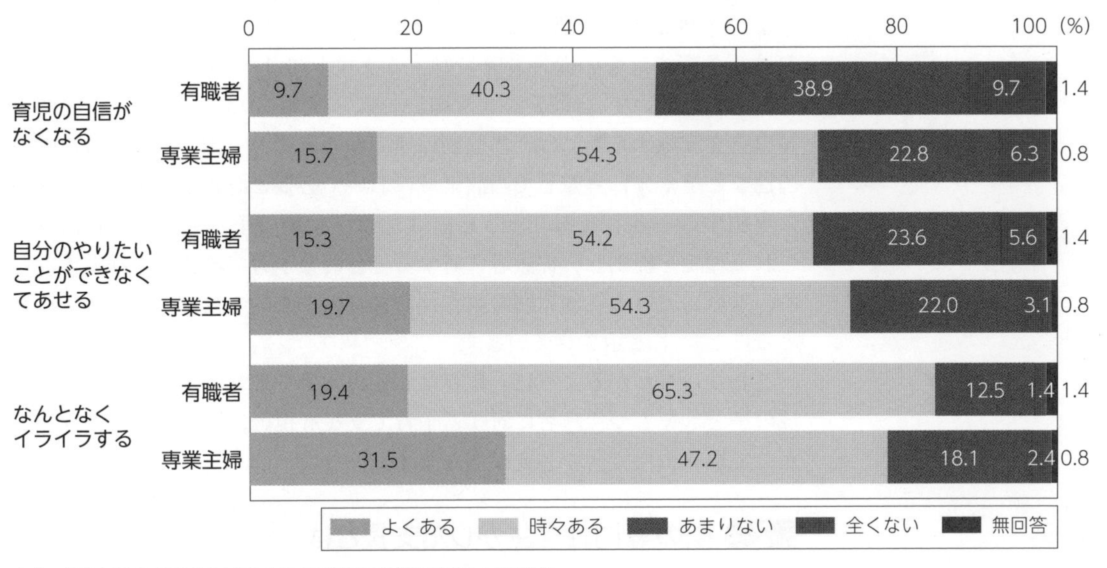

出典：経済企画庁国民生活局「平成9年度国民生活選好度調査」1998年

牧野（1982年）は、育児不安を「育児の行為の中で一時的あるいは瞬間的に生じる疑問や心配ではなく、持続し蓄積した不安」と定義しており、母子密着型の子育てを危惧しています。「育児不安」が起こる背景について堀口（2017年）は、「孤立した子育てによって、一日中子どもと向き合わざるを得ない状況にあること」「夫が長時間勤務で家庭を不在にし、母親が自分のための時間、子どもから離れる時間が持てないこと」「子どもを持つ前に赤ん坊とふれあった経験や子育てをみる機会がなく、経験や知識が乏しいまま親となる状況があること」「本やメディアの育児情報に翻弄されてかえって不安が高まること」をあげています。このように地域の子育て家庭における、保護者のもつ課題はさまざまであることから、地域に根ざした児童福祉施設として園に求められるものも多くあります。

2　園として求められる地域の子育て家庭への支援

次に、上記のようなさまざまな実情を理解したうえで、園に求められる地域の子育て家庭への支援について考えていきましょう。

1　保育所、認定こども園の専門性とは

「保育所保育指針」には、「保育所は、児童福祉法第48条の4の規定に基づき、その行う保育に支障がない限りにおいて、地域の実情や当該保育所の体制等を踏まえ、地域の保護者等に対して、保育所保育の専門性を生

かした子育て支援を積極的に行うよう努めること[*1]」とあります。

また「幼保連携型認定こども園教育・保育要領」第４章第３「地域における子育て家庭の保護者等に対する支援」の１では「幼保連携型認定こども園において、「認定こども園法」第２条第12項に規定する子育て支援事業を実施する際には、当該幼保連携型認定こども園がもつ地域性や専門性などを十分に考慮して当該地域において必要と認められるものを適切に実施すること」とあり、さらに３では「地域の子どもが健やかに育成される環境を提供し、保護者に対する総合的な子育ての支援を推進するため、地域における乳幼児期の教育及び保育の中心的な役割を果たすよう努めること[*2]」と示されています。

これからもわかるように、現在は時代の背景や地域の実情を踏まえ、地域の子どもをもつ保護者に対する子育て支援も視野に入れて、専門性を生かして取り組んでいく必要があります。

2 園の専門性を生かした支援とは

園における地域の子育て家庭の保護者への支援としてまず大切なことは、気軽に訪れることができ、子育ての不安や悩みをいつでも相談できる場所になることです。そのためには、地域に根ざした園として、園に通う子どもとその保護者の支援のみでなく、地域の子育て家庭すべてに対して、いつ訪れてもよい場所であることを、地域の回覧板や掲示板、インターネットなどで周知することが必要です。そのなかで、「園庭開放」や「体験保育」などを行い、少し足を延ばせば安心して遊べる場所があることや、いつでも笑顔で快く迎えてくれる園の職員がいることを伝えると同時に、子育てに悩んだときはいつでも相談できる人がいることも伝えておきましょう。

はじめて訪れた保護者に対して、どの職員も気持ちよく「こんにちは」とあいさつをすることで、保護者は緊張感がほぐれ安心できることでしょう。そして、何度か立ち寄り、打ち解けてくると、信頼関係もでき日常的な雑談のなかで相談できる関係になっていきます。そんな保育者の存在は、保護者にとっては心強く、安心感につながることでしょう。また、虐待防止の観点からも、地域の保護者の置かれている実情を理解し、その子育てを支援していくことが園・保育者に求められます。また、園には保育者以外にも看護師、栄養士等専門職としての知識をもった職員が勤務しています。それぞれの職種が、保護者の悩みや相談にこたえ、実際に園の生活を体験する場などでは、保育者等が実際に行動見本を示すことが、子どもとの関わり方のヒントにもなります。同じ月齢でも気質や環境の違いで接し方も違うことや、その子に応じた声かけや理解が必要なことを伝えていくことも大事です。

また、１日中マンションの一室で子どもと向き合い続けている保護者

＊1　「保育所保育指針」第４章３（１）「地域に開かれた子育て支援」ア

＊2　「幼保連携型認定こども園教育・保育要領」第４章３「地域における子育て家庭の保護者等に対する支援」

のストレスを軽減するための、「一時預かり事業」を行っている園も増えています。上記のことから、保育所や認定こども園は、子育て支援の中心的な場として積極的にその役割を担うことが求められているといえます。そして、園や保育者はその専門性を生かし、親が「子育てが楽しい」と感じるよう環境を工夫したり、そこに来た親同士をつなげるためにほどよい介入を心がけることが必要です。

3 子育て支援としての社会資源

保育者の知識として、さまざまな社会資源を知っておくことも必要です(レッスン14参照)。地域の子育て家庭への支援についての社会資源として、一番身近なものは、①家族や親戚、友人等があげられるでしょう。ほかには、②福祉事務所や児童相談所、市区町村の子育て支援課や市町村保健センターなどの公的な専門機関、③地域専門活動をしている民生委員・児童委員やファミリー・サポート・センター等やボランティアや子育てサークル、④個人経営の塾やお稽古事、そして⑤保育所、認定こども園、幼稚園、学校、放課後児童クラブ、児童福祉施設等や保育所等で地域子育て支援拠点事業を行っている園などがあげられます。私たちは支援者として出会う子育て家庭の保護者の実情を知っていく過程で、必要に応じてはそれらの社会資源を紹介したり、関係機関と連携をとる必要もあります。地域の保護者への子育て支援の例の一つには、妊娠中からの切れ目のない支援として、2010年から富山県が行政主導型で取り組んでいる「マイ保育園制度」があります。

具体的な取り組みについては、次のレッスンで伝えていきます。

ワーク

①あなたの園では、地域の保護者に対する子育て支援として、どのようなことに取り組んでいますか。すべて書き出しましょう。
②①で書き出したものをグループで出し合い、内容について話し合いましょう。

レッスン 6

専門性を生かした子育て家庭への支援

写真提供：菜の花こども園

園には、子育てを行ううえでの環境構成や行動見本がある。

ポイント

1 園は地域の親子が集う場であるとともに、情報発信を行う場でもある。
2 子育て家庭の悩みや相談に対しては、園の専門性と社会資源を活用し進める。
3 一時保育は、保護者のニーズに応えるとともに子どもの心の安定に配慮する必要がある。

1 地域の子育て支援の拠点としての園の役割と配慮事項

このレッスンでは、地域子育て支援の拠点としての園で行う具体的な取り組みについて考えていきます。

1 地域の親子の交流の場（出会う・つなぐ・つながる）

保育者や看護師、栄養士など専門的な知識をもった職員がいる園は、地域の子育て家庭の保護者にとって安心して利用できる場所です。子育てで不安に思うことは、その場でいつでも聞くことができます。そして、子どもを遊ばせる環境としては安全性も高く安心です。園庭開放で園に来た保護者にとっては、地域の公園に比べて、砂場や園庭、玩具などすべてにおいて衛生的です。危険なものも落ちておらず安全でもあります。遊具や玩具も年齢に合ったものがそろっており、子どもが遊ぶのにはとても魅力的です。「体験保育」では、保育者が子どもと遊ぶのを見ることで、保護者には、子どもとの遊び方や接し方の参考になるでしょう。また、わらべうたやふれあい遊びなどを知る機会にもなります。

園の職員は、通園する保護者のみでなく、地域の子育て中の保護者すべてに対して支援する役割を担うことを理解し、園を訪れる親子の姿に気づいたときは、こちらから笑顔で声をかけるようにしましょう。そして気持ちよく迎え入れ、支援の担当保育者につなぎましょう。保育者は優しく声をかけ、遊びに誘いかけたり、保護者に話しかけたりしながら、孤立感をなくし、心安まる場所としての園になることが求められます。

さらに保育者は、来園する保護者と対話しながら、その性格などを知り、それぞれの保護者に合った適切な距離を保ち、声をかけたり、意図的に交流の場をつくったり、保護者同士や、地域と親子をつないだりすることも大切です。なかには人と関わるのが苦手で積極的に利用できない保護者もいます。そういう保護者の姿を感じたときは、保育者は保護者の言葉にならない思いに寄り添い、子どもの様子を一緒に見守りながら、タイミングをみて穏やかに話しかける姿勢も必要です。そして信頼関係を築き、「また来たい」と思ってもらえるような園にしたいものです。

気をつけなければならないことの事例として、保育者が「つなぐ」ことを意識しすぎて、他県から転居してきた保護者同士の出身地が同じだからといって、すぐに双方に声をかけ紹介をしてしまったため、それ以後、一方の親子が来なくなってしまったということがありました。それぞれの家庭によって転居した理由もさまざまです。また、保護者や子どもの性格等も違うことを理解し、継続的に関わりをもちながら、信頼関係を築いたうえで仲立ちに入ることや、しばらく様子をみて保護者同士が話し始めるまで見守る姿勢も大切であることを覚えておきましょう。

2 施設・園庭開放

園には、0歳児～6歳児までの年齢の子どもたちが生活し、保育の専門的知識を有した保育者が常に子どもたちと関わりをもっています。都合のよい時間にいつでも来園し、いろいろな性格の子どもたち一人ひとりに適した関わり方をみることも、育児の参考になります。また、園庭や室内の遊具もどのようなものがあり、どう配置されて、どの遊具がどの年齢に合うのか、子どもがそれをどう使い、保育者がどのような声をかけているのか、などを直接見て、体験することができます。おむつの替え方や声のかけ方、沐浴のしかた、離乳食の形状やその対応等も行動見本として直接覚える機会となります。ときおり、子どもがよく遊んでいると、保護者同士の会話がはずみ、自分の子どもをよく見ておらず、けがにつながるケースもあります。支援者は、保護者が子どもから目を離さない程度に会話を楽しむよう伝えることも必要です。園の行事への積極的な参加を促すことも支援の一つです。その際は、早めに周知し、運動会では、園児と一緒に親子競技や親子遊戯に参加したり、クリスマス会など楽しさを味わえる行事の場に誘ったりすることも、気負わずに参加できるためよいでしょう。

地域子育て支援拠点事業を行っている園のように、支援の部屋が特別に設けられなかったり、職員配置が難しくても、園庭開放や体験保育、行事の公開などは、日常の保育のなかで無理なくできる子育て支援です。

3 子育て相談

園の強みは、看護師、栄養士、保育士等さまざまな専門知識をもった職員がいることです。発達や対人関係、病気、食事等で心配なとき、安心していつでも相談できます。「立つのが遅いけれど大丈夫？」「言葉が遅い」「トイレトレーニングの方法」「いやいや期の対応のしかた」「離乳食の作り方（試食会）」「予防接種や感染症の際の対応」等、幅広い知識をもつ職員が直接相談に乗ることも重要な支援の一つです。支援者は自然な会話のなかで、受容的、共感的な姿勢で話に耳を傾け、保護者が安心して自分の思いが出せるように配慮し、助言したり相談にこたえたりすることが大切です。

子どもの親として「頑張らなくてはいけない」と思うがあまり、家事、育児のすべてを完璧にこなそうとして、精神的に不安定になる保護者もいます。そういう保護者には、頑張りすぎなくてもよいことを伝え、保護者の行っている子育てを認めていくことも必要です。その他、家庭のなかのことや保護者自身の心理的なことに関しての悩みや相談は、園長や主任が時間をとってていねいに話を聴くことも必要です。そのような深刻な相談に関しては、1 対 1 で相談できる個室を用意することも大事です。また、相談内容によっては、専門機関との連携をとる必要がありますので、支援者は慎重に対応する姿勢が求められます。

4 子育て講座

園に遊びに来る保護者の悩みや相談内容に対して、園の職員である保育士、栄養士、看護師等による専門性を生かした講座を行うこともできます。ふだんは直接自分から相談できない保護者も、話を聞くことで安心できます。自分の悩み以外に、ほかの保護者の悩みを知ることやそれに対する専門職からの話を聞く機会があることで、自分だけが悩んでいるのではないことや、自分が今気づいていないことでも、子どもの成長とともに経験するであろう子育ての悩みや発達の姿、今後必要な予防接種、離乳食や食物アレルギー等についてのさまざまな知識も増え、子育てに見通しがもてます。また、子どもへの接し方についても実際にやってみることで、子ども理解が進み自信にもつながり、不安が解消されることもあります。

5 情報提供

園のなかに、地域内の子育てに関する情報（パンフレットなど）を集め、保護者が自由に見たり持ち帰ったりすることができるようにしておくのもよいでしょう。遠方から引っ越してきた保護者は、何がどこにあって、どう活用できるかさえわからず不安を抱えています。また、園からの一方的な情報提供だけではなく、保護者同士の伝え合いの場も大切にしましょう。来園している際に情報交換の時間を設けて、子どもを連れていける食事処や公園等を知ることで、さらに子育てが楽しくなるでしょう。また、通園している子どもも含めた保護者からの情報提供で「子育て便利グッズ紹介」や、「子育てワンポイントアドバイス」などの冊子を作り、上手に活用しながら支援者が利用者の仲立ちとなるのもよいでしょう。また、そうした情報提供が、今まで気づけなかった子育ての楽しさに出会うチャンスにもなります。

6 出前保育

直接園に出向いて支援を受けることができない困難を抱えた親子や、実際に園で「子育て支援」を行っていることを知らないという保護者もいます。そのような家庭に対しては、地域の掲示板、回覧板、園のホームページなどを利用して、地域の公園などで「出前保育」を行うことを周知し、こちらから園の外に出向いていくことも必要になります。その内容は、特別なことを企画するのではなく日常保育のなかで行っている絵本や紙芝居の読み聞かせや、子どもとのふれあい遊びなどを通じて、子どもとの遊び方を伝えるといった支援の方法もあります。家に閉じこもりがちな保護者には、ホームページを利用して「子育て相談」を受けることもよいでしょう。メールをとおして園とつながり、そのやりとりをとおして、保育者に触れ、信頼感をもつことで、来園できなかった人も足を運ぶようになることもあります。そしてそれは、園として、孤立した親子とつながるきっかけになります。

家庭のなかだけで育児をしていると、視野が狭くなり、自分だけの価値観で子育てをしてしまいがちです。また、知りたい情報は、インターネット等からの入手が中心となり、それらに惑わされ、かえって育児不安が強くなるケースもあります。そんな保護者のためには、地域の掲示板や回覧板、園のホームページ等に、園・クラスだよりなどを掲載し、子育ての情報を伝えたり、インターネットでは不確かな情報も多いため鵜呑みにしないよう知らせたりすることも園の大切な役割です。

7 次世代への子育て支援の場

地域の中高生を対象にして、「保育体験」を受け入れることも、園の役割として大切です。少子化の影響で、赤ちゃんの世話をしたことがないまま親になり育児不安につながることもあります。園としては、そうした体験の場をつくることで、親になったときに子どもと一緒に訪れ遊ぶことのできる場所や、乳幼児との接し方や育児について相談のできる人がいることを知る機会にもつながります。

2 一時預かり（一時保育）

1 一時預かり（一時保育）の目的

一時預かりは未就園児の子どものいる家庭では、冠婚葬祭や、親やその家族の急な病気や入院などの緊急事態、短時間の就労、リフレッシュなどさまざまな理由により利用できます。ほかにも、保護者の育児不安や、虐待が疑われる場合、親の精神疾患等さまざまな事情で利用することができます。

親にとっては一時的にではありますが、ストレス状態を軽減することにもつながります。また、子どもにとっても、良好な保育環境と発達の保障が確保されています。一時預かりを担当する保育者は、家庭との生活の連続性に配慮し、その子のペースに合わせてゆったりと関わることが大切です。しかし、一時預かりについては現在、保育士不足の影響もあり受け入れが難しい状況もありますが、地域の子育て家庭においては必要な支援です。

2 一時預かりの子どもへの配慮

一時預かりでは、子どもは日頃なじみのないはじめての場所で、知らない大人や知らないほかの子どもたちと過ごすわけですから、不安でいっぱいです。そんな不安な場所で少しでも不安を取り除き、短い時間でも楽しい経験をさせてあげられるようにということを第一に考えましょう。そのためには、一人ひとりの子どもの家庭での生活との連続性に十分配慮する必要があります。

事前面接で、食事や睡眠などの生活のリズム、食事のさせ方（授乳の場合は粉ミルクの種類や乳首の種類、サイズも）、寝るときの癖、好きな玩具などを聞いて把握しておきます。できるだけ家庭と同じように受け入れることを伝えることで、保護者にも安心してもらえるでしょう。

家庭での生活リズムに配慮して、子どもが無理なく過ごせるように、食事・午睡など１日の流れを考えます。また、子どもがくつろげる場を設けるなど環境を工夫しましょう。子どもの好きな玩具で遊びに誘うことで、泣かずに過ごせる時間をできるだけつくってあげたいですね。

一時保育では、専用の部屋がなくても、保育室で在園児と一緒に生活するなどの対応をすることがあります。その際も上記の配慮は同じように行います。

不安定な子どもには、なるべく同じ保育者が関わり個別対応を心がけましょう。

ワーク

あなたの園では、一時預かりにおいて、どのようなことに留意していますか。2つの視点から話し合ってみましょう。

①「子どもの最善の利益」を守る視点

②保護者のニーズにこたえる視点

レッスン 7

地域の保護者からの相談にこたえる

写真提供：菜の花こども園

相談にこたえるときの基本は、傾聴、受容、共感。

ポイント

1 子育て支援の場では、受容的かつ共感的な態度が信頼関係を生む。
2 子どもの個性を尊重し、保護者の悩みや相談にていねいに向き合う。
3 継続的な支援が必要なケースは、園全体で支援できることを考え進めていく必要がある。

1 保護者の相談にこたえる保育者の姿勢

このレッスンでは、保護者からの相談に対する具体的な支援の方法や保育者の姿勢について考えていきます。

1 地域の子育て家庭の保護者と信頼関係を構築する

すでにレッスン 2 でも述べましたが、「保育所保育指針」には、保護者との信頼関係をもとにして、保護者の自己決定を尊重することが書かれています[*1]。

地域の子育て家庭の保護者は、園に在籍している子どもの保護者とは違い、来園する日も不確定ですので、保育者との信頼関係を構築するまでには時間がかかります。しかし、何度か足を運ぶなかで、保育者の受容的かつ共感的な態度が信頼へと結びつき、少しずつ対話が広がるようになりま

参照 ＊1 「保育所保育指針」第 4 章 1 （1）「保育所の特性を生かした子育て支援」ア

す。また、これまでも述べてきたように、信頼関係ができてくると、日常的な会話から相談に発展することがあります。担当の保育者は、そのときに保護者の話に耳を傾け、受容的な態度で最後まで話を聴く姿勢が求められます。また、相談内容によっては、個別に話す機会を設け、「保護者が何に悩んでいるのか？」を探り、「お母さんは今こんなことで悩んでいるのですね？」と言葉にして確認することが大切です。そして、保護者自身に自分の悩んでいることを認識してもらったうえで、話を始めましょう。保護者の言葉に共感しながら、一緒に考えたり、ときにはアドバイスをしていきます。

保護者は、自分の子どもしか見ていないので視野が狭くなっていることもありますが、見方を変えて考えることで、不安が解消され安心して育児に向かえるようになることもあります。また、内容によっては、「そのことは、私だけの考えではよいアドバイスがみつかりそうもありませんので、園長や主任に相談してもよいですか？」とすぐに答えを出さずにいったん話をあずかり、十分な時間をかけて、園として適切な対応をしていくことも大切です。栄養士や看護師などからの専門的な回答がほしい場合は、それらの職種の担当者を呼んでこたえてもらうか、緊急ではない場合は、次回来るときまでに「～先生に聞いてからお話しします」などと伝えるのもよいでしょう。保育者自身との１対１の信頼関係も大切ですが、「保護者や子どもに対して園全体で支えていきます」ということを理解してもらうことも、園への信頼感の獲得につながります。さらに園内だけでは解決できない難しい問題は、関係機関や専門機関を紹介するなど、社会資源と適切につなげることも園としての役割にあたります。

2 傾聴、受容、共感の姿勢

保護者からの相談については、その場で簡単に解決する問題もありますが、時間をかけて相談に応じるべきものもあります。

保育者は、保護者が話している最中は、途中で口を挟まず、受容的・共感的な態度で最後まで傾聴する姿勢が大切です。話している保護者自身も、具体的なアドバイスや答えを求めたいのか、ただ聞いてほしいだけなのかわからず話していることもあります。大切なのは、保護者が自分の思いを言葉にできる環境をつくることです。保育者は、一人ひとりの保護者に気を配り、話しかけやすい雰囲気でその場にいることが大切です。忙しそうな雰囲気を出していたり、「それは、また次でいいですか？」と言ってしまったりすると、「この人に話すのはやめておこう」と大切な相談を聞き逃してしまうことにもなります。どんな小さなことでも「遠慮せずに、話してくださいね」という受容的な態度が大切です。また、悩みや相談はその保護者によってさまざまですが、その重要度に大小はなく、一人ひとりの保護者にとっては、その一つひとつが不安なものであり、大切な相談であることを理解し共感的に聞く姿勢が求められます。

事例 1 「認められるってうれしいものですね」

ユミちゃん（1 歳 8 か月）は、お姉ちゃんも年長児で園にいることもあり、支援ルームも月に 2 、3 回利用したあたりから、園や保育者にも慣れ、お母さんから離れよく遊ぶようになりました。お母さんとその遊びを見守りながら、「よく穏やかに育てていますよね」と伝えると、お母さんは「えっ、はじめて言われました」と驚いた様子です。「言われたことないですか？」と聞くと、「はい、ないですよ。友だちと子連れで遊ぶときに、『ユウコ（母親）はいいよね、旦那様も優しいし、お金もあるしゆったりと子育てに向かえるよね』と言われたので、なんとなくカチンときて、『ほとんど私一人で育児してるんだけど……』と言ってしまったんです」と話してくれました。そして、「でも、こうやって園の先生に認められると、なんか……うれしいですね。ありがとうございます」と涙ぐむのです。さらに話し込んでいるうちに、「『自分はこの子育てで大丈夫かな？　みんなどう思っているんだろう』ってずっと気になっていたんです」と悩んでいたことを打ち明けてくれました。

この母親は、とても穏やかで子どもにかける言葉も優しく、ほかの保護者の見本になるような姿だと思っていたので、ときどき世間話をする程度で留まっていました。今回の対話で、誰もが「自分の子育てを認めてもらいたい」と思っているんだなと改めて感じることができました。

3 思いに寄り添い、共に考え、自己決定を尊重する

保育者は保護者の思いに寄り添い、保護者自身が解決に向かえるよう、共に考える姿勢が大切です。そのため保育者はアドバイスはしても、自分の考えを押しつけたり「お母さんなのだからそのくらいはわかるでしょう」「前にも言いましたよね」のように責めるような言い方や、「この本に書いてあるのでよく読んでください」「～を～にしたらいいのよ」などの指導的な言い方はやめましょう。保護者は「勇気を出して話してみたのに……相談しなければよかった」と感じてしまうでしょう。保育者は「よく話してくれましたね」「それはつらかったですね」など、まずは話してくれたことを認め、その心情を汲み取ることが大切です。相談内容により、保育者からみて保護者の養育に疑問を感じるようなことがあったとしても、最後まで傾聴します。保護者の考えを否定せず、保護者が自分の思いに気づき、どうすればよいかを自分で考えて答えを導き出せるよう、一緒に考えていく姿勢が求められます。そして保育者は保護者が自分で出した答えを実行できるように支え、認めていくことで、それが保護者自身の成長につながることを信じて関わっていきましょう。

面談の途中で話を整理して伝えるのも大事ですので、相談が始まる前に「大切なことを忘れないために、ときどきメモをとらせてください」と断りを入れてから、メモをとります。そうすることで、保育者自身も相談の主旨を見失わず整理することができるでしょう。

相談を受けるうえでの専門的な姿勢については、次のレッスン8にくわしく述べていますので参考にしてください。

セルフチェック

○保護者として、保護者の話を聞くときの自分を振り返ってみましょう。

1. 自分の関心のあることだけを聞いていないか
2. 自分の都合のよいように聞いていないか
3. 勝手に先を想像して聞いていないか
4. 反論しようと自分の考えとの違いをみつけようとして聞いていないか
5. 最後まで聞かずに、すぐ口を挟んでいないか
6. 教えてあげようと上から目線になっていないか

2　多くの保護者の抱える悩みにていねいに向き合う

乳幼児期の発達には個人差が認められる場合が多々あります。保育者が乳幼児期の発達の道筋や順序性などの特徴を理解したうえで、子どもの発達の様子をありのままに受けとめ、子どもの個性を尊重し、共に子どもの成長を見守っていくことで、保護者にとって安心感につながります。

以下、保護者のよくある悩みや相談についての保育者の対応事例を3つの分野に分けて紹介していきます。

1　発達についての相談

「1歳を過ぎたのに、まだ歩きません」「2歳になったのに言葉が出てきません」「トイレトレーニングの方法」などについては、発達の順序性について見通しがもてるような資料を見せながら話し、発達過程において今の段階を認め、焦らずに関わっていくことが大切であることを伝えます。そして、次のステップに行くためには子どもがやりたくなるような環境を準備するために、実際に体験保育などに誘い、保育環境や保育者の声かけの行動見本を一緒に見る機会をつくることで参考になります。

2　生活リズムについての相談

「夜寝るのが遅くて困ります。どうしたら早く寝るようになるのでしょう」などの相談については、朝の生活を見直し、起きる時間を30分早めてみるなど、具体的な方法を提案するのもよいでしょう。「食事中遊び食べが多くて困っている」という相談には、ダラダラ食べずに時間を決めて、遊び始めたら「もうおしまいね」と言って片づけてしまってよいことなど、習慣づけるには毅然とした態度が必要であることを伝えることも必要です。

3 子どもとの関わり方についての相談

「子どもとどう遊んだらよいかわかりません」などの遊び方に関しての相談についても、体験保育や支援ルームにおいて、子どもが自発的に遊びを選択できるように環境を整え、保育者が子ども自身の興味や関心に共感的に関わる姿を見せたり、わらべうたやふれあい遊びなどわかりやすい資料を用意し、保護者と一緒にやってみるなどして遊び方を伝えることも大切です。また、「朝の忙しいときに限って何を言ってもイヤイヤと泣いてしまったり、自分でと言ってきかないんです」などの相談には、この時期は自分の意思が出てきている証拠であり、成長過程で大切な時期であることを伝えましょう。そして、大人のほうが少しゆとりをもち、いったん子どもと向き合うことが大事なことも話します。たとえば洋服などを決めるときも「どちらがいいかな？」など子どもに選択させるとスムーズにいくことや、葛藤しているときは、子どもの様子を見守りながら、子どもがどうしてほしいのかの「つもり」を理解して、言葉にしていくとよいことなども伝えましょう。しかし、以下のような事例は継続的に支援していくことが必要になります。

事例２ 「子どもがかわいいと思えないんです」

支援ルーム担当者はA、B保育者の２名です。その日の予約は３組の親子でした。そのうちの１組は新しい親子です。

時間になると、２歳になったばかりの子どもを連れた母親が来園してきました。母親は表情が乏しく、子どもは衝動的な姿が見られます。A保育者が、「お名前教えてください」と話しかけると、母親は小さい声で「ツトムです」と教えてくれました。

ツトムくんはルームに入るなり、一緒に利用していたミキちゃん（１歳８か月）の背中を押し、ミキちゃんは転んでしまい泣いてお母さんに抱きつきました。

ツトムくんのお母さんは「ツトム！　だめ！」と言って手をぎゅっとつかみ怖い顔をします。保育者は慌てて中に入り「ミキちゃんかわいいね。ツトムくん、一緒に遊びたかったね」と言った後、「ミキちゃん、ごめんね」と言うと、ツトムくんのお母さんが気づき「あっ、すみません」と謝りました。ミキちゃんのお母さんが「大丈夫ですよ、元気でいいですね」と言うと「そんな元気なんて……」とツトムくんのお母さんは黙ってうつむいてしまいました。ミキちゃんがその後も別の友だちと積み木をして遊びだすと、ツトムくんが走って行きその積み木を両手で強く倒し、積み木が倒れるのを指さして笑っています。またしてもミキちゃんは泣きながらお母さんのところに行ってしまいました。するとまたツトムくんのお母さんは「ツトム、いい加減にしなさい、もう帰るよ！」と強い口調で言うと手を引っ張り自分のほうに引き寄せ、頭をパンと叩きツトムくんが泣いてしまいました。A保育者はすぐにその場に行き、「お母さん、ツトムくんの好きな遊びは何ですか？」と聞くと「外で飛び回るか、ブロックするか、ビデオを見るかです」とボソッと小さな声で言いました。A保育者は、「ツトムくん、先生と一緒に外で遊びましょう」と言うとツトムくんを外に連れていきました。A保育者は「お母さん、しばらく私が遊ぶので隣でお茶でも飲んでいてください」と言って、B保育者に休憩室に案内してもらいました。

B保育者とお母さんは、一緒にお茶を飲みながら、しばらく窓越しにA保育者と一緒に外で遊ぶツトムくんの姿を見ていました。お母さんが、10分ほどすると小さな声で「私……子どもがかわいいと思えないんです。おかしいですか？」と聞いてきたので、B保育者が「同じように悩みを相談してくるお母さんもいますし、私にもそんなときがありましたよ」と共感的に答えると、お母さんは「えっ、先生も」と驚き、家庭でもツトムくんがじっとしていることがなく悩まされていること、夫がお酒を飲んで夜遅く帰ってくる日が多く、ツトムくんに手をあげることもあることを相談してきました。「だから、主人が帰ってくる前に寝かそうと思うのですが、寝つきが悪くて……結局主人に叩かれて泣きながら寝る日が多いんです」と言いながら涙で言葉を詰まらせるので、B保育者は「家庭のことなどは主任に相談するとよいかもしれません。その時間はツトムくんをみていますので、いつか30分くらいゆっくりと主任に相談してみてはいかがでしょうか？」と提案し、お母さんの同意を得るとすぐに予約を入れました。

そのうちにA保育者は外での遊びを終え、室内遊びの用具のなかからツトムくんに「どれにする？」と選んでもらい、ブロックのケースをもって支援ルームに戻ってきました。そして、ツトムくんのお母さんは、しばらくA保育者と一緒に遊ぶツトムくんの姿を見ながら、「ツトムが、こんなによく遊ぶなんて……」とまた涙ぐみながらも、A保育者の言葉のかけ方などを見ていました。お昼の時間になり、お母さんは「ツトム、よかったね、今日は帰ろうね。また来よう」と言ってその日は帰っていきました。

ワーク

事例１、２のどちらかに対して、以下の３つのなかから１つを選んでグループで話し合いましょう。

①「子どもの最善の利益」の視点でできる支援を考えてみましょう。
②「保護者支援」の視点でできる支援を考えましょう。
③家庭の状況を見て、この先つなげられる社会資源には何があるかを考えてみましょう。

3　相談にこたえる保育者に必要な心構え

保育者として継続した相談にこたえていくなかで、気をつけなければならないことは、「一人で抱え込まない」「保育者としての領域を越えない範囲で支援する」ということです。特に継続的な相談は、最初に保護者が言葉にした相談から、別の相談へと変化することがあります。それは保護者自身の生育歴や、現在の家庭状況などそれまでの過程には複雑な経験や体験が絡み合っています。そのつど必ず園長、主任に報告し、園全体で考えていくことが必要です。また、支援をする保育者も人間です。保護者の相談の心の揺れに付き合い、穏やかな姿勢で聴くためには、保育者自身の心のゆとりをもつことも大切です。子育て支援の担当者は 2 名以上配置すると同時に、「園（保育者）として自分たちにできることはどこまでか？」等をしっかり見極めて園全体で支援していくことが望まれます。

専門的な技法については、第 3 章を参照してください。

第3章

保護者に対する相談援助

家庭のありようや価値観が多様化するなかで、保護者の抱える悩みや問題も多様化しており、個別の配慮が必要な場合も多くあります。保護者からの相談に対し効果的な支援を行うために、この章では、ソーシャルワークにおける相談援助の基本やプロセス、面接の技法などについて学びます。

良好な援助関係を築くために、何よりも保護者の言葉や話に耳を傾け、保護者の力を信じて共に課題に立ち向かう、保護者に寄り添う姿勢が大切です。保育の専門性を基盤としつつ、相談援助における基本的な態度や関わり方、技術を身につけ、実践に生かせるようにしましょう。

レッスン 8

親としての成長を支える相談援助の基本

相談には、保護者の思いを受けとめ、課題を共有することが大切である。

写真提供：菜の花こども園

ポイント

1 相談援助の基本は、保護者に寄り添い、保護者の自己決定を尊重することである。
2 ケースワークの原則にのっとり、良好な援助関係を築くことが肝要である。
3 相談援助の場面では、面接技法を身につけ活用することが求められる。

1 園における相談援助とは

保護者に対する子育て支援を行うにあたっては、日々の保育の積み重ねによって相互理解し信頼関係を築くことが大切であることはこれまで述べてきたとおりです。しかし、家庭のありようや保護者の価値観が多様化しているなかで、保護者の抱える問題も多様になり複雑になっている現状があります。保育者が行う保護者に対する支援は、あくまで保育の専門性を中心とした援助ですが、個別の支援が必要な場合など保育の専門的知識や技術だけでは十分に対応しきれない困難な場合もあり、**保育ソーシャルワーク**という言葉が注目されるようになりました。

保育ソーシャルワーク
2013年に設立された「日本保育ソーシャルワーク学会」によれば、保育ソーシャルワークとは「子どもの最善の利益の尊重を前提に、子どもと家庭の幸福（ウェルビーイング）の実現に向けて、保育とソーシャルワークの学際的領域における新たな理論と実践」ととらえられている。現状では、統一した定義は確立されておらず、それぞれが研究・実践を行っている。

たとえば、孤立、貧困、病気や障害、家族の不和など、育児不安や不適切な養育につながるリスクが高い場合など、これらの問題の解決には園だけの対応では限界があり、複数の関係機関と連携しての支援が求められます。支援をより効果的に行うために、保育者には**ソーシャルワーク**やカウンセリングなど相談援助の基礎的な知識や技術を身につけることが求められているのです。

2　相談援助における基本的な態度 ——バイステックの7原則

効果的な支援のためには、保護者との信頼関係の構築が不可欠です。相談援助における利用者と援助者間の良好な援助関係を築くための基本的な態度として**バイステックの7原則**があります（表8－1）。

バイステックの7原則は、援助関係における相互作用によってケースワーカー（援助者）とクライエント（相談者）の信頼関係が構築されていくことを示したもので、相互に関連し補完し合うものとされています。

保育者も、この基本的態度の原則を意識し、実践に活用することによって保護者との信頼関係を築いていくことができるでしょう。

表8－1　バイステックによるケースワークの7原則

第1の方向：クライエントのニード	第2の方向：ケースワーカーの反応	第3の方向：クライエントの気づき	各原則の名称
一人の個人として迎えられたい	ケースワーカーはクライエントのニーズを感知し、理解してそれらに適切に反応する	クライエントはケースワーカーの感受性を理解し、ワーカーの反応に少しずつ気づき始める	1　クライエントを個人としてとらえる（個別化）
感情を表現し解放したい			2　クライエントの感情表出を大切にする（意図的な感情の表出）
共感的な反応を得たい			3　援助者は自分の感情を自覚して吟味する（統制された情緒的関与）
価値ある人間として受けとめられたい			4　受けとめる（受容）
一方的に非難されたくない			5　クライエントを一方的に非難しない（非審判的態度）
問題解決を自分で選択し、決定したい			6　クライエントの自己決定を促して尊重する（クライエントの自己決定）
自分の秘密をきちんと守りたい			7　秘密を保持して信頼関係を醸成する（秘密保持）

出典：バイステック, F.P.／尾崎新ほか訳『ケースワークの原則（新訳改訂版）』誠信書房、2006年、27頁

ソーシャルワーク

生活課題を抱える対象者と、対象者が必要とする社会資源との関係を調整しながら、対象者の課題解決や自立的な生活、自己実現、よりよく生きることの達成を支える一連の活動（厚生労働省「保育所保育指針解説書」2008年、185頁）。

バイステックの7原則

アメリカの社会福祉学者バイステック（Biestek, F.P.）によって体系化された、ケースワークにおけるワーカーとクライエントの援助関係においてとるべき基本的態度の原則。

1 個別化——相手を一人の個人としてとらえる

問題を抱えている保護者は、あくまでも一人の個人です。過去に似たようなケースがあり同じような相談であったとしても、問題の背景も解決に向けての課題も違います。「○○のケース」と一般化してはならないということです。つい問題を整理するときに傾向をつかもうとして、型にはめた見方になってはいないでしょうか。それぞれ保護者自身の生育歴が違えば価値観も違います。不特定多数の一人ではなく、特定のかけがえのない一人としてとらえることが大切です。先入観をもたず、その人個人の問題としてとらえ、保護者一人ひとりに合わせた支援を行うべきだということです。

2 意図的な感情の表出——相手の感情表現を大切にする

問題を抱えたとき、自分の感情を表出することは問題解決に向かう原動力になります。保育者は、保護者が自分の感情をありのままに出せるよう安心感をもてるように関わることが大切です。具体的には、保護者の言葉の裏にある感情に焦点を当ててしっかり聞くことです。怒りなどの感情も否定せずに受けとめ、表情など非言語的な面にも注意を払い気持ちを読み取ることが大切です。

3 統制された情緒的関与 ——援助者は自分の感情を自覚して吟味する

保護者から怒りなどの否定的感情をぶつけられたとき、保育者がその感情に飲み込まれてしまうことがあります。そうならないように、保護者の感情を理解するとともに、自分自身の感情について自覚する必要があります。自分がどのような価値観をもち、どのような考え方に対してよくないと思うのかなど、自分の感情や考え方を振り返り自分自身をよく知ることが大切です。援助者には、冷静な判断と自分の感情をコントロールする力が求められます。

4 受容——相手を受けとめる

保護者の気持ちに寄り添い、ありのままを受けとめることの大切さは、第 1 章でも述べたとおりです。相談者は、相手が自分を受けとめてくれないと感じると本音を話してはくれないでしょう。援助者としての保育者の役割は、保護者の間違いを正すことではなく、保護者の不安や思いを受けとめ、解決に向けて進めるよう援助することです。このことを認識し、まずは、保護者をあるがままに受けとめることが大切です。

5 非審判的態度——相手を一方的に非難しない

相談者に対して、一方的に非難したり審判したりするような態度をとらないことです。他者からの批判を受け入れるには、それだけの力が相手に備わっていなければならず、そうでないときに、「～すべき」「どうして～できないの」などと言われると、保護者は非難され責められていると感じて心を閉ざしてしまいます。保育者の価値観や考えを一方的に押しつけるのではなく、保護者が、なぜそのような状況にあるのか、なぜそのような行動をとるのかということを理解することが大切です。

6 自己決定――相手の自己決定を促して尊重する

援助とは相手の能力や可能性に依拠して進められるものです。人は、問題の解決に向け自分で決定したときにこそ力を発揮し、前に進むことができます。第１章でも述べたように、子育ての主体としての保護者の力を信じ、保護者が主体的に、よい選択をし、自己決定できるよう適切な情報提供と十分な話し合いをすることが必要です。

7 秘密保持

秘密保持は、保育者の守るべき倫理であり、相談者の人に知られたくない個人情報を守ることは人権に関わる重要な原則です。相談援助を始める際には、必ず事前に秘密保持について確認します。他機関との連携した援助の必要性から第三者に伝える必要がある場合は、ていねいな説明を行い、合意を得ることが必要です。

3 相談援助における基本的な面接の技法

保護者からはさまざまな形で相談が寄せられます。直接、相談があるといわれることもあれば、何気ない会話から相談に発展する場合もあります。事例の相談場面を想定しながら、相談援助における面接の技法のポイントを考えていきましょう。

事例１　「虐待と疑われるなんて」

登園時、カズくん（３歳児）のお母さんが担任に、「先生、実は昨日、警察がうちに来たんです」と言うなり泣き出しました。以下はそのときの会話です。

（担任）　えっ、どうして？　何かあったのですか？
（母親）　この子があんまり言うことを聞かないので怒ったら大泣きして、いつまでも泣きやまないので、虐待ではないかと近所の人に通報されたんです。もうショックで……。
（担任）　それはびっくりされたでしょう。ショックを受けた気持ち、よくわかります。何時頃のことですか？①
（母親）　ええと……夜の９時頃です。虐待なんて、そんなふうに思われてたのかと思うとショックで。
（担任）　近所の方から虐待をしていると見られているのではないかと思われたのですね。②そう思ったら辛いですよね。③お母さんがカズくんのことを、愛情をもって育てていることは、よくわかっていますよ。

（母親）でも先生、この頃反抗期というのか、親の言うことを聞かなくて、怒っても言うことを聞かないと叩きたくなって、実際に叩くこともあります。それでもよけい言うことを聞いてくれなくて。おじいちゃんには、おまえの子育てのしかたが悪いって言われるし、自分でも情けなくなって……。

（担任）（うなずきながら）④　どんなときに言うことを聞かなくて叩きたくなるのですか？　よかったら聞かせてください。⑤

（母親）夕飯をなかなか食べてくれなくて。ええ、保育所から帰ってきたら、おじいちゃんが夕飯の前にお菓子をあげちゃうんです。私はやめてっていつも言ってるんですけど。

（担任）夕飯を食べてくれないのですね。おじいちゃんが夕飯前にお菓子をあげちゃうから。⑥

（母親）そうなんです。本当にどうしていいか……。お風呂に入ってと言っても、ゲームに夢中で知らん顔。怒ると泣きわめくので、ついイライラして……。万事がこんな調子でどうしていいかわからなくて、疲れてしまいます。

（担任）食事やお風呂など、生活の切り替えの場面でお母さんの言うことを聞いてくれない。怒っても効果がない⑦と確かに疲れてしまいますよね。そんなとき、どんなふうに思われるのでしょう。お母さんの気持ちを聞かせてくれますか。⑧

（母親）本当にイライラして、怒鳴りたくなります。私の子育てのしかたが間違ってるのか、虐待なんてしてるつもりはないのに……。ほかのお母さんたちはちゃんと子育てしてるのに私だけがどうしてうまくできないんだろうと情けなくて、辛くて。昨夜は眠れなかったんです。

（担任）眠れなかったのですか。それほど悩まれて辛かったのですね。⑨

登園時間だったのでこれ以上話を続けることはできなかったため、夕方お迎えのときにゆっくり話を聞くことにしました。母親の訴えの背景には、さまざまな問題が潜んでいることを担任は感じていました。

1 「効果的な質問」で訴えの内容をつかむ

保護者の話に耳を傾け、必要な情報を得ながら主要な訴えの内容をつかむには効果的に質問をする必要があります。効果的な質問の技法には、「閉じられた質問」と「開かれた質問」があります。「閉じられた質問」とは、相手が「はい」「いいえ」や数値でこたえられる質問のことです。たとえば「子育ては楽しいですか」「お子さんは何歳ですか」というような質問です（事例の下線部①）。限られた時間に効果的に情報を得たい場合や、初対面で緊張をほぐすときには効果的です。しかし、「閉じられた質問」だけでは何か一方的に尋問されているような印象を抱いてしまいます。受容されている、共感されているという実感はもちにくいでしょう。

もう一つの「開かれた質問」は、「そのときの気持ちを聞かせてください」

というような、話し手の感じていることや考えていることを保護者自身の言葉で語ってもらう質問です（下線部⑤⑧）。実際の相談援助の場面では、両方の質問を組み合わせることによって、問題を整理していくようにします。

2 「感情の明確化」により保護者との共通認識をもつ

問題の核心をつかむには、問題の発生から現在までの経過や問題の所在を整理する必要があります。保護者の話を促すには「相づち」と「繰り返し」が効果的です。相づちは、話を聞いていなければ打てませんし、反論したいときも相づちは打てません。つまり、相づちによって、あなたの話をしっかり聞いていますということが相談者に伝わります（下線部④）。

繰り返しは、相手の言葉を繰り返す技法です（下線部⑥）。保護者にとって、肯定的に話を聞いてもらっていると感じることが、さらに話をする励ましとなります。

その他に「言い換え」「要約」があります。言い換えは、相手の話をわかりやすくして返す技法です（下線部⑦）。要約は、「ここまでのお話を整理するとこういうことでしょうか」などと的確にまとめ、言語化して返す技法です。保護者が混乱しているとき、自分の考えを整理する手助けになります（下線部②）。また、話が飛びそうになったときや時間がなくて区切りをつけたいときなどに効果的です。こうした「感情の明確化」によって、保護者の思いを引き出すことができ、保護者との相互理解が深まります。

3 保護者の感情を受けとめ、共感的に関わる（感情の反映技法）

保護者の感情に焦点を当て、質問の技法や感情の明確化技法を使って接近します。事例では、「虐待をしていると見られているのではないかと思われたのですね」と感情を明確化し（下線部②）、その思いに共感しています（下線部③）。それによって、さらに話を促し、母親の気持ちを引き出しています。また、「気持ちを聞かせてくれますか」という開かれた質問（下線部⑧）に対し、母親が自分の感情を吐露しています。それに対して「それほど辛かったのですね」と母親の言葉を繰り返すことで共感しています（下線部⑨）。このように保護者の感情を受けとめ共感的に関わることが大切です。保護者は、共感してもらうことで自分の感情に向き合い気持ちを整理することができ、問題に向き合いやすくなります。そのため保育者には、保護者の言語化されない感情を、表情やしぐさ、声のトーンなどから汲み取って言語化して返すことが求められます。保護者は全身で自分の感情、思いを表現しています。その言葉にならない思いを読み取る力、さらには保護者のわずかな変化にも気づく直観力が必要です。

次の事例は、地域の保護者との相談場面です。

事例２ 誰にも相談できなかった

保育園に併設されている、地域の親子がいつでも自由に来て過ごせる「子育てサロン」に来たマナちゃん（１歳）親子。「サロン」に来るのは２回目です。

数日前、初めて来たときのお母さんの様子が、担当の保育者には気になりました。マナちゃんとあまり関わることがなく、他のお母さんとの会話もありません。マナちゃんが保育者と遊んでいる間、壁に寄りかかってずっとスマホを触っています。マナちゃんもお母さんを求めるふうでもありません。親子関係が気になりましたが、はじめての来室だったのでその日はそのまま様子を見ることにし、帰り際、「マナちゃん、楽しそうに遊んでいましたね。また来てくださいね」と伝えました。

数日後に、また「サロン」を訪れたマナちゃん親子。たまたま他の親子がいない時間帯でした。保育者がふれあい遊びでマナちゃんをくすぐると声を立てて笑い喜ぶマナちゃんを見て、お母さんが口を開きました。

（母親）なんで、こんなに笑うんですか。
（保育者）子どもは、くすぐられるふれあい遊びが大好きですよ。お家でくすぐったりしないですか。
（母親）しないです。……どうやって遊んだらいいかわからなくて。
（保育者）（うなずきながら）マナちゃんは初めてのお子さんですか。
（母親）はい。
（保育者）そうなんですね。じゃ、ちょっと私と一緒にやってみませんか。

（ふれあい遊びで、表情が少し柔らかくなったお母さんに）

（保育者）お母さんだとマナちゃん、もっと嬉しそうですね。いつもお家ではマナちゃんと二人きりのことが多いですか。
（母親）そうなんです。夜もパパの帰りが遅いので一日中二人きりで……。この頃、何でもイヤイヤで言うことを聞いてくれないので疲れちゃいます。
（保育者）（うなずきながら）お父さんの帰りも遅いんですね。何時ごろ帰って来られるのですか。
（母親）10時とか11時かな。もっと遅くなる日もあります。
（保育者）そんなに遅いんですか。その間ずっと一人で子育てするのは大変ですね。それにマナちゃん、ちょうど自我が芽生えてきて、「イヤイヤ」期なんですね。自分なりの「つもり」が出てきた大事な成長の姿だけど、お母さんにしてみたらどう対応したらいいか悩むことも多いですよね。よくわかります。
（母親）それに、夜泣きがひどくて……。だっこしても、どうやっても収まらないので、睡眠不足でほんと疲れちゃいます。パパは全然手伝ってくれないし、逆に「泣かせるな」なんて言う。私だって、昼間一人でこの子の面倒を見て、家事もやっていっぱいいっぱいなのに……。

（今までため込んでいたものを一気に吐き出すように、途中から泣きながら話してくれました。）
（保育者）お母さん、一人で頑張ってきたんですね。大変でしたね。

この後、保育者は、夜泣きが一過性のものであることや、イヤイヤ期の対処法などを具体的にアドバイスしました。お母さんは、「今まで誰にも相談できなかった。話を聞いてもらって、少し気持ちが楽になりました」と、それからたびたび来室するようになりました。

ワーク

事例の１と２から１つ選び、隣の人とペアになり保育者役、母親役に分かれてロールプレイをしてみましょう。

①保育者役の人は、「面接の技法」を意識しながら、さらに情報を集め対話するようにします。
②母親役の人は、母親の立場になって、自分なりに想像力を働かせて質問にこたえるようにします。
③終わったら感じたことを振り返りシートに記入します。
④保育者役、母親役を交替してロールプレイを行い、終わったら振り返りシートに記入します。
⑤記入したことをお互いに発表し、感想を話し合います。

ロールプレイの振り返りシート

保育者役をやってみて感じたこと
母親役をやってみて感じたこと

レッスン

9

保護者に対する相談援助のプロセス

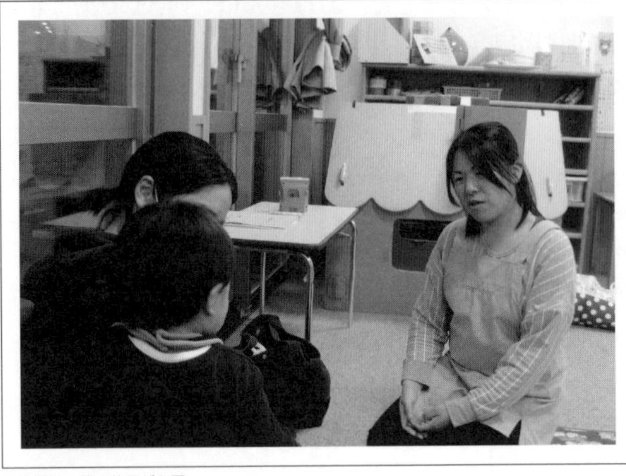

保護者の子育てを実践する力につなげる相談援助が求められている。

写真提供：菜の花子ども園

ポイント

1 相談援助のプロセスを理解し、柔軟に活用することが必要である。
2 情報収集や分析から支援計画を作成し、園全体で支援を行うことが重要である。
3 支援の実施にあたっては、保育者の専門性を用いた支援が基盤となる。

1 相談援助の展開過程とその意義

保護者への相談援助において、特に個別の支援を必要とする保護者への支援は、保育実践のなかで培ってきた保育の専門性のみでは限界があること、ソーシャルワークの領域の援助の原則や技法と共通する点が多く、その応用が有効であることはすでに述べたとおりです（→レッスン 8 参照）。実際の相談援助を行うにあたっては、ソーシャルワークの展開過程を参考にしながら、保護者に対する個別の支援のプロセスについて整理しておきましょう。保護者の相談（ニーズ）に基づいた課題があり、その解決に向けて援助を行っていくわけですが、その際、ニーズの充足という結果だけを考えるのではなく、課題の解決に向かうプロセスを重視し、プロセス自体が保護者自身の子育てを実践する力の向上につながるという視点が大切です。

相談援助のプロセスを表すと図 9-1 のようになります。

留意しておきたいのは、このプロセスは、見通しをもって支援を行うための指標であり、保護者との関係や状況の変化によっては柔軟に活用する

図9-1　相談援助のプロセス

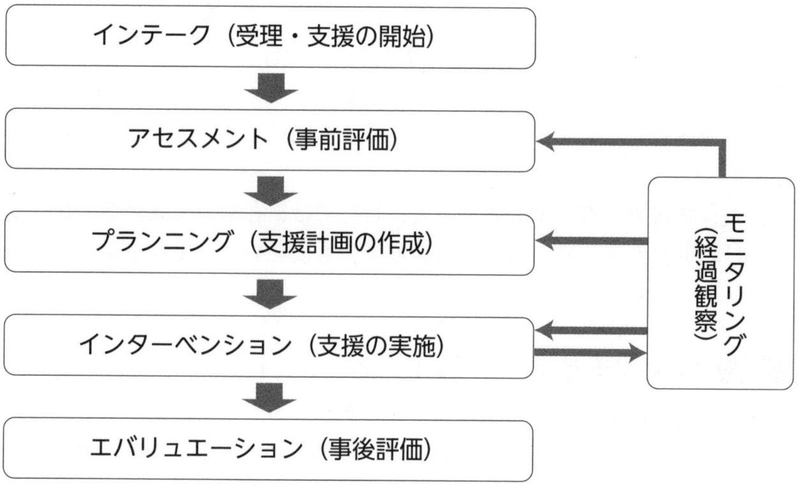

インテーク（受理・支援の開始）
↓
アセスメント（事前評価）
↓
プランニング（支援計画の作成）
↓
インターベンション（支援の実施）
↓
エバリュエーション（事後評価）

モニタリング（経過観察）

ことが必要だということです。

2　相談援助のプロセスと留意点

1　相談から支援の開始へ（インテーク）

支援の開始には、①保護者自身からの相談、②保育者の気づきという2つの場合があります。①の場合は、すぐに支援を開始でき、保護者自身が問題を自覚し解決に向けての意欲もあるので、**エンパワメント**につながる援助を進めやすくなります。保育者は、保護者との日々のやりとりのなかで小さな変化も見落とさないようにし、保護者が話しやすい雰囲気をつくることを心がけます。

②は、課題に気づいていないか、気づいていても「助けてほしい」とSOSを出せない、あるいは助けを求めようとしない場合です。問題を抱えていても自分からSOSを出すことは勇気がいります。抱えている問題への不安と、それを他者に話すことへの不安があるためです。それが拒否的な態度となって現れることもありますが、これらを理解し、ていねいな関わりをすることが求められます。たとえば不適切な養育が疑われる場合など、保護者が「家庭のしつけだから」と拒否したとしても、明らかに子どもに悪影響がある場合は援助につなげなければなりません。こうした、課題に対して否定的、逃避的な人に対して積極的に働きかけて援助につなげ

用語　**エンパワメント**
人と環境との間の関係の質に焦点をあて、環境を改善する力を高め、自分（たち）の生活のあり方をコントロールし、自己決定できるように支援していくこと。社会福祉援助の目的概念として近年注目を集めている。

ていくことを、ソーシャルワークでは「アウトリーチ」といいます。子どもの状況を踏まえて保育者ができる「アウトリーチ」を考えるとき、注意しなければならないことは、保護者に課題を受けとめる条件がない場合、保育者に対して不信感を抱く可能性があるということです。そのため、日頃から保護者と思いを伝え合うことができる関係を築いていくことが大切です。

また、地域の子育て家庭の保護者に対しては、在園児の保護者と比べ働きかける機会が限られ、日常的な信頼関係も弱いので、より慎重でていねいな対応が求められます。

2 情報収集と事前評価（アセスメント）

保護者を理解するため、必要な情報を集め分析します。個人としての保護者に合った援助をしていくためには、保護者の状況を多面的にとらえる必要があります。年齢、家族関係、生育歴、身体的・心理的状況、社会的状況など必要な情報と同時に子どもの状況（心身の発達状況、養育の状況、親子関係など）についても把握します。これらの情報収集は、日頃の親子の観察や面談をとおして行います。それを整理、分析することによって、保護者の真のニーズを見極め、課題を明確にしていきます。収集した情報を整理する方法として、ジェノグラムやエコマップがあります。図式化することで、情報を可視化し課題をとらえやすくなり、園内・他機関との情報共有にも役立てることができます。

①ジェノグラム

ジェノグラムは、記号を用いて3世代以上の家族・親族関係を表す家族関係図です。図9-2のように記述します。

図9-2　ジェノグラムの例

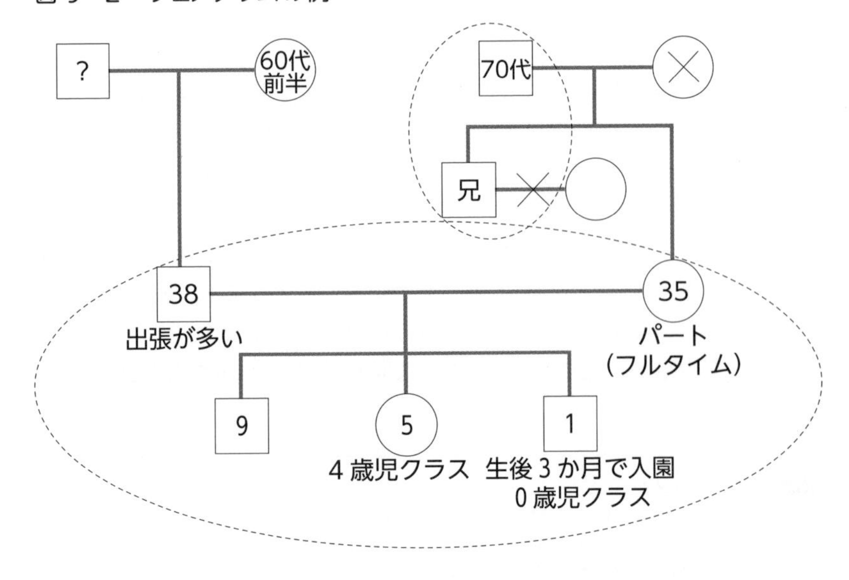

ワーク

図9-2を参考に自分のジェノグラムを書いてみましょう。

《ルール》

①四角が男性、円形が女性を示す。
②夫婦を横線で結び、離婚している場合は当事者の間に×を書く。
③死亡している場合はそれぞれの形の中に×を書く。
④子どもは出生順に左から書く。
⑤年齢がわからない場合は、たとえば「60代前半」といったおおよその内容で構わない。
⑥祖父母が健在かどうかわからないときは「?」を書く。
⑦一緒に住んでいる人を点線で囲む。
⑧ジェノグラムに書ききれないことは、余白に文章で添える。最初からメモ欄を設けておくのも1つの方法です。

②エコマップ

エコマップは、親子を中心として、家族の周囲にあるさまざまな社会資源との相関関係をネットワークとして表現する関係図です。図9-3のように記述します。

図9-3　エコマップの例

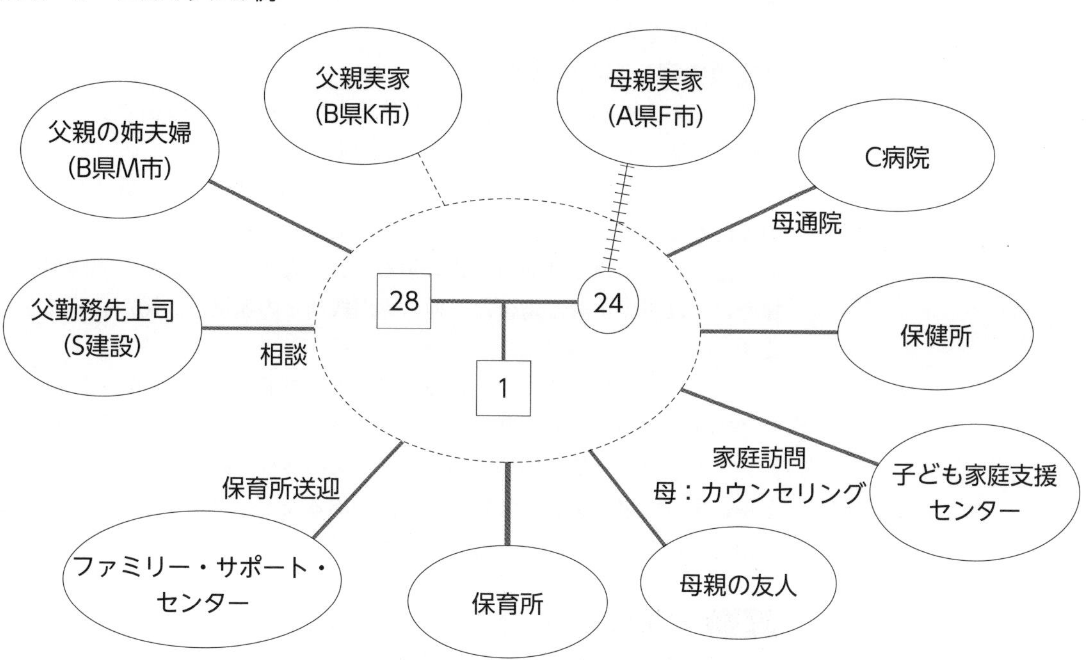

エコマップの作成のしかた

①中心に円を描き、そのなかに対象の家族のジェノグラムを書く。離婚、別居、単身赴任などで同居していない家族は円の外に記入する。

②円内の家族のまわりに関係する社会資源（人、場所、機関、サービスなど）を書きこむ。
③家族（一人ひとり）とそれぞれの社会資源を線で結ぶ。その際、点線は弱い結びつき、実線は強い結びつき、さらに関係が強くなるほど実線を太くする。また、その関係に葛藤があるときは、関係性の線上に垂直の線を加える。この線が多いほど葛藤が強いことを示す。

3 支援計画の作成（プランニング）

①目標の設定

アセスメントで明らかになった保護者の抱える問題に対する支援の目標を設定します。問題を解決するために何をすべきかを定めるわけですが、ここで重要なことは、保護者が課題に取り組む意欲をもち続けられるような目標を設定することです。保護者の現実とかけ離れた目標ではなく「ちょっと頑張ればできる」と思える目標を立てることが大切です。達成できたという経験が、保護者の子育てを実践する力につながるのではないでしょうか。そのために、長期的な目標の設定と、それを達成するために短期的な目標を積み重ねること、そしてその内容をできるだけ具体的にすることが重要です。

たとえば、「生活リズムを整える」という長期的な目標を立てた場合、短期的には漠然とではなく、「パンと牛乳だけでもいいから朝ご飯を食べる」とか、「寝る時刻を15分早くする」など、保護者が取り組みやすい具体的な目標を立てます。

②支援内容や方法の策定

目標を達成するために、支援の具体的内容や園内での役割分担、支援の期間や時期など（誰が、いつ、どこで、何を、どのように、なんのために）について具体的に計画します。担任だけでなく園長、主任、看護師など他の専門職も含めた園の特性を生かした支援計画を考えていきましょう。作成した計画については園内で共有することが大切です。また、園内での支援だけでは限界がある場合は、他の専門機関との連携、協働が必要になります。

レッスン８の事例１をもとに支援計画の例を示しておきます（表９-１）。

この事例では、後日、担任が母親と面談し、じっくり話を聞くなかで、訴えの背景には、離婚調停中の夫と子どもの親権をめぐってもめていることや、戻って来た実家の父親とも葛藤があるなど、母親がさまざまな不安を抱えていることがわかってきました。

4 支援の実施（インターベンション）

①支援の基盤になる保育士の専門性

支援計画に基づいて、保護者に対する支援を実践していきます。支援の実施にあたっては、保育士の専門的知識・技術を用いた支援という視点を忘れてはなりません。

保育士の専門性についてここで改めて整理すると、「保育所保育指針解

表9-1　支援計画の例

<table>
<tr><td colspan="4">保護者名　○○□　　　母・父・その他（　　）（32歳）</td></tr>
<tr><td colspan="4">園児名　○○△　　　組（3歳2か月）</td></tr>
<tr><td rowspan="2">（家庭の状況）
60代後半
30代
32
3</td><td>目標</td><td colspan="2">母親の生活面、精神面の不安が解消され、子育てに自信がもてるようになることで、親子関係の改善を図る。</td></tr>
<tr><td>問題</td><td>支援内容・方法</td><td>役割分担</td></tr>
<tr><td rowspan="4">（相談内容）
・子どもが言うことを聞いてくれないのでどうしていいかわからない。叩いてしまうこともあり、近所の人に虐待通報された。
・自分だけが子育てがうまくいっていないようで、まわりからもそう見られているのが辛い。
・実家の父親は子どもを甘やかすので、よけいに言うことを聞かなくて困る。
・夫との離婚調停の先行きも不安で、経済的にも苦しい。</td><td>・子どもへの関わり方がわからない。
・イライラするとつい叩きたくなってしまう。</td><td>・日々の会話のなかで、母親の子育ての不安やストレスを受けとめ、具体的な手だてをアドバイスする。
・保育を参観（参加）してもらい、クラスの子どもたちと保育者の姿をとおして発達に応じた関わり方を伝える。
・△くんの成長やいいところをたくさん伝え、成長の喜びを共有する。</td><td>担任</td></tr>
<tr><td>・近所に相談する人もなく、孤立している。</td><td>・登降園時に職員から積極的に声をかけ信頼関係をつくる。
・懇談会をもち他の保護者との交流を図る。</td><td>全職員
担任</td></tr>
<tr><td>・経済的に苦しい。</td><td>・区役所のひとり親家庭支援窓口や女性対象のハローワークを紹介する。</td><td>園長</td></tr>
<tr><td>・夫との離婚調停のこともあり、今後のことが不安である。</td><td>・母親に寄り添いながら話を聞き、児童家庭支援センターの相談窓口を紹介する。
・母親の精神的なサポートを行い、不安が強い状態が長引くようであれば、センターの母親対象のカウンセリングも紹介する。</td><td>園長
保健師</td></tr>
</table>

説」には、保育士に求められる知識及び技術として、①発達援助の知識・技術、②生活援助の知識・技術、③環境構成の知識・技術、④遊びを展開する知識・技術、⑤関係構築の知識・技術、⑥相談、助言の知識・技術の6つが示されています（表9-2）。そして、「保育士には、こうした専門的な知識及び技術を、状況に応じた判断の下、適切かつ柔軟に用いながら、子どもの保育と保護者への支援を行うことが求められる[*1]」と書かれています。

つまり、保育者の保護者に対する支援では、ソーシャルワークの援助技術を援用しながらも、子どもの発達援助や生活援助、遊び等の保育に関す

参照　＊1　「保育所保育指針解説」第1章1（1）「保育所の役割」エ

表 9-2　保育士に求められる知識及び技術

①発達援助	これからの社会に求められる資質を踏まえながら、乳幼児期の子どもの発達に関する専門的知識を基に子どもの育ちを見通し、一人一人の子どもの発達を援助する知識及び技術
②生活援助	子どもの発達過程や意欲を踏まえ、子ども自らが生活していく力を細やかに助ける生活援助の知識及び技術
③環境構成	保育所内外の空間や様々な設備、遊具、素材等の物的環境、自然環境や人的環境を生かし、保育の環境を構成していく知識及び技術
④遊びの展開	子どもの経験や興味や関心に応じて、様々な遊びを豊かに展開していくための知識及び技術
⑤関係構築	子ども同士の関わりや子どもと保護者の関わりなどを見守り、その気持ちに寄り添いながら適宜必要な援助をしていく関係構築の知識及び技術
⑥相談、助言	保護者等への相談、助言に関する知識及び技術

出典：厚生労働省編『保育所保育指針解説　平成30年３月』フレーベル館、2018年をもとに作成

る知識や技術を生かすということです。具体的には、保護者が子どもとの関わりに悩んでいるとき、保育者は保護者の話にしっかりと耳を傾け、その気持ちを受けとめ、保護者の悩みに寄り添いながら支持すること。そして、子どもの発達の姿とその行動の意味を伝え、適切な関わりについて具体的な方法を助言したり、保育者が行動見本を提示したりすることです。

表 9-1 の支援計画でも、母親に保育を見てもらい（あるいは参加してもらい）、クラスの子どもたちと保育者の姿をとおして、発達に応じた関わり方を伝えるという内容が記されています。

保護者と子どもが関わりやすくなるような環境の構成、子どもとの遊びや子育ての方法を知る体験の提示なども、保育者ならではの援助です。

さらに、保護者に必要な社会資源の紹介（情報提供）や、場合によっては保護者と専門機関等をつなぎ調整する援助も行い、保護者を支援していきます。

②経過観察（モニタリング）

支援の開始から、注意深く親子を見守るとともに、経過観察が必要です。経過を観察し記録します。記録をとおして、親子の状況の変化や解決に有効な支援になっているかどうかなどの確認をし、場合によっては、目標・計画の見直しが必要になることもあります。

また、支援の記録は、園内だけでなく他機関との連携においても、カンファレンスの重要な資料となります。

5　事後評価（エバリュエーション）

目標が達成され、問題が解決（改善）されたかどうかを評価します。経過観察（モニタリング）を通じた中間評価と同様、支援のプロセスの記録をとおして振り返りを行い、支援の結果、保護者の状況や親子関係の変化を確認します。

事後評価の結果、目標が達成され支援が必要なくなったと確認できた場合は、支援の終了となりますが、その場合でも継続して親子の見守りを行うことが必要です。継続して支援が必要であるにもかかわらず、転園など何らかの理由で支援を終結せざるを得ない場合は、新たな支援の場（他の施設や機関など）に引き継ぐことが必要です。

保育者自身、事後評価を通じて、自分の援助のあり方、言動や態度、価値観などを振り返り、見つめ直すことで次のステップにつなげ保護者支援の質を高めていくことができるのです。

レッスン 10

保護者の悩みや相談にどう寄り添うか

困難を乗り越えようとする保護者に寄り添う、伴走者として。

写真提供：菜の花こども園

ポイント

1 相談援助において大切なことは、ありのままの保護者を受け入れる姿勢である。
2 相談の核心とニーズをつかみ、保護者と課題を共有することが重要である。
3 よりよい相談援助関係を築くには、日常的な信頼関係が土台となる。

1 保護者に寄り添った相談援助のあり方

レッスン8、9では、相談援助において保育者に求められる基本的な知識や技法、その展開過程について学んできました。それらを踏まえ、このレッスンでは事例をとおして、相談援助の具体的なプロセスにおいて大切にしたい視点や保育者の姿勢を改めて確認していきます。

1 話しやすい雰囲気をつくり、保護者の話に耳を傾ける

保育者の側から話し合いをもちたいと働きかける場合には、特に安心して話せる環境と雰囲気をつくることが大切です。

保育者は、保護者の話にただ耳を傾け、心を込めて聞きます。どんな場合も、相談に応じる最初の段階では最も大切な姿勢です。その際、すでに述べたように、保育者は自分の価値観で保護者を審判することなく、ありのままの保護者を受け入れなければなりません（非審判的態度→レッスン8参照）。

次の事例から考えてみましょう。

事例　一人で悩みを抱えていたお母さん

ヒロくん（3歳児）は、母親と妹（1歳児）の3人家族。転居のため入園して半年たつのですが、食事のときに立ち歩く、みんなで絵本を見るときにじっとしていられないなど気になる姿がみられます。言葉の発達もゆっくりで、言葉で十分表現できないためか、遊んでいるとき、友だちを叩いたり、思い通りにならないことがあると大声を出したりすることも多くみられます。食事の好き嫌いが多く、入園当初は給食のおかずをほとんど食べられませんでした。妹の連絡帳には、朝食は「牛乳、バナナ」「牛乳、あんぱん」といった内容が書かれており、ヒロくん本人の話では朝食を食べてこない日が多いようです。就寝時刻も遅く（夜11〜12時過ぎ）、そのためか午前中は遊びに集中できず、午睡後に元気になるといった姿が多くみられます。

ヒロくんの園での様子から、担任は母親との面談が必要だと感じ声をかけました。時間のとりやすいお迎えのとき、相談室でゆっくり話を聞くことにしました。

ヒロくんが園で安定して過ごせるように家庭と協力してよりよい関わりを考えていきたいという担任の言葉に、母親は次のようなことを話してくれました。

「お迎えに来たとき、他の子から『ヒロくんに叩かれた』と言われることがよくあり、お友だちに乱暴なのか、うまく遊べていないのかと心配はしていました。家でも、思い通りにならないとパニックのようになったりするなど、言うことをきかないので手を焼くことが多いんです。実は、先日の3歳児健診で言葉の遅れがあり経過観察が必要と言われ、不安になりました。でも、忙しくてその後は保健所に行っていません」。

母親もヒロくんとの接し方について悩んでいたことがわかりました。さらに話を聞いていくなかで、一人で抱え込んでいた思いをはじめて話してくれました。

「ヒロがおなかにいるとき、前の夫からDVを受け、自分の精神状態が非常に不安定でした。出産後離婚し、その後、今の夫と再婚し妹が生まれたのですが、昨年、夫が仕事をやめ、その後も定職に就かずパチンコなどギャンブルをするようになり夫婦げんかが絶えず、それで悩んだ末、子どもを連れて実家のそばに転居してきました。この保育所に入れたので働き始めたのですが、パートなので経済的に苦しく、夜も週2〜3回飲食店で働いています。そのときは、実家の母親に子どもの様子を見に来てもらっていますが、あれこれ口うるさく言われるのであまり頼みたくはないのです。自分が妊娠中にDVを受けて不安定な状態だったことが、ヒロの行動や性格に影響しているのでしょうか」。

母親は生活の困難を抱え、わが子の育ちに心配な面を感じながらも、保育者に相談したり悩みを打ち明けたりできずにいました。入園して半年、日々の保育のなかで保育者への信頼が築かれてきたからこそ、「ヒロくんへの関わりを一緒に考えていきましょう」という担任の言葉に心を開き、苦しい胸の内を話してくれたのではないでしょうか。この事例の場合も、担任は、朝食を食べて来ない、夜寝るのが遅いといった生活リズムの乱れや、夜に短時間でも子どもだけで家に置いておくことを一方的に批判することはせず、ただ母親の話に耳を傾けています。

植田は、次のように述べています（植田、2014年、16頁）。

> 人がその胸の内を他者に明かすということは、相手（保育者）だけでなく自分自身と向き合うということであり、多大なエネルギーを要するものです。特に、子どものことや日々の生活に関するきわめて個人的な部分を含む内容の場合、誰かに話すこと自体、強い抵抗があって当然です。そうした葛藤や労力を払って、保護者は保育者に相談に来ているのです。

保護者が「自分の気持ちを話すことができた」「わかってもらえた」と実感し、保護者と保育者が共に課題に取り組むきっかけをつかむことが大切なポイントです。

2 ていねいな聞き取りで生活の様子を把握し、ニーズを的確につかむ

保護者の話に真摯に耳を傾け必要な情報を収集しながら、次に大切なことは相談の核心的な内容と願い（ニーズ）を的確につかむことです。辛い思いや悩みを抱えてきた保護者が、問題を整理して他者に伝えることは難しさを伴う場合が多くあります。感情が高ぶることや、あまりに立ち入った聞き方をすると相手が心を閉ざしてしまうこともあります。保護者の感情を受けとめつつ、表面的な言葉に反応するのではなく冷静に、また言葉にならない思いもていねいに聞き取り訴えの核心を理解することが大切です。

ヒロくんの母親との面談をとおして、担任は母親が次のような問題を抱えていることがわかりました。

・生活に余裕がなく、今後の生活に不安を感じている（夫との離婚問題や経済的問題）。
・日々の生活に精一杯で子育てに余裕がなく、子どもへの対応に自信をもてない。
・言葉の遅れや友だちとの関わりなど、ヒロくんの発達を心配している。
・夜、子どもだけで過ごす日があり、子どもを祖母に見てもらっているが、できれば援助は求めたくないと考えている。
・転居して日が浅く、保育所の他の保護者との交流がない。

これらの問題を整理して課題（ニーズ）を母親と共有し、園全体で親子をどのように援助していくかを話し合うことにしました。

ワーク

事例の保護者（親子）に対して、具体的な支援計画を立ててみましょう。（レッスン9の支援計画を参考に、作成途中の支援計画を完成させましょう。ジェノグラムには年齢、その他の必要な情報を書き入れましょう）。

<table>
<tr><td colspan="4">保護者名　○○ □□　　（母）・ 父 ・ その他（　　）（32歳）</td></tr>
<tr><td colspan="4">園児名　○○ △　　たんぽぽ組（3歳7か月）
　　　　○○ ◇◇　　いちご組（1歳9か月）</td></tr>
<tr><td>（家庭の状況）</td><td>目標</td><td colspan="2"></td></tr>
<tr><td></td><td>問題</td><td>支援内容・方法</td><td>役割分担</td></tr>
<tr><td></td><td>・子どもの発達が心配
・接し方がわからない</td><td></td><td></td></tr>
<tr><td></td><td>・生活リズムが整っていない（食事・睡眠）</td><td></td><td></td></tr>
<tr><td>（相談内容）</td><td>・仕事が不安定で経済的に苦しい
・深夜まで働いている</td><td></td><td></td></tr>
<tr><td></td><td>・離婚問題が解決していない</td><td></td><td></td></tr>
<tr><td></td><td>・園の他の保護者との交流がない</td><td></td><td></td></tr>
</table>

3 保護者の力を信じ、共に課題に立ち向かう姿勢を示す

問題の核心について理解を深めていくと、保護者との共通認識、課題の共有ができるようになります。そして、どのような条件を満たせば問題が解決、または少しでも改善されるのか、援助の方向性を確認していきます。その際、最初の短期目標は、保護者にとってできそうなこと、取り組みやすいものにします。保護者にとってやり遂げた自信が問題に立ち向かう意

欲につながりますし、小さなことでも状況の変化によって問題解決への見通しが新たにみえてくることもあります。また、短期間で解決しなければならない問題なのか、日常的な支援によって長期的に解決していく問題なのか、問題の緊急性を見極めることも大切です。

そして、最も大切なことは、保護者の自己決定（→レッスン８参照）です。繰り返し述べてきたように、相談援助の原則は、問題解決の当事者はあくまで本人であるということです。保護者自身が問題を解決したいと願い、援助の方向性（方針）に対して共通に理解していなければ、保護者のもつ力を引き出すことはできません。保育者としては、選択肢も含めて援助の方向性を示し、保護者の自己決定を支持し、問題の解決に向けて共に歩んでいく姿勢を伝えましょう。

2 個別事例から考える、よりよい相談援助関係

1 園での支援の実際

この事例では、園では具体的に次のような支援を行いました。

まず、子どもとの関係では、比較的時間に余裕のあるお迎えの時間に、担任がその日の子どもの様子をていねいに伝えるようにしました。小さな変化も肯定的に伝えることで成長の喜びを共有できるように心がけ、子育ての悩みを聞いたり、子どもとの関わり方をアドバイスしたりするようにしました。

発達がゆっくりな子どもの成長は、日々必死に生活している保護者には気づけないこともあります。小さな変化でも保育者から喜びをもって伝えられることで、保護者は子どもの成長を実感することができるでしょう。

また、母親の参加しやすい日程で保育参観の機会をつくり、子どもの様子と保育者の関わりから接し方を学んでもらうようにしました。

お迎えのときなど、他の保護者と関わりがもてるように意識的にサポートするとともに、懇談会では保護者同士の交流が多くもてるよう工夫しました。

ヒロくんの落ち着かない様子や、他児を叩いたりする行動については、園内で何度も話し合いをもち、行為の背景にあるヒロくんの要求や願いを理解して適切な対応をすることを考えていきました。発達支援の巡回相談員からのアドバイスももらい、担当の保育者が関わることで信頼関係を築くようにしています。母親には、保健所の親子教室への参加をすすめ、母親も何回か参加するなかで、児童発達支援センターへの通所にも前向きな気持ちになっています。

生活リズムについては、就寝時刻を改善することを優先に（夜遅いので朝食を食べられない）、園で睡眠を十分とれるような配慮をしつつ、どうしたら少しでも早く寝かせられるかを一緒に考えたところ、少しずつですが改善されてきました。

夫との離婚問題では、市の女性のための相談窓口を紹介し、離婚調停の方向で進んでいます。その後も相談に乗ってもらったり、園長が話を聞いたりすることもあります。

夜の仕事については、短時間でも子どもだけで過ごすことは危険であることを伝え、母親がでかける時間には祖母に来てもらうようお願いしてはどうかと助言しました。祖母との関係や祖母の都合で難しく、しばらくはこの状態を見守らざるを得なかったのですが、その後、母親が正社員に転職でき、夜は働かなくてもよくなりました。何とか生活が安定したことで、母親が子どもに目を向ける余裕ができたようです。

2 信頼関係を土台に、よりよい相談援助関係を築く

園はヒロくんの発達課題に対して、保護者と連携して対応するだけでなく、そこから保護者の生活や仕事の問題、離婚問題など生活困難の課題についても、保護者に寄り添いながら働きかけを行っています。このように、保護者の生活の実態を受けとめ問題を把握し、保護者と共に生活課題について整理していくことが、相談援助における保育者の役割だといえるでしょう。

園でできるきめ細かい保育上の配慮や、孤立を防ぐために他の保護者とつなぐことを意識的に行うなど、専門性を生かした援助を中心としながら、相談窓口や保健所などの他の社会資源や専門機関との連携を図ったことも、保護者が問題解決に向けて前に進める大きな要因となりました。

このように、保護者の抱える問題を深く理解し、保護者の生活課題が解決し安定した親子関係を築くことを目標に、保護者自身が子育ての主体として成長していけるように、寄り添いながら援助していくことが保育者の役割です。そのため、保育者には、相手（保護者）を理解し思いやる想像力や、人間への深い信頼と鋭い人権感覚が求められます。

何度も繰り返しますが、日々の保育実践と日常的なやりとりをとおした保護者との信頼関係、地域の保護者からも「この園があってよかった」と信頼される、そうしたしっかりとした信頼関係こそが、よりよい相談援助の関係を築く土台になるのです。

第４章

保育現場における児童虐待の予防と対応

今日でも、児童虐待により子どもの命が奪われる痛ましい事件が後を絶ちません。加えて、児童虐待は、その被害にあう子どもの心身に重大なダメージを与えます。慢性的に子どもが被害を受ければ受けるほど心身へ深刻な影響を及ぼし、その子どもの将来の自己実現を蝕む結果となりかねません。したがって、保育者をはじめとしてその家庭を取り巻く者には、早期発見や適切な対応が求められます。

この章では、子育て家庭に最も身近な支援機関の一つとなる保育現場において、一筋縄ではいかない児童虐待の早期発見や基本的な対応方法について学びます。子どもやその家庭を守る保育者の役割について、今一度考えていきましょう。

レッスン 11

保育者としての児童虐待に対する認識
——児童虐待の実態と子どもへの影響

写真提供：小野﨑佳代

児童虐待に関する相談件数は、調査開始時から増え続け、約16万件に達する。

ポイント

1 児童虐待防止法により、児童虐待は禁止されている。
2 児童虐待は子どもの健全な成長発達に深刻なダメージを与える。
3 保育者は虐待防止の法律の条文にのっとり子どもを守る責務がある。

1 児童虐待の現状

1 児童虐待とは

これまで、「児童虐待の防止等に関する法律」をはじめとして、さまざまな法制度が繰り返し改正される等、児童虐待から子どもを守る取り組みが頻繁に行われてきました。それにもかかわらず、子どものかけがえのない命が養育者の虐待行為によって奪われる事件が後を絶ちません。

保育者は、どんなことがあっても子どもの命を最優先に守らなければなりません。加えて保育者が守るのは、子どもの命だけではありません。すべての子どもが将来の自己実現を果たすために、一人ひとりの子ども時代の健全な成長発達を保障する必要があります。

それゆえに保育者は、児童虐待に対して共通の認識をもたなければならないことがあります。それは、虐待行為は、子どもに身体的な外傷を与えるだけでなく、子どもの心身に重大なダメージを与えるという事実です。

言い換えると、児童虐待（**マルトリートメント**）は、健康的な子どもの自立や将来の自己実現に大きな負の影響を及ぼしかねない重大な人権侵害であるということです。乳幼児の成長を見守る保育者には、児童虐待を早期発見し、可能な限り子どもへのダメージを最小限に食い止め、健康的な成長・発達を保障していく社会的役割が求められます。

しかし、児童虐待に対して、保育者一人ひとりの認識や保育現場の対応には差異があるのが実態です。加えて、虐待ケースへの対応は一筋縄ではいきません。保護者対応等苦慮することも多く、なかなか解決につながらないこともあります。しかし、根気強く解決につなげていくことが、子どもの健全な将来を保障することにつながります。そのためにもまず、虐待行為をけっして認めないという認識をもつことが求められます。

このレッスンでは、まず児童虐待とは何か、虐待行為の実態や被害者となる子どもが受ける甚大なダメージについて考えていきたいと思います。

①児童虐待の類型と実態

「児童虐待の防止等に関する法律」（以下、「児童虐待防止法」という）第２条の定義に基づき厚生労働省通知「子ども虐待対応の手引き」では、「児童虐待防止法」が規定する子ども虐待の行為類型について、①身体的虐待、②性的虐待、③ネグレクト、④心理的虐待の４つに分類しています＊1。しかし、虐待被害の実態は、たとえば繰り返し身体的虐待と心理的虐待の被害を重ねて受ける等、単独行為や一過性の行為ではない場合が少なくありません。加えて、家庭内で行われることから誰も救いの手を差し延べることができず、両方の養育者から加害行為を受け、さらに重篤化するケースもあります。

また、虐待行為ははじめ「口で言ってもきかないから……」と手をあげてしまったものが、しだいに叩いてもその効果が薄れ、だんだんとエスカレートしていく場合も多々見受けられます。つまり児童虐待の実態は、エスカレートする傾向があり、さらに重複化、慢性化しやすく、そのことで子どもの心身へのダメージはさらに深刻なものとなります。

そして、こうした重篤化するケースは、当事者自らが状況を改善できることはほとんどありません。その家庭を取り巻くさまざまな社会的背景や事情によって、加害者自身も自分の行為を止められなくなっているのが実態です。だからこそ、いち早く第三者がその不適切な環境に介入し、状況を改善していく必要があります。

②しつけと虐待

「しつけ」とは、一般に子ども自らが自発的に考え、自己を律する等して、社会性や生活スキルを身につけていく力を育むために行う保護者の養育を総称していいます。つまり、子どもの健全な成長発達を保障し、自立する力を養うための養育です。一方で児童虐待とは、まずその行為が「子のた

マルトリートメント
虐待等の不適切な養育や、そのような健全な成長発達を妨げるような養育環境等をいう。

＊１　「子ども虐待対応の手引き（平成25年８月改正版）」第１章１（２）子ども虐待の定義

めに……」行うものではありません。仮に養育者が「子のために……」と言っているとしても、実は満たされない養育者自身の欲求を満たすために、子どもの存在を不適切に乱用しているのです。あるいは養育者の欲求を満たすため、葛藤を解消するための養育者と子どもとの支配的な関係が成立する状態を指します。

前述の「子ども虐待対応の手引き」には、「虐待の定義はあくまで子ども側の定義であり、親の意図とは無関係です。（中略）親はいくら一生懸命であっても、その子をかわいいと思っていても、子ども側にとって有害な行為であれば虐待なのです。我々がその行為を親の意図で判断するのではなく、子どもにとって有害かどうかで判断するように視点を変えなければなりません*2」という考え方が紹介されています。

ここで身体的虐待の例をあげましょう。たとえば「養育者との約束を繰り返し破ったから殴る」といったものです。こうした養育者の行為について加害する養育者は、「しつけのため」と主張します。つまり「痛い思いをすることで子どもは学ぶ」という論理です。確かに痛い思いをすれば子どもは一時的に行動を抑制することはあります。しかし、この論理は、本当に先述したしつけの目的を達成することにつながるのでしょうか。さらにいえば、子どもの自立のために加害する必要性があるのでしょうか。

加害することは「子どものため……」ではなく「養育者の感情を暴力として子にぶつけるため」です。無論、子どもに養育者の思いや願いを伝えることは必要です。しかし、先の例で「約束を守れる子になってほしい」と願うのであれば、まず、「なぜ約束を守る必要があるのか」を子ども自身が考えられるよう関わっていくことが本来のしつけといえます。それには、まず子どもの年齢や発達に即した関わりが求められます。そのうえで、たとえば約束を守ってくれることが大人にとってうれしいと伝える方法等があります。あるいは、約束を守ることで子ども自身や相手にとって利益になることを教えたり一緒に考えたりすることもできるでしょう。叩いて子どもに痛みを与えても、子ども自らが考えるために必要な脳の発達を促すことにはなりません。

近年では、逆に、厳しい体罰により前頭前野が萎縮する、あるいは言葉の暴力により、聴覚野が変形するといった子どもの脳への具体的なダメージにつながることが明らかとなっています*3。さらに手をあげることを学んだ子どもは、場合によってはその後の人生で被害者から加害者となり、支配的な力関係で周囲の人間との関係を築くことになることもあります。加えて劣等感や自己否定感といった負のエネルギーが思春期に膨らみ、非行や家庭内暴力等へと発展してしまう可能性もあります。

こうした虐待や体罰といった不適切な養育行為は、実は日頃の保護者の

参照

＊2　「子ども虐待対応の手引き（平成25年８月改正版）」第１章１（４）虐待の判断に当たっての留意点

＊3　健やか親子21「子どもを健やかに育むために～愛の鞭ゼロ作戦～」健やか親子21リーフレット、2016年

養育観や養育の営み、あるいはそれに基づく子どもとの関係性の延長線上で発生します。言い換えると子どもに脅威を与え続ける保護者の姿勢は、その延長線上で、しだいにエスカレートせざるを得なくなり、暴力につながる可能性を高めます。逆に日頃から暴力ではなく子どもを尊重し、試行錯誤しながら養育する養育者の姿勢は、「相手を思いやる姿勢」を子どもに伝え、子どもの自発的に考える力を育むだけでなく、虐待や体罰といったマルトリートメントを防ぐ結果にもなります。加えて子どもの自発的な思いや考えが大切にされ、子どもの自己肯定感や自主性を育むことにもつながります。このように養育者はまず、養育者自身の養育に対する姿勢をみつめる必要があります。

さらに総じて虐待行為に及ぶ場合は、養育者側が抱える何らかの事情や背景が存在します。たとえば、生活が大変で「気持ちに余裕がない」ことはほとんどの養育者に起こり得ます。「気持ちに余裕がない」ときほど養育態度に冷静さを欠きます。加えて、子どもの発達段階を考慮せずに養育者側の求める子ども像を強要するため、年齢にふさわしくない行動や思考ができるように虐待行為に及ぶ場合も多く見受けられます。2018年３月に東京都目黒区で発生した５歳の女児が死亡した痛ましい事件はその典型です。幼児が早朝４時に起き、ひらがなの勉強をすることが自立する力を育むことになどなり得ません。

こうなると、もはや「子どものため」ではありません。歪んだ養育を強要することや「養育者側の事情や葛藤を子どもにぶつけている」こととなり、子どもを養育者の思うとおりに手なずけて、養育者自身が満足するためにしつけと称した虐待行為を行うことになります。繰り返しますが、「虐待の定義はあくまで子ども側の定義であり、親の意図とは無関係です。親はいくら一生懸命であっても、その子をかわいいと思っていても、子ども側にとって有害な行為」であれば、しつけではなく虐待なのです。

また、暴力行為は、現代社会のすべての対人関係において許されない加害行為です。このことは子どもとの関係性においても同様です。

こうしたしつけと虐待の違いをまず保育者が適切に認識し、保護者に接していくことが何より重要となります。仮に保護者の誤った子育てに関する認識や方法があり、子どもに手をあげる場合等は、可能な限り少しずつでも変化が生じるよう保護者と関わっていくことが、虐待の予防へとつながります。

むろん、どんな保護者でも子育ての失敗はあります。子どもの行為を許容できる気持ちの余裕が保護者には必要です。そのためにも、悩みや失敗を受けとめられる場面が子育て支援には何より大切です。

2 児童虐待の現状

①全国の児童相談所に寄せられる児童虐待に関する相談件数

全国の児童相談所に寄せられる児童虐待に関する相談件数は、調査を開始した1990年度以降一貫して増加しており、2018年度では、159,850件と過去最多となっています（図11－1）。特に東京や大阪といった都市部で

図11－1　全国の児童相談所に寄せられた児童虐待に関する相談件数の推移

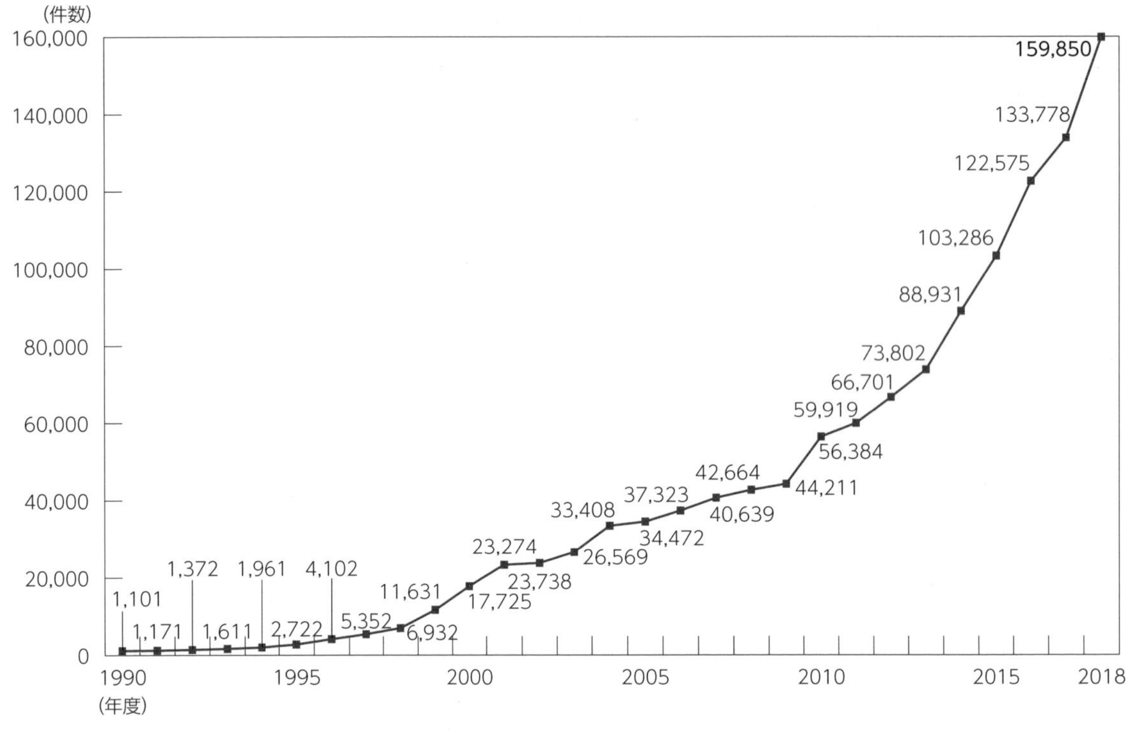

出典：厚生労働省「平成30年度　児童相談所での児童虐待相談対応件数」をもとに作成

の相談件数が多くなっています。

②発生要因と相談件数増加要因

児童虐待の発生リスク要因は、保護者側の要因と子ども側の要因、さらには養育環境の要因、その他虐待のリスクが高いと想定される場合の４点があげられます（表11－１）。

そしてこれらの発生要因や相談件数の増加要因は、都市化、核家族化に伴い、子育て家庭が地域から孤立したなかでの「**孤育て**」を強いられるといった社会状況の変化による影響が大きいととらえることができます。

また「児童虐待防止法」の改正に伴い、児童がDVを目撃することが心理的虐待と定義され、警察からの通報が増加したこと、家庭にとって一番身近な自治体となる市区町村の役割が強化されたこと等、社会全体の児童虐待に対する取り組みや認識の変化等も関連しています。

このようにみてみると、現代社会を取り巻くさまざまな社会背景が子育て家庭に影響を及ぼしており、児童虐待は特別な家庭の問題ではなく、どの子育て家庭にも起こり得る問題ととらえることができます。

孤育て
近年の都市化、核家族化の進行等に伴い、地域から孤立したなかで行われる子育てをいう。

表11－１　児童虐待の発生要因

保護者側のリスク要因
望まない妊娠・出産、若年の妊娠・出産で妊娠・出産を受容することが困難な場合、早産や胎児の問題による受容困難、妊娠中から、あるいは出産後の長期入院によって子どもとの愛着形成が十分でないこと、産後うつやマタニティブルーズによる精神的不安定、性格的に攻撃的・衝動的であること、保護者自身に被虐待歴があり、適切なサポートを受けていない、精神的に未熟であること、特異な育児観や強迫的な観念に基づく子育て、子どもの年齢や発達の特徴を理解せずに過度な期待やストレスをためてしまうこと等
子ども側のリスク要因
手がかかることが当たり前な乳児であること、未熟児、障害児など、養育者にとって何らかの育てにくさをもっている子どもであること
養育環境のリスク要因
経済的困窮や社会的孤立が主な要因である。未婚・離婚によるひとり親家庭であること、内縁者・同居人との安定した人間関係が持てないこと、離婚・再婚が繰り返され人間関係が不安定であること、親族・知人のサポートが得られず孤立していること、何らかの理由で転居が繰り返されていること、失業や転職が繰り返され経済的に安定しないこと、夫婦の不和・配偶者の暴力（DV）があること、支援のための社会資源が地域社会に不足している場合等
その他虐待のリスクが高いと想定される場合
妊娠届が遅いこと、母子健康手帳の交付を受けていないこと、妊娠中に妊婦健康診査を受診しないこと、飛び込み出産や医師・助産師の立会のない自宅での分娩、出産後に定期的な乳幼児健康診査を受診しないこと、きょうだいに子ども虐待が発生していること、関係機関の提示する支援を拒否していること等

出典：日本子ども家庭総合研究所編『子ども虐待対応の手引き　平成25年８月厚生労働省の改正通知』有斐閣、2014年、355-356頁

3 児童虐待の防止に関連する主な法律

現在まで子どもの命と健全な成長発達を保障するために定められた、あるいは改正されてきた法律の一部をあげます。これらの法律等は、保育者の児童虐待の防止に向けた取り組みを支えるものです。条文の趣旨や改正の目的を踏まえることが大切です（表11－2）。さらに2019（令和元）年6月の「改正児童虐待の防止等に関する法律」「改正児童福祉法」により、2020（令和2）年4月から保護者による体罰の禁止が明記されることとなりました。

表11－2　児童虐待の防止に関連する主な法律

児童虐待から子どもを守るための代表的な法律とその条文	
法　律	条文の内容と主旨
児童の権利に関する条約	第19条第1項（監護を受けている間における虐待からの保護） 締約国は、児童が父母、法定保護者又は児童を監護する他の者による監護を受けている間において、あらゆる形態の身体的若しくは精神的な暴力、傷害若しくは虐待、放置若しくは怠慢な取扱い、不当な取扱い又は搾取（性的虐待を含む。）からその児童を保護するためすべての適当な立法上、行政上、社会上及び教育上の措置をとる。 →保護者によるあらゆる身体的、精神的暴力から子どもを保護するための法律の制定を締約国に求めており、世界的に子どもの人権侵害をなくしていくことを目指している。
日本国憲法	第11条（国民の基本的人権の永久不可侵性） 国民は、すべての基本的人権の享有を妨げられない。この憲法が国民に保障する基本的人権は、侵すことのできない永久の権利として、現在及び将来の国民に与へられる。 →年齢にかかわらず、すべての国民の基本的人権が保障されている。子どもという存在であっても、その人権は保障される。
児童福祉法	第2条（児童育成の責任） 全て国民は、児童が良好な環境において生まれ、かつ、社会のあらゆる分野において、児童の年齢及び発達の程度に応じて、その意見が尊重され、その最善の利益が優先して考慮され、心身ともに健やかに育成されるよう努めなければならない。 →児童の権利条約の理念にのっとり、子どもの発達や年齢に応じた権利が保障されるよう育成しなければならないことが明文化されている。 第21条の10の5（要支援児童等の情報提供等） （前略）福祉又は教育に関連する職務に従事する者は、要支援児童等と思われる者を把握したときは、当該者の情報をその現在地の市町村に提供するよう努めなければならない。 第25条（要保護児童発見者の通告義務） 要保護児童を発見した者は、これを（中略）市町村、都道府県の設置する福祉事務所若しくは児童相談所に通告しなければならない。 →市区町村に設置される要保護児童対策地域協議会等を活用して、要支援児童、要保護児童の早期発見と支援を図ることが示されている。

児童虐待の防止等に関する法律	**第3条（児童に対する虐待の禁止）** 何人も、児童に対し、虐待をしてはならない。 →いかなる理由があっても、心身に重大なダメージを及ぼすことにつながりかねない虐待行為は禁止されている。 **第5条（児童虐待の早期発見等）** 学校、児童福祉施設、病院その他児童の福祉に業務上関係のある団体及び学校の教職員、児童福祉施設の職員、医師、歯科医師、保健師、助産師、看護師、弁護士その他児童の福祉に職務上関係のある者は、児童虐待を発見しやすい立場にあることを自覚し、児童虐待の早期発見に努めなければならない。 →子どもに関係する職業に就く者の虐待の早期発見、対応義務が示されている。 **第6条（児童虐待に係る通告）** 児童虐待を受けたと思われる児童を発見した者は、速やかに、これを市町村、都道府県の設置する福祉事務所若しくは児童相談所又は児童委員を介して市町村、都道府県の設置する福祉事務所若しくは児童相談所に通告しなければならない。 →国民の児童虐待発見に係る通告義務が示されている。発見した者は虐待行為の有無の確証を問わず通告しなければならないことが示されている。 **第13条の3（児童虐待を受けた児童等に対する支援）** 市町村は、子ども・子育て支援法第27条第1項に規定する特定教育・保育施設（中略）の利用について、（中略）調整若しくは要請を行う場合には、児童虐待の防止に寄与するため、特別の支援を要する家庭の福祉に配慮をしなければならない。 →虐待の再発防止や在宅支援を図るため、地域社会における虐待ケースや家庭復帰で施設を退所した児童について、保育施設利用の優先的入所が定められている。これにより、保育施設には、児童虐待の予防、防止に向けた役割が一層求められている。 **第14条（親権の行使に関する配慮等）** 児童の親権を行う者は、児童のしつけに際して、民法第820条の規定による監護及び教育に必要な範囲を超えて当該児童を懲戒してはならず、当該児童の親権の適切な行使に配慮しなければならない。 →しつけを名目とした児童虐待が後を絶たないことから、2016（平成28）年に改正され、親権者の懲戒権濫用の禁止を規定した。
民法	**第820条（監護及び教育の権利義務）** 親権を行う者は、子の利益のために子の監護及び教育をする権利を有し、義務を負う。 →しつけを名目とした児童虐待を防ぐため、2016（平成28）年に改正し、「しつけ」はあくまで「子の利益のため」に行うものと親権者のしつけについて規定した。
保育所保育指針	**第4章2の（3）（不適切な養育等が疑われる家庭への支援）イ** 保護者に不適切な養育等が疑われる場合には、市町村や関係機関と連携し、要保護児童対策地域協議会で検討するなど適切な対応を図ること。また、虐待が疑われる場合には、速やかに市町村又は児童相談所に通告し、適切な対応を図ること。 →保育所における虐待対応について関係機関と連携して適切な対応を図ることが求められている。

2 児童虐待の心身への影響

これまでも虐待環境で育った子どもには、心身への深刻なさまざまなダメージがもたらされることが報告されています。虐待行為の被害者となる子どもは、一番愛されなければならない保護者から、あるいは本来一番守られるべき存在の養育者から加害され、自己を否定される等その存在を乱用されます。そのことは、養育者に依存せざるを得ない発展途上にある子どもにとって、脳への影響も含めてさまざまなダメージを受けることになります。たとえば、「子ども虐待対応の手引き」では、体への外傷の他にも「知的発達面への影響」や「心理的影響」における「対人関係の障害」や「精神的症状」などがあげられています*4。こうした負の影響は、子どもの健全な成長発達を大きく歪ませかねないものです。虐待の被害がいかに子どもにとって大きなダメージとなるか、適切に認識しておく必要があります（表11－3）。

上述した心身への深刻な影響による行動や症状はなぜ顕著にみられるのでしょうか。それは、子どもが置かれた劣悪な虐待環境のなかでなんとか適応しようとしたためと考えられます。子どもにとってみれば生き延びるために、あるいは養育者に愛されたい、認められたいがために、その不適切な環境や支配的な虐待関係（マルトリートメント）に必死に適応しようとします。しかしその結果、身に染みついた歪んだ対人関係や子どもが受けた心の傷は、その後、人間関係のトラブルや社会生活上の不適応要因へと発展し、社会生活においての生きづらさへと変わります。

ワーク

保育者と保護者との役割に分かれ、体罰はなぜいけないのか、手をあげることを容認する保護者に説明するという設定でロールプレイを行ってみましょう。

*4 「子ども虐待対応の手引き（平成25年８月改正版）」第１章１（６）虐待の子どもへの影響

表11－3　虐待の子どもへの影響

①身体的影響
・打撲や火傷、骨折、鼓膜穿孔（せんこう）等の外傷 ・栄養障害等により身長、体重が標準を大きく下回る ・愛情不足により成長ホルモンが抑えられ、成長不全を呈することもある ・重篤な場合には、死に至ったり重い障害が残る可能性がある
②知的発達面への影響
学校教育等必要な教育を受けさせてもらえない、あるいは落ち着いて学習に向かうことができず知的な発達が十分に得られないことがある
③心理的影響
ア、対人関係の障害 愛着対象（保護者）との基本的な信頼関係を構築できず、結果として他人を信頼し愛着関係を形成することが困難となり、対人関係における問題が生じることがある。例えば対人的に不安定な愛着関係となって両価的な矛盾した態度をとったり、無差別的に薄い愛着行動を示す場合がある。また、保護者以外の大人との間に、虐待的な人間関係を反復する傾向を示すこともある。 **イ、低い自己評価** 子どもは、自分が悪いから虐待されるのだと思ったり、愛情を受けるに値する存在ではないと感じることがあり、そのため自己に対する評価が低下し、自己肯定感をもてない状態となることがある。 **ウ、行動コントロールの問題** 保護者から暴力を受けた子どもは、暴力で問題を解決することを学習し、学校や地域で粗暴な行動をとるようになることがある。そのために攻撃的・衝動的な行動をとったり、欲求のままに行動する場合がある。 **エ、多動** 虐待的な環境で養育されることは、子どもを刺激に対して過敏にさせることがあり、そのために落ち着きのない行動をとるようになる。注意欠陥多動性障害（ADHD）に似た症状を示すため、その鑑別が必要となる場合がある。 **オ、心的外傷後ストレス障害** 受けた心の傷（トラウマ）は適切な治療を受けないまま放置されると将来にわたって心的外傷後ストレス障害（PTSD）として残り、思春期等に至って問題行動として出現する場合がある。 **カ、偽成熟性** 大人の顔色を見ながら生活することから、大人の欲求にしたがって先取りした行動をとるような場合がある。さらには精神的に不安定な保護者に代わって、大人としての役割分担を果たさなければならないようなこともあり、ある面では大人びた行動をとることがある。一見よくできた子どもと思える一方で、思春期等に問題を表出してくることもある。 **キ、精神的症状** 反復性のトラウマにより、精神的に病的な症状を呈することがある。例えば記憶障害や意識がもうろうとした状態、離人感等が見られることがあり、さらには強い防衛機制としての解離が発現し、まれには解離性同一性障害に発展する場合もある。

出典：厚生労働省「子ども虐待対応の手引き（平成25年８月改正版）」第１章１（６）虐待の子どもへの影響 をもとに作成

レッスン

12

児童虐待ケースへの対応 ——保育現場の対応とその留意事項

写真提供：菜の花こども園

虐待ケースについて留意すべき点を踏まえ、適切な対応を。

ポイント

1 そもそも虐待ケースへの対応は、専門職連携での対応が不可欠である。
2 子どもの気になる行動や問題行動は、虐待被害のサインの可能性がある。
3 園は保護者へ日頃から子育て支援ネットワークの一機関であると説明することが肝要である。

1 通告者に係る児童虐待防止法の目的と趣旨

児童虐待の発見、通報について「児童虐待の防止等に関する法律」には、「児童虐待を受けたと思われる児童を発見した者」には通告義務が課せられることが示されています＊1（以下、「児童虐待防止法」という。下線部は筆者による）。これは、何よりも「児童虐待が児童の心身の成長および人格の形成に重大な影響を与える」ことにかんがみ、通告内容が実際に虐待行為にあたるかどうかより、子どもを守るということを優先していることを意味しています。また、通告者を特定できるような情報について、後から虐待した（もしくは疑いがかかった）者に明らかにされることはありません＊2。

参照

＊1　「児童虐待防止法」第6条第1項
＊2　「児童虐待防止法」第7条

現在、児童虐待に関する通告先は、全国の児童相談所（全国共通ダイヤル「189」を含む）をはじめとして、市区町村や福祉事務所が主な窓口となっています。また、警察に通報した場合でも警察から児童相談所へすべて連絡が行くため110番でも構いません。そして通報後は児童相談所や市区町村が必要な調査を行い、必要に応じて保育施設や学校、その他の関係機関と連携してそのケースに対応していくことになります。

2　保育現場における児童虐待ケースへの対応とその留意点

1　児童虐待ケースに対する専門職連携の意義

児童虐待ケースの重症度は、自立した養育が可能な虐待ローリスクから命の危険等の最重度までさまざまです（図12－1）。

さまざまではありますが、保育現場で発見した場合、まずは通報することが求められます。むろん、保育現場においてすべて発見と同時に通告することは困難です。また、組織的に対応する必要があるため、組織内での連携や確認、情報収集を同時進行で行うことも求められます。

図12－1　虐待の重症度等と対応内容および児童相談所と市区町村の役割

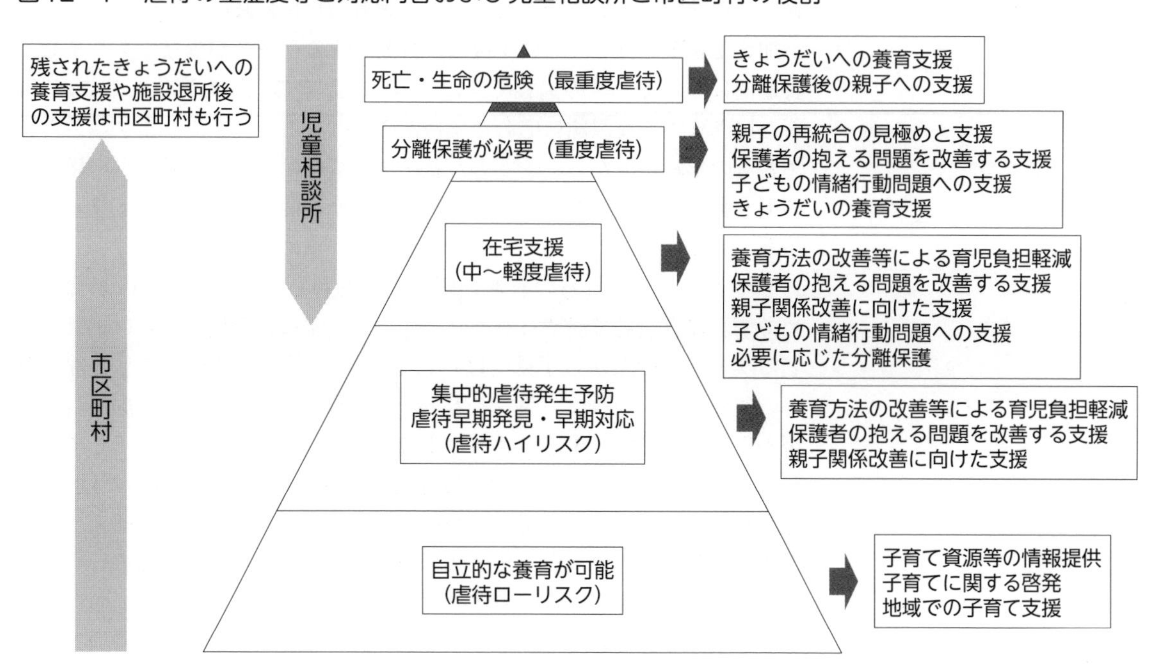

出典：厚生労働省『子ども虐待対応の手引き（平成25年8月改正版）』をもとに作成

用語　189
児童相談所全国共通ダイヤル。発信した電話の市内局番等から当該地域を特定し、管轄の児童相談所につながる。

ただ、通告せずに保育現場だけで対応にあたることは避けなければなりません。なぜ通告する必要があるのか、児童相談所や自治体、関係機関等と連携して虐待対応にあたる意義について考えてみましょう。

各関係機関と連携して支援にあたることを「専門職連携」、あるいは「多職種連携」等とよびます（以下「専門職連携」という）。専門職連携が必要な理由は、大きく２つあります。

１つ目の主な理由は、児童虐待の問題を解決しようとする際に、保育現場だけでは解決できないことが多々あるためです。そもそも保育現場が果たす役割は、大きく「子どもを健全に保育すること」と「在籍する園児を含めた地域の子育て家庭への子育て支援」です。日々、保護者との信頼関係を築き、悩みや相談に応じることは、とても重要な子育て支援につながります。一方で児童虐待ケースでは、保護者を取り巻くさまざまな背景が深刻化して虐待行為に至っていることが多々あります。たとえば保護者が精神疾患を抱えている場合や経済的な困窮、離婚やDV問題、あるいは子どもに障害がある場合等、保育現場だけでは対応できない複雑な福祉、保健、医療的な問題等が山積している状態です。そういった場合に、直接的に保育現場が保護者の相談に応じているだけでは、保護者の負担軽減や解決へはなかなかつながりません。たとえば、保健師が保護者の精神疾患に関する相談に応じる、あるいは家庭訪問を行い、状態に応じて市区町村が行う養育支援訪問事業等につなげていく等、社会資源の機能を活用して適切に連携して支援を行うことで、保護者の負担軽減につながります。

加えて児童虐待ケースの支援は、長期化するケースが少なくありません。長期間にわたる支援の過程では、そのときどきの課題も変化することで、新たにさまざまな課題に応じた支援が必要となる場合もあります。さらに子どもの年齢が上がり、子どもが就学する場合は、保育現場から小学校への引き継ぎも必要となります。こうした点から関係機関がネットワークを築き、見守り体制のもとで支援を行うことが求められます。

２つ目は、虐待行為の有無に関する法的判断は、児童相談所が行うためです。保育現場で虐待行為の確証が得られずに、職員が通告に抵抗を感じるケースが少なからず見受けられます。「誤報の可能性があり、保護者との関係が崩れかねない」ことも十分に理解できます。しかし虐待行為か否かを調査して判断するのはあくまで児童相談所の役割です。そして虐待行為が明らかとなり子どもの一時保護ができるのも児童相談所だけです。保育現場には、児童相談所がもつ措置権といった権限はありません。

こうした点から児童虐待ケースへの対応は、そもそも一機関で行うものではなく、常に課題に応じて他機関と連携して支援することを念頭に置くことが求められるのです。そのためにも保育者には、まず、虐待通告に関する適切な認識と、各関係機関の機能や役割について具体的に理解すること、加えて連携するうえで社会資源の機能を活用する力量が求められます。

2 保育現場の強み（ストレングス）を生かした対応

保育現場には、他機関にはない強み（ストレングス）が大きく2つあります。1つ目は、保護者と子どもが日々通園することです。日頃から保護者と関わりをもてる機会があることは他機関にはありません。このことは、日々のなかで何気ない変化に気づきやすいだけでなく、保護者との信頼関係を構築しやすいメリットがあります。

2つ目は、長期間子どもが園内で生活することです。数年にわたり子どもが1日の多くの時間を園内で過ごすということです。これは、子どもの日々の成長を見守ることができるだけでなく、必要に応じて栄養面での補助、あるいは子どもとの信頼関係を基盤とした**アドボカシー活動**、さらには何かあった際に子どもが安全で安心して生活できる環境を提供できるといった数多くのメリットにもなります。こうした園内での保育生活の営みを基盤として、専門職と連携し、支援のなかで家庭や子どもの変化を発信し必要な支援につなげることが保育現場の重要な役割となります。子どもや家庭と日々寄り添える立場から、さまざまな支援の必要性や状況の変化を専門職連携で発信していくことは保育現場ならではの重要な役割です。

3 保育現場での児童虐待ケースへの具体的な対応と留意点

①児童虐待を発見する視点

保育現場からの発見・通告についての留意点を高知県教育委員会の「教職員のための児童虐待対応ガイドライン（平成20年8月）」を参考に以下にあげます（表12-1）。

表12-1　虐待を発見する視点

①ふだんの子どもたちの様子を把握する
日頃の子どもたち一人ひとりの様子を把握していてこそ、心の変化に気づくことができます。 Point 日頃からの親密な子どもとの関わりによって、子どもが保育者を信頼し、事実を語ってくれることがあります。日頃より、さまざまな場面で「大好きな先生に伝えたい」という子どもの思いを育む関係づくりが、虐待の防止やアドボカシー活動にも生かされます。
②固定観念に縛られない
「そんなことをする親にはみえない」「あんな明るい子が虐待を受けているわけがない」等の固定観念や先入観、思い込みが虐待の見落としや気づきの遅れにつながる可能性があります。 Point 自分とは異なる立場の視点は、多角的に物事を判断する要素となります。先入観にとらわれず、さまざまな立場の人との情報共有等が大切になります。

用語　アドボカシー活動
自己の権利や思いを自ら表明することが困難な子どもや保護者に代わり、必要な支援を求めるといった権利擁護の活動を意味する。代弁、権利擁護等と訳される。

③表面的な行為だけで判断しない 子どもの表面的な行為だけを問題視するのではなく、「なぜそのような行為をしたのか」という背景・原因を探り、推測することが大切となります。 Point たとえば子どもの問題行動の背景の一つには、さまざまな虐待を受けてきたことによる原因や影響の可能性があります。子どもは、抱えている葛藤や不安、怒りを行動で表します。多動、キレやすい、攻撃的、暴言、初対面の大人でも甘える等マルトリートメントの影響や保護者の行為を無意識に模倣している場合があります。
④子どもは訴えてこない 虐待を受けてきた期間が長い子どもほど、自ら助けを求めず、質問しても正直に答えないことが多いと考えておくべきです。 Point 子ども自身、マルトリートメントな環境で生活していることをある意味で「当たり前」にとらえ、それが日常化している場合等があります。そうした生活から抜け出すためにもまず、「叩かない大人もいる」や「自分の気持ちを優先して受け止めてくれる大人がいる」といった大人の姿をモデルとして見せることで、子どもの「ひょっとしたら…」という考えにつながる場合もあります。
⑤「何かおかしいな」と思ったら… 虐待には必ず「不自然さ」がつきものです。子どもの様子や家庭の状況などから「なんとなく変だな」と感じたら「虐待があるのでは」と疑ってみることが大切です。また、正当な理由のない、あるいは無断での長期欠席は、これまでの事件からみても見逃せないサインの一つと考えられます。 Point 虐待には「不自然さ」がつきものです。代表的な例として、身体的虐待の外傷についての保護者の説明です。子どもの頭の傷について、父親は「ドアを開けた際に自分でぶつけた」と説明し、母親は「階段で転んだ」等と説明が人によって、あるいは日によってコロコロ変わることが多くあります。こうした傾向は身体的虐待を色濃く疑う必要があります。 Point 外傷の場合はその部位に注目する必要があります。 虐待の疑いがある所（手の甲、尻、性器の周辺、腹部、背中、体と顔の側面）
⑥虐待は「シロかクロか」ではない 虐待を疑って何か引っかかりがあっても、明確に虐待行為と判断することは難しいことが多々あります。区別できないから何もしないのではなく、疑ったら「行動する」ことが重要となります。 Point 虐待を疑う要素があるときは、記録に残すことが重要です。何気ない気づきが積み重なることでより的確に把握することにつながります。

出典：高知県教育委員会人権教育課「教職員のための児童虐待対応ガイドライン」2008年を参考に作成

疑いの眼差しで保護者と相対することに否定的な感情を抱かれる人もいるかもしれません。しかし、虐待の発見は、疑うことから始まります。加えて、第三者の気づきの遅れが子どもの心身への多大なダメージを与えかねないことをしっかりと認識して、日々の保育活動にあたらなければなりません。疑うことと保護者と信頼関係を構築することは、別次元のものです。家庭や保護者の抱えている課題が明らかにならないと、効果的な課題解決や親子の関係改善にはつながりません。

また、通告自体は、職員個人が行っても構いませんが、通告後に継続して在宅支援となる場合等、その後専門職連携を行いながら支援することも少なくありません。関係機関と連携しながら支援するためにも、園としての組織的対応が必要となります。そのためにも危険性が高いと感じる場合や緊急時等をのぞいては、園として通告することが望ましいといえます。

②記録

記録はいうまでもなく虐待被害等の証拠資料となります。事実を正確に把握するためには、客観性のある記録をとることが重要となります。そこで、記録をするうえでの留意点をあげます（表12－2）。

表12－2　記録する項目と留意点

〈記録を必要とする状況例〉 1.虐待を受けているかもしれないと感じたとき 2.親子ともトラブルが多く特別手がかかるとき 3.卒園後も継続して見守る必要があると予想されるとき
〈記録する内容例〉 ・基本事項（記録者、日時、状況） ・ジェノグラムの作成 ・けが、アザ、傷等身体の状態 ・登園日数や欠席数、欠席理由 ・特に目立った子どもの問題行動、言動、親子関係で気づいたこと ・保護者からのクレーム、トラブル、電話の内容等 ・園の対応、担任（職員）の働きかけの内容 ・トラブル等があった後の経過 ・関係機関とのやりとり
〈記録についての留意事項〉 ・日がたつとけがや傷の状態や子どもの言葉にも変化が生じるため、できる限り早く、細かく具体的に記述する。または写真に残す（写真が難しい場合は図にしておく） ・各自治体等で作成されている児童虐待に関するチェックリスト等を活用する ・記録を残すことで点が線となる ・事実と記録者の思いは分けて書く

出典：保育と虐待対応事例研究会編『子ども虐待と保育園――事例研究と対応のポイント』ひとなる書房、2004年、44-45頁；保育と虐待対応事例研究会編『続 子ども虐待と保育園――事例で学ぶ対応の基本』ひとなる書房、2009年、16-17、28-29頁より抜粋

③園内の連携

児童虐待ケースに対応する際は、まず保育現場（園）として対応すること、加えて職員間の情報共有をこまめに行うこと、さらには職員間での役割分担を明確にして複数対応で行うことが基本となります。

また、園としての対応は、日頃からの取り組みが重要となります。園全体で児童虐待に対する意識を高めるため、研修や学習会を定期的に催すこともその一つです。加えて、保護者会や園だより等で、保育現場として日頃より児童虐待の防止に積極的に努めていること、そのため、日頃より専門機関と連携して支援にあたる姿勢であること等も前もって明確に伝えておくことが肝要です。

次に役割分担については、園の状況や職員の経験年数等にもよりますが、基本的に園長、副園長といった管理職が保護者の窓口となることが肝要です。保護者対応を一本化することで連続的に保護者と関わり、保護者の性

格特性、癖等の特徴が把握できることも多くあります。担任等は、日々の子どもや送迎時の保護者の様子を細かく把握して記録することが基本となります。その体制のもと、職員間で情報共有を図ることが大切です。

④子どもの生活上の課題や問題行動をとらえる保育者の視点

先述したとおり、保育現場は、保育現場ならではの強み（ストレングス）があります。加えてプロとしての保育者が虐待に気づく要素としては、外傷や衣服の汚れ等だけではありません。特に被虐待児は、発達面での遅れやコミュニケーション上の課題、あるいは多動、暴言、攻撃性が高い、**性化行動**、夜驚症、尿や便をもらす、トイレ以外の場所で排泄してしまう排泄面での課題等といったさまざまな生活上の気になる言動・行動が多く見受けられます。

こうした子どもの生活上の課題や気になる行動は、大きなストレスにさらされている子どもからの声にならないSOSのサインでもあります。虐待を受けたことによる影響やそのストレスからくると考えられ、子どもの行動特性や発達面での歪みを保育者の専門的視点として敏感にとらえて、その原因を明らかにしていく対応が求められます。

⑤保育現場における子どもの見守りと安全安心な環境の提供

虐待被害を受けている子どもにとって、安心できる居場所の提供は保育現場だからこそ可能となる支援です。子どもやその家庭に最も身近なよき理解者として、専門職連携による支援でもその役割を発揮することが求められます（表12－3）。

表12－3　虐待対応での日々の保育の留意点

- 安全で安心できる環境の提供（発達に必要な保育活動の提供、じっくり話を聞く機会、自由な遊びを保障できる場面、規則正しい健康的な生活の提供）
- 子どもにとって安心して信頼できる保育者の存在
- 子どもの虐待に関連する言動、表情、けがや傷といった身体面の把握と子どもへの聞きとり
- 園内生活での子どもの各生活場面の様子（食事、排泄、衣類の着脱、集団生活での様子、欠席状況等）の把握
- 生活上の課題（多動、衝動的、コミュニケーション上の課題、攻撃的、排泄面での特異性）や発達に関する細やかな把握

⑥保護者対応の留意点

保育現場が虐待を疑い通告することで保護者が保育現場に対して不信感を抱く結果となることもあります。しかし、保育現場はあくまで子育て支援機関の一つです。ネットワークの一つとして、保護者の話にじっくり共感し受けとめつつ、必要に応じて関係機関の紹介や支援の必要性を伝え、

性化行動

性的な逸脱行動（人前で性器を触るといったマスターベーション的な行為や子ども同士が性行為のまねをする等）や、通常は性的な意味のない行動に性的なニュアンスをもたせる行動（男性教員の膝にのった女児が性器を押しつけてくる等）を意味する。性的虐待を受けた子どもに見受けられる特徴的な行動（参考：西澤、1997年、56頁）。

表12－4　虐待ケースでの保護者対応の留意点

- ・日頃の送迎時や連絡帳でのやりとりからコミュニケーションを積極的に図り、関係構築に努める
- ・家庭での子どもの生活の様子を把握する
- ・家庭生活で経済的困窮やDV問題、あるいは保護者の精神疾患等の課題があった場合は、相談できる専門機関があることを伝える（同時に課題が多い場合や家庭での生活が不透明な場合等は、児童相談所や保健師による家庭訪問等の支援や指導の依頼を検討する）
- ・虐待を疑う場合は、保護者への聞きとり（例：頭に傷があったんですが…等）を行い、矛盾がないか等検討・情報収集を行う
- ・保護者が加害行為を認めた際に、緊急性が高い場合や判断に迷う場合は通告する
- ・保護者が体罰等を認めたが「しつけ」だと主張する場合は、まず思いは受けとめつつ、関わりの方法を修正する必要があること、通告義務があることを伝える。加えて、子どもとの関係改善につながるよう「やり方が不適切である」（小木曽編著、2009年、113頁）ことに保護者が気づけるよう説明する
- ・緊急度が低い場合は、面談の場面を設け保護者から話を聞く
- ・保護者が加害を認めない場合や子どもと保護者の言っていることが異なる場合等判断に迷う場合には通告する

保護者に理解を促し提案していくことが基本的なスタンスとなります。

対応が難しい場合も多々ありますが、対応が難しい保護者等へは、関係機関がそれぞれの役割や立場から相互に支援していくことが重要となります。児童虐待ケースでの保護者対応について、保育現場の基本的な対応のあり方を表12－4にまとめます。

⑦保護者への児童虐待の告知

まず暴力行為は、子どもの安全を守るために保育者として完全に否定しましょう。ただ、実際の伝え方は工夫を要します。たとえば頭ごなしに「虐待はダメ」などと伝えると、保護者なりに精一杯養育してきた姿勢を「虐待」という言葉によって完全に否定することにもつながりかねません。保護者の思いは認めつつ、暴言・暴力等ではなく発達への影響を考慮した修正的な関わりを促す姿勢が求められます。

また、仮に目の前で子どもに手をあげるような行為があった場合は、親子の間に保育者が入り、その場での加害行為から子どもを保護しましょう。暴力を否定する大人の姿勢を子どもに示すことも大切です。

このように「不適切な養育を明確に指摘しその改善を促すこと」（久保、2016年、10頁）はとても重要です。保護者との関係性を考慮して指摘せず「あいまいにしたまま対応していると、親は養育環境が問題ないと認識してしまうおそれがあります。加えて何ら関係機関が不適切性を指摘せずに、後で実はあれは不適切でしたとの指導をしなければならなくなれば、親に対する説得力を欠き、かえって親の不信感を招き、その関係性を悪化させるのはもちろん、関係機関が子ども福祉に関して責任を果たしていなかったことになります」（久保、2016年、11頁）。

むろん、こうした告知は、児童相談所や市区町村が中心となり行うことも多々あります。しかし、同時に保育者として、あるいは保育現場としても日頃から子どもへの暴力や虐待行為は一貫して否定する姿勢が求められ

表12－5　保護者への児童虐待の告知に関する対応の留意点

・子どもへの加害行為に対して、たとえ保護者が「しつけだ」と主張した場合でも子どもを暴力から守る姿勢で対応し、暴力による養育は否定する姿勢をブレずに伝えましょう。
・また通告義務についても、保護者自身の否定や加害責任の追及、告発というものではなく、あくまで子どもの健全な発達を保障して、最善の利益を追求する視点からの指摘であることを伝えましょう。
・仮にその後の支援の方向性が在宅支援であっても、保護者の抵抗・反発が激しく、そのままでは「子どもの安全」確保ができないおそれがある場合は、再度児童相談所等と方向性を確認する必要があります。

出典：日本子ども家庭総合研究所編『子ども虐待対応の手引き　平成25年８月厚生労働省の改正通知』有斐閣、2014年、361頁をもとに作成

ます。

加えてその後に専門職連携のもとで介入や支援を行うことが必要となる場合、そうした説明は、あくまで児童相談所や市区町村の役割となります。保育現場が抱え込まず、専門職それぞれに応じた役割を果たしていくことが求められます。

保護者への児童虐待の告知に関する対応の留意点を表12－5にまとめます。

⑧専門職連携について

専門職連携を円滑に行うためには、日頃から相互に顔が見える関係を構築しておくよう心がけることが重要となります。「何かあったら」ではなく、年度初めやそれぞれの時期に定期的に情報共有しておくことで緊急時により緊密に意思疎通が行え、連携することが可能となります。

また、子どもが卒園する場合には、必ず進学先の小学校と引き継ぎを行うことが求められます（表12－6）。

表12－6　専門職連携の基本的内容

・日頃からの情報交換
・虐待ケース発見時の通告
・課題に応じて専門職への支援の依頼や関係者会議開催の依頼
・ケースの進行状況における変化や課題の発信、情報提供
・年長児の場合の進学先の小学校への引き継ぎ

3　児童虐待ケースへの対応事例

1　事例の背景

実際の虐待ケースに対する保育者の対応として、どのようなものが考えられるか、一つの事例をもとに考えてみましょう。

まずは、虐待が疑われる家庭の状況を確認します。

〈家庭の状況〉

父親　高橋明彦（仮名、27歳）

トラック運転手。遠距離の仕事も多く不規則な生活を送っている様子。若い頃は暴走族で複数回警察の世話になっている。気性も荒い。がっちりとした体格。

母親　高橋マリア（仮名、26歳）

フィリピン出身。現在は工場でパート勤務。日本語は上達したが、話せても字を書くことは苦手。母国でもあまり身よりがない。家庭内では夫の暴力におびえ、口ごたえできない。離婚も考えてはいるが、日本に不慣れなため現状に甘んじている。子どもの身のまわりの世話や家事はほぼ母親が行うが、家事や育児があまり得意ではない様子。

本児　高橋マナブ（仮名、男児、５歳）

落ち着きがなく傍若無人に走り回る。集団生活が苦手で、保育所の生活では、思い通りにならないとかんしゃくを起こしたり、他児とのトラブルも多い。

〈本児の園での様子〉

気に入らないことがあると他児を叩いたり、蹴ったりする。他児の使っていた玩具を強引に使いたがり、思い通りにならない際には、「ぶっ殺すぞ」「コノヤロウ！」等と暴言を吐くこともあった。

2　事例の内容

以上の背景を踏まえたうえで、〈虐待を疑う状況〉をみてみましょう。

事例　暴力的な父親からの身体的虐待

担任は、マナブくんの日頃の言動が気になり、母親に家の様子を聞くと「夫（父親）は、家で息子が部屋を散らかすとひっぱたき、しつけがなっていないと自分（母親）にも暴力をふるう」という。ただ母親自身も「止めようとしてもよけいに殴られる」とあきらめている様子。また、日本で頼れるのは夫しかいない状況から、支配的な関係に埋没してしまっている。さらに父親は「ひっぱたくのはしつけで、自分も殴られて育った」と話をしており、家庭での生活は日常的に暴力行為がある様子。

担任は、まずは送迎の際にときどき姿をみせていた父親と何とか関係を築き、園側とも意思疎通が図れるようにと考えた。ただ、保育所でのマナブくんの不安定な様子を伝えると、父親の暴力につながりかねないとその話は伏せていた。そんななかで父親に恐怖を感じながらも積極的に声をかけたが、父親は自分より年下の担任に対して、蔑んだ態度をとり、ときに脅かすような言動をみせた。さらに担任の前でもマナブくんがノロノロと帰りの準備をしていると怒鳴りつける姿があった。担任は何とか関係を築こうと声をかけ続けたが父親との距離感は縮まらず、また保育所でのマナブくんの不安定な様子も続いた。

ある日、母親から「けがをしたので数日の間保育所を欠席する」と電話連絡があった。その後、児童相談所から保育所に、マナブくんが父親から左目の側面をテレビのリモコンで殴られ、顔の骨にひびが入ったと病院から児童相談所に通報があったとの知らせが入った。父親は、「やりすぎた」と暴力行為は認めている様子とのこと。一方で父親は「散らかしたものを片づけなかったからしつけのために殴った」とも主張している。その後、マナブくんは治療後に一時保護されることとなった。

ワーク

保育所としてマナブくんへの被害を防ぐために、どのような対応が必要であったかまとめてみましょう。

3 保育者として必要な対応

この事例と類似して、これまでに保育所が関わりながらも虐待行為が続き、最悪の結果として子どもが命を落とした事例もありました。加えて、保育現場が虐待を認識しつつも担任が何とか関係を構築しようと試行錯誤する例も少なくありません。そういった経過のなかで、子どもを甚大な被害から守るためにどのような対応ができるでしょうか。

こうしたケースでまず行うべきことは、園長と担任が明確な役割分担を決めて対応することです。そのうえで父親の言動は、明らかに児童虐待であり、たとえしつけのつもりでも親は手をあげてはいけないこと、改善されない場合は、児童相談所が介入し保護することもありうることを毅然と伝えることです。一方で保育現場として子どもの成長を一緒に見守るため、保護者の思いを受けとめたいこと、必要な対応を図ることも伝えます。こうした対応は、園長等が保育現場として早急に行う場合もありますが、保育現場での対応が難しい場合は、児童相談所、あるいは市区町村に連絡し行政から指導してもらい、連携して対応することも一つの方法です。

虐待ケースへの対応で、保育現場が、保護者との関係が崩れることを危惧することは当然のことです。しかし、それ以上に、日々暴力にさらされ続けている環境から子どもを守ることが最優先となります。むろん、その後の経過として在宅支援となった場合でも、日々経過を細やかに把握し、自宅で繰り返し被害に遭っている場合や、長期欠席する場合等は一刻も早く児童相談所や市区町村に連絡し、子どもの安否確認や家庭訪問等の支援を検討してもらえるよう求めていくことが必要となります。

レッスン 13

専門職連携とその機関

写真提供：今井和子

各関係機関の役割や機能を深く知ることで、ケースに必要な支援の提供につながる。

ポイント

1 家庭に一番身近な保育現場には、各機関に能動的に現状の問題や支援の必要性等を発信する役割がある。
2 各機関の目的や機能について保育者が知っておくことが大切である。
3 専門職連携には要保護児童対策地域協議会の活用が求められる。

1 各関係機関の役割と機能

1 専門職連携を行ううえでの保育現場の留意点

これまで、保育現場での児童虐待ケースへの対応は、専門職連携を基盤とすることが基本となることを述べてきました。その専門職連携で保育者に求められることは、関係機関の役割や機能について熟知することです。実際に保護者や子どもの身近にいて抱えている課題や特性を熟知しやすい、あるいは変化が生じた際に気づけるのは保育現場です。そのケースの身近にある保育現場が、その課題を解決するために必要な連携先の機能を理解していることで、保護者に対してより適切な提案を行うことができます。あるいは児童相談所や市区町村に対しても状況や経過の報告だけでなく、ケースの特性に適した提案、検討の依頼を円滑に行えます。むろん、専門職連携における中核的な役割を果たす立場にあるのは児童相談所や市区町村です。児童相談所や市区町村には、そのケースの支援方針を決定し、マネジメントする役割があります。しかし、いくら専門職間で連携して支援を行っても、そのケースの特性に適合しない画一的な支援では、解決にはつながりません。保育現場が、実情や抱えている課題に応じた必要な支援について、身近な伴走者として能動的に発信、提案、紹介等を行うことでより効果的な支援の実現が可能となります。

繰り返しになりますが、専門職連携にはそれぞれの機関の役割や機能を理解しているからこそ実践につながるという側面が、とても色濃くあります。そこで、このレッスンではまず、関連する機関の役割や機能についての概要を以下にあげます。

①児童相談所

児童相談所は、いうまでもなく児童虐待対応の中心的な機関となります。そのため、都道府県知事に代わり非常に強い権限が与えられています。対応しているケースにおいて、何か問題が発生した場合、変化が生じた場合等に情報を保育現場から発信して、児童相談所から各機関に依頼して支援を提供する、あるいは関係者で支援内容等を検討することが必要になります。その旗振り役となる中心的機関なのです（表13－1）。

表13－1　児童相談所の役割と機能

役割と機能	専門職連携での具体例
①各種行政権限を行使する	・調査、支援方針、支援内容、介入、関係者会議開催等のケースマネジメントの中心的役割 ・児童虐待に関する保護者への告知や必要な指導、実施する支援や今後の方向性等の説明 ・一時保護、里親や児童福祉施設への入所措置、里親委託児や施設退所児童の措置解除 ・法的な対応が必要な場合等の弁護士の対応 ・一時保護の際等、必要に応じて警察に援助要請 ・家庭訪問による調査、保護者への指導 ・保護者に対する出頭要求、家庭に立ち入っての調査や質問、臨検捜査 ・一時保護や児童福祉施設への措置権の行使 ・里親への措置及び里親支援 ・裁判所への親権喪失、あるいは停止請求
②各種（障害、養護、育成、非行、保健）相談業務 ③医学的、心理学的、教育学的、社会学的、精神保健上の判定（診断）	・各種相談業務 ・心理判定や障害判定 ・カウンセリング等の心理療法の実施 ・調査・判定に基づく必要な指導 ・子どもへの治療的ケアや保護者へのカウンセリング ・知的障害のある子どもへの手帳交付
④市区町村との連携	・必要な援助や情報提供、市区町村間の連絡調整

②市区町村・福祉事務所

市区町村は、2004年の「児童福祉法」一部改正により、地域住民の子ども家庭相談の一義的な窓口となりました。また同法改正時に要保護児童対策地域協議会が位置づけられ、児童虐待の予防や防止に向けた取り組みが行われています。児童相談所の設置基準が都道府県及び政令指定都市、東京都の特別区と広域的に定められていることと相まって、市区町村は、住民にとって最も地域に密着した身近な相談窓口としての役割を担っています。市区町村は、その地域の特性に応じた福祉施策や**子ども・子育て支援新制度**による地域子ども・子育て支援事業を行っています。

市区町村と保育現場との連携について「市町村子ども家庭支援指針」では、「保育所では、登園時や保育活動中などあらゆる機会に子ども虐待の早期発見が可能であるため、日頃から保育所との連携を密にし、要保護児童（虐待を受けたと思われる児童を含む。）の通告が早期に図られるよう体制を整えておく＊[1]」とされ、日常的に保育現場と市区町村とが連携する必要性を示しています。

自治体によっては、福祉事務所や保健所・保健センター、あるいは子育て世代包括支援センターが市役所等に併設され、子育て支援を総合的に支える体制をとっている場合もあります。また、市区町村の福祉事務所には、家庭児童相談室が設置され、子ども家庭福祉に関するあらゆる相談を受け付け、加えて要保護児童対策地域協議会の事務局を担っていることも多くあります（表13－2）。

③保健所・保健センター（保健師）

保健所・保健センター（以下、保健所という）は、保育現場の児童虐待ケースにおいて欠かせない関係機関の一つです。保健所は主に「母子保健法」に基づく母子保健の施策と「精神保健福祉法」における精神保健対策から児童虐待ケースで連携できる機関です。「母子保健法」では、「母性並びに乳児及び幼児の健康の保持及び増進に関する施策を講ずるに当たつては、当該施策が乳児及び幼児に対する虐待の予防及び早期発見に資するものであることに留意する」とあり、母子保健の目的そのものが児童虐待への予防や対応であることが明記されています＊[2]。

また、児童虐待発生要因の一つでもある保護者の疾患や障害等に対する支援も保健所の重要な業務とされています。さらに保健所は、地域の母子保健行政を通じて、**特定妊婦**や**要支援児童**、あるいは**要保護児童**ケースに保育施設入所前から、その家庭に関与していることも少なくありません。母子保健担当者の保健師が妊婦健康診査や乳児家庭全戸訪問事業、養育支

＊1　厚生労働省「市町村子ども家庭支援指針（ガイドライン）」第5章第4節「保育所、幼保連携型認定こども園との関係」（1）

＊2　「母子保健法」第5条第2項

子ども・子育て支援新制度

子ども・子育て関連3法（「子ども・子育て支援法」「認定こども園法の一部を改正する法律」「子ども・子育て支援法及び認定こども園法の一部を改正する法律の施行に伴う関係法律の整備等に関する法律」）に基づき、幼児期の学校教育や保育、地域の子育て支援の量の拡充や質の向上を進める制度。2015（平成27）年4月にスタートした。

特定妊婦

出産後の子どもの養育について出産前において支援を行うことが特に必要と認められる妊婦のこと。

要支援児童

保護者の養育を支援することが特に必要と認められる児童のこと。

要保護児童

保護者のない児童又は保護者に監護させることが不適当であると認められる児童のこと。

表13-2　市区町村の役割と機能

役割と機能	専門職連携での具体例
①子ども家庭相談の一義的な窓口	・児童相談所と同列の児童虐待の通告先 ・福祉課や子ども・子育て支援課等自治体、あるいは市区町村設置の福祉事務所にある家庭児童相談室によるあらゆる子育て相談窓口。加えて必要に応じた他の専門機関の紹介 ・市区町村による児童虐待対応の中核機関として要保護児童対策地域協議会が設置され、専門職による関係者会議が開催される。また、特定妊婦や要支援・要保護児童の情報も集められ、対応が検討される ・母子保健とも関連している地域子ども・子育て支援事業の実施（利用者支援事業、地域子育て支援拠点事業、妊婦健康診査、**乳児家庭全戸訪問事業**、**養育支援訪問事業**、子育て短期支援事業（ショートステイ・トワイライトステイ等）） ・障害や精神疾患等で保護者の養育能力が低下している場合に利用が検討できる養育支援訪問事業の実施 ・福祉事務所による生活保護世帯への対応 ・児童手当や児童扶養手当等各種手当の窓口 ・保育施設利用の申請・手続き（一時預かり、病児保育、延長保育等） ・放課後児童健全育成事業の利用
②児童相談所との連携	・専門的な知識及び技術を必要とするものは、児童相談所の技術的援助及び助言を求める ・医学的、心理学的、教育学的、社会学的及び精神保健上の判定を必要とする場合には、児童相談所の判定を求める

表13-3　保健所・保健センターの役割と機能

役割と機能	専門職連携での具体例
母子保健	・乳幼児健診、乳児家庭全戸訪問事業、養育支援訪問事業等の実施と他機関との連携、情報共有（母親や子どもの発達の様子、家庭の抱える問題）や家庭とのつながりを生かした支援 ・産後ケア事業の実施 ・育児サークル、赤ちゃん教室の開催 ・保健師による家庭訪問や子育てに関する調査、相談、指導
精神保健	・保護者のメンタルヘルスケア（うつ病、統合失調症、アルコール依存症等）相談援助 ・精神障害者保健福祉手帳の申請 ・通院医療費助成の申請 ・障害福祉サービスに関する相談・申請・調査

援訪問事業、あるいは乳幼児健診等で、保育施設入所前からそのケースに関わりがあり、大切な情報をもっている場合もあります。

乳児家庭全戸訪問事業

生後4か月までの乳児のいるすべての家庭を訪問し、子育て不安等への相談、情報提供、助言等を行う。特に支援が必要と思われる家庭には養育支援訪問事業へとつなげる等、児童虐待の予防や防止に向けた子育て支援事業。

養育支援訪問事業

養育支援が特に必要であると判断した家庭に対し、保健師・助産師・保育士等がその居宅を訪問し、養育に関する指導、助言等を行う。また必要に応じて子育てOB（経験者）、ヘルパー等が育児・家事の援助を実施する。

このように保健所は、母子保健や精神保健の分野から児童虐待ケースにおける保護者や家庭に介入し、支援にあたることが可能な機関です。保育現場が家庭の問題に深く関与することには、立場的にも限界があります。だからこそ、家庭内の抱える課題への解決に向けては、保健所の機能が必要となります（表13－3）。

④警察

警察は、「少年警察活動規則」第38条第2項に基づき、児童相談所に対する児童虐待の通告を行っています。近年、警察からの通告で急増しているのが面前DVなどのDVケースです。心理的虐待の定義に「児童が同居する家庭における配偶者に対する暴力＊3」が加えられたことにより、警察からの虐待通告も増加しています。警察は、「児童虐待の防止等に関する法律」（以下、「児童虐待防止法」という）第10条や「児童虐待への対応における取組の強化について」（平成31年3月28日警察庁生活安全局少年課通達）などにより、児童虐待ケースについて、通告やその他必要な措置を講ずるとされています。

また、2018年7月の「市町村子ども家庭支援指針（ガイドライン）」の一部改正において、市町村に設置されている要保護児童対策地域協議会について、代表者会議のみならず、実務者会議や個別ケース検討会議についても必要に応じて構成員として警察の参画を求め、警察との情報交換、意見交換が積極的に行われるよう努めることと改正されました。このように現在の児童虐待ケースにおいて、警察は、児童相談所や市町村と相互に連携し、より積極的に役割を果たすことが期待されている機関です。

⑤医療機関

医師も「児童虐待防止法」第5条において、児童虐待の早期発見に向けて努めなければならないとされています。加えて「児童福祉法」第21条の10の5において、病院や診療所等児童または妊産婦の医療、福祉または教育に関連する職務に従事する者は、要支援児童等と思われる児童を把握したときは、当該者の情報をその現在地の市区町村に提供するよう努めると規定しています。こうした情報は、要保護児童対策地域協議会においても重要なアセスメント情報となりえます。

⑥民生委員・児童委員

民生委員・児童委員の任務は、「社会奉仕の精神をもつて、常に住民の立場に立つて相談に応じ、及び必要な援助を行い、もつて社会福祉の増進に努めるものとする＊4」と規定されています。民生委員の配置基準は、たとえば「中核市及び人口10万人以上の市」では「170から360までの間のいずれかの数の世帯ごとに民生委員・児童委員1人＊5」とされ、その地域をよく理解している地域住民にとっても身近な存在です。

主な業務は、住民の生活把握や要援護者の自立生活支援、福祉サービス

＊3　「児童虐待防止法」第2条第4項

＊4　「民生委員法」第1条

＊5　「民生委員・児童委員の定数基準について」厚生労働省通知、2001年6月29日

の情報提供、地域住民の福祉増進など複数あります。児童虐待ケースにおいても、地域社会での孤立を防ぐ取り組みや日々の見守りといった協力者としての役割が大きいところです。近隣に住み、必要に応じて家庭の様子を見守ることや保護者の相談相手の役割などを担いうる連携が図れます。

⑦家庭支援専門相談員

家庭支援専門相談員（ファミリーソーシャルワーカー）は、乳児院や児童養護施設退所児童のアフターケアや家庭復帰支援を専門に行う職員です。社会的養護施設（乳児院、児童養護施設、児童心理治療施設、児童自立支援施設）に配置されています。また、母子生活支援施設では、母子支援員等がアフターケア業務を担っています。入所児童やその家庭の地域社会での家庭復帰に向けたアフターケア業務を担っています。特に施設退所児童の家庭復帰ケースでは、入所時から退所後までそのケースに寄り添って支援しており、保護者や子どもをよく理解した心強い存在となります。また、東京都等自治体独自の配置ではありますが、児童養護施設等退所児童のアフターケアを専門とする自立支援コーディネーターという職員も配置されています。こうした専門職は、児童福祉施設退所ケースで特に連携して対応することができます。

⑧児童家庭支援センター

児童家庭支援センターは、「地域の児童の福祉に関する各般の問題につき、児童、母子家庭その他の家庭、地域住民その他からの相談に応じ、必要な助言を行うとともに、保護を要する児童又はその保護者に対する指導を行い、あわせて児童相談所、児童福祉施設等との連絡調整等を総合的に行い、地域の児童、家庭の福祉の向上を図る」ことを目的とした児童福祉施設です。加えて「児童相談所において、施設入所までは要しないが要保護性がある児童、施設を退所後間もない児童など、継続的な指導措置が必要であるとされた児童及びその家庭について、指導措置を受託して指導を行う」施設とされています＊6。

児童福祉施設の相談指導に関する知見や、夜間・緊急時の対応、一時保護等にあたっての施設機能の活用を図る観点から、乳児院、母子生活支援施設、児童養護施設、児童心理治療施設及び児童自立支援施設に附置されています。

社会的養護施設はもともと児童虐待ケースを主に支援してきた経緯があります。まさに児童虐待ケースを専門としており、幅広い機能の提供や連携が期待されます。そして児童家庭支援センターには、相談・支援を担当する職員と心理療法等を担当する職員が配置されており、身近な施設での相談や心理療法等を行うことを検討することも可能となります。

⑨学校

学校との連携は、まず兄弟ケースで必要となります。たとえば兄弟の通学や学校生活の様子、あるいは欠席状況や虐待被害の情報等を確認する

＊6　厚生省児童家庭局「児童家庭支援センターの設置運営等について」別紙「児童家庭支援センター設置運営要綱」4「事業内容等」(3)

ことで、より有用なアセスメント情報となります。また、保育現場における児童虐待ケースへの支援は、長期化することが多々あります。その際に、対象家庭の園児が卒園する場合、次に入学することとなる小学校との引き継ぎは、関係者も含めてていねいに行う必要があります。引き継ぎが十分でなく事態が悪化することを避けるよう保育現場から発信していくこと、または就学後にも様子を把握していくことが求められます。

以上、専門職連携の主な関係機関とその機関がもつ役割と機能について述べました。具体的な専門職連携の項目は、あくまで一例であり、その他、さまざまな実践が繰り広げられています。

このようにみると保育現場にソーシャルワークの視点が欠かせなくなっているといえます。背景には子育て家庭を取り巻く社会情勢の変化に伴い、どの家庭でも事態が深刻化しかねない現状があると考えられます。したがって、これからの保育現場には、日頃より自らが、その地域にどのような関係機関があるのか、また何かあった場合にどのような連携が可能なのかなど、前もって把握し定期的に情報交換を行い、日常的に連携を図っておくことが求められています。

2 要保護児童対策地域協議会

①要保護児童対策地域協議会の運営

市区町村には、要保護児童対策地域協議会が設置されています。この協議会の目的は、要保護児童、要支援児童、あるいは特定妊婦などへの適切な保護を図るための情報交換、あるいは支援内容の協議を行うこととされています*7。

運営は、各関係機関の責任者（管理職）レベルでの理解や連携を図る①代表者会議（年 1 ～ 2 回程度の開催）、実際に活動する実務者で構成される②実務者会議、個別ケースについて当該児童に対する具体的な支援の内容等を検討するための③個別ケース検討会議（適時開催）があります。したがって、市町村が関与することが求められるケースなど、専門職連携を図る際の関係者会議は、適宜、この要保護児童対策地域協議会として開催・進行管理されることが多くあります。

さらにこの協議会は、医療機関も含めた各関係機関に、要支援児童など、必要な情報を求めることができるとされ、関係者の間で、守秘義務を前提とした円滑な連携・協議が可能となります。また、2016年の「児童福祉法等の一部を改正する法律」により、この協議会に専門職が配置されるようになりました。

②相談から支援に至るまでの流れ

要保護児童対策地域協議会の相談から支援に至る流れを表13－4 に記します。こうした相談から支援の流れのなかで、「多数の関係機関が関与し、また、児童相談所と市町村の間の役割分担が曖昧になるおそれもあること

参照 ＊7 「児童福祉法」第25条の 2 第 2 項

表13－4　要保護児童対策地域協議会の相談から支援に至るまでの流れ

【相談・通報受理】 ・関係機関等や地域住民からの要保護児童の相談、通報は事務局が集約する。 ・事務局は相談、通報内容を相談・通報受付票に記録する。 ・事務局は、関係機関等に事実確認を行うとともに、子どもの状況、所属する集団（学校・保育所等）、親や子どもの生活状況、過去の相談歴等、短期間に可能な情報を収集する。
【緊急度判定会議（緊急受理会議）の開催】 ・緊急度判定会議を開催。相談・通報受付票をもとに、事態の危険度や緊急度の判断を行う。 ・緊急度判定会議は、事例に応じ参加機関を考え、随時開催する。電話連絡などで協議するなど柔軟な会議運営に心がける。 ・会議の経過及び結果は、会議録に記載し保存する。 ・緊急の対応（立入調査や一時保護）を要する場合は、児童相談所に通告する。 ・緊急を要しないが地域協議会の活用が必要と判断した場合は、個別ケース検討会議の開催や参加機関を決定する。
【調査】 ・地域協議会において対応することとされた事例については、具体的な援助方針等を決定するに当たり必要な情報を把握するため、調査を行う。
【個別ケース検討会議の開催】 ・緊急度判定会議（緊急受理会議）で決定した参加機関を集め、個別ケース検討会議を開催する。 ・個別ケース検討会議において、支援に当たっての援助方針、具体的な方法及び時期、各機関の役割分担、連携方法、当該事例に係るまとめ役、次回会議の開催時期などを決定する。 ・会議の経過及び結果は、会議録に記入し、保存する。
【関係機関等による支援】 ・援助方針等に基づき、関係機関等による支援を行う。
【定期的な個別ケース検討会議の開催】 ・適時適切に相談援助活動に対する評価を実施し、それに基づき、援助方針等の見直しを行うとともに、相談援助活動の終結についてもその適否を判断する。

出典：厚生労働省「要保護児童対策地域協議会設置・運営指針」第３章より抜粋

から、（中略）絶えず、ケースの主担当機関及び主たる援助者（キーパーソン）をフォローし、ケースの進行管理を進めていくことが必要＊[8]」となります（表13－4）。

2　養育能力の低い母子家庭への対応事例

1　事例の背景

ここで、ある母子家庭に対する支援の事例をみてみましょう。

参照　＊8　「要保護児童対策地域協議会設置・運営指針」第３章１「業務」（３）

事例の背景として、下記のような家庭の状況があります。

〈家庭の状況〉

母親　吉田智子（仮名、21歳）

スーパーでのパート勤務。18歳のときに愛美を未婚で出産（父親は不明）。実母がおり、出産後は実母宅にて3人で生活するも、実母とは以前から折り合いが悪く、愛美が1歳になる頃に実母宅を出て、アパートで母子2人の暮らしを始める。その頃から体調が悪い日が続き心療内科に通う。しかし、最近では生活が困窮して医療費が払えず通院できていない。愛美の世話もままならない状況だが、実母に助けを求められずにいる。

本児　吉田愛美（仮名、女児、3歳）

出生後は、祖母宅で母が世話をしていたが、定職に就かない母に対して祖母が日頃から強く当たり、母と2人で暮らし始めてから保育所に入所となる。

祖母　吉田初枝（仮名、56歳）

離婚歴があり、智子は1人目の夫との間の子。スナックで働いている。現在は、2人目の夫とも別れ1人暮らし。智子が幼い頃から夜の仕事をしていたこともあり、あまり面倒をみなかった。また、智子が高校入学後はアルバイトで得たお金を家に入れさせ、学業よりお金を家に入れるようしつこくせまり、智子は高校を中退している。

2 事例の内容

以上の背景を踏まえたうえで、〈本児の園での様子〉をみてみましょう。

事例　養育能力の低い母子家庭の状況

入園後から、連絡帳は家庭からの記入がほとんどない。着替えや必要なものももってこないことが続く。また愛美ちゃんの服や頭からも異臭が漂う。以前から「養育のしかたがわからない」「しんどい」などの言葉が母親から聞かれる。保育所としては、洗濯できるものは洗濯し、食事も給食をしっかりとらせるよう園で補えることは行っていた。また、母親に対してもひとり親家庭で頑張っていることを認めつつ励ましていた。

ここ最近は、母親の体調が悪化し、迎えの時間に遅れたり、朝、母親が起きられずに愛美ちゃんが欠席したりする日も少しずつ増えてきた。母親は仕事は継続しつつも休みがちになり送迎時は顔色が悪い。このままでは、家庭での愛美ちゃんの様子が心配であり、さらに生活自体の困窮も深まりかねないとして園長が母親と話をする。母親は実母に頼ることはできず、また通院も難しい。なんとか頑張るしかないと言うのみであった。

ワーク

このケースで、専門職連携を行いどのような支援につなげられるかについて、考えられる連携機関と検討可能な支援内容とに分けてあげてみましょう。

ワークで問うた考えられる連携機関としては、市区町村、保健所、民生委員があげられます。

また、検討可能な支援内容について以下をみてみましょう（表13－5）。

表13－5　検討可能な支援内容例

・今後、母子での家庭生活を継続するためにはどのような課題があるか等を把握するための家庭訪問の実施
→まず家庭の状況について経済面や医療機関への通院の状況、母親との関係等、生活上の課題を明らかにするために家庭訪問を実施する必要があります。

・母親の育児能力や生活の状況に応じて、市区町村が実施している地域子ども・子育て支援事業の一つである養育支援訪問事業の利用
→母親の精神状態の悪化により、ネグレクトの状態であれば当面の生活の改善や母親の負担軽減、あるいは家庭の状況把握や定期的な見守り等を目的とした養育支援訪問事業を利用することが検討できます。

・保健師による定期的な家庭訪問を実施して、子育てや養育に関する相談、指導
→母親の通院が経済的困窮により困難な場合は、自立支援医療の申請等の支援を保健師より行うことも検討できます。加えて、「養育のしかたがわからない」といった子どもの養育に関して等必要に応じた養育に関する相談、指導を行い、母親の養育能力の向上を図ることも検討できます。

・生活が相当苦しく、祖母からも援助が受けられそうにない場合、福祉事務所への生活保護申請の検討
→母親の心身の状態が悪化して、就労に大きく影響する場合は、生活保護の受給を検討することも選択肢の一つとして考えられます。

・必要に応じて母親のレスパイトとしての子育て短期支援事業の実施
→今後母子での生活を継続していくことが可能となった場合でも、母親が再度不安定になる可能性もあり、その場合の対応や状態を悪化させないためのレスパイトとしてもこの事業を利用することも検討することが可能です。

・民生委員による長期的・定期的な地域での見守り
→保育所に加え、この家庭の地域社会とのつながりをつくるうえでも、また、身近な家庭の見守りとしても民生委員に協力してもらうことを検討することも可能です。

このように地域で在宅支援を行う際は、さまざまな関係機関がその家庭に関わることが求められます。そして子どもの安定した園生活を保障していくためには、他機関の機能を活用して、家庭が抱える課題を具体的に解決できるよう支援していくことが不可欠です。保育現場はこうした連携のなかで登園時の母子の様子や園生活での子どもの様子を把握すること、園内での子どもへの安定した保育を提供すること等を行います。また何か家庭や子どもの様子に変化があった場合（あるいは定期的に）状況報告を行っている場合など、そのときどきの課題を具体的に発信することが求められます。

第５章

地域の関係機関との連携・地域資源の活用

保護者や家庭の問題が多様化、複雑化するなか、園だけでは十分な支援ができないなど、対応が困難な場合があります。そのような場合には、専門機関や関係機関などの社会資源との連携や地域資源の活用が不可欠です。子どもの貧困の現状を理解し、関係機関と連携しながら園ができる取り組みを考えていくことも必要です。自分の園のある地域には、どのような社会資源や地域資源があり、どんな機能をもっているのかを理解し、日常的な関係づくりや、連携・協働のための園の体制づくりを考えていきましょう。

園も地域の社会資源の一つであることを自覚し、地域のもつ子育て力を再生し、高めていける取り組みを学び合いましょう。

レッスン

14 保護者支援・子育て支援における地域の関係機関との連携

写真提供：菜の花こども園

園と地域の関係機関とのより一層の連携が求められている。

ポイント

1 地域の関係機関などの社会資源を知り、その機能について理解する。
2 関係機関と連携するための園の体制づくりが求められている。
3 子どもの貧困について理解し、園としてできることに取り組む。

1 地域の関係機関との連携・協働の重要性

これまでのレッスンで、園に在籍している子どもの保護者に対する子育て支援と地域の子育て家庭に対する支援の重要性、そのための専門性を生かした支援や相談援助のあり方、さらには虐待の予防と対応について確認してきました。

そのなかで、特別な配慮が必要な保護者への支援や、園だけでは対応が困難な家庭への支援については、地域の関係機関や社会資源との連携・協働が不可欠であることを確認してきました。社会状況の変化のなかで多様化・複雑化している家庭や保護者が抱える課題に対しては、保育の専門性を生かした支援を基盤としつつ、ソーシャルワークの原理や知識・技術に基づいて、さまざまな関係機関・社会資源と連携した支援が必要となっています。支援を必要としている保護者に対して、必要な専門機関や専門職、地域のさまざまな社会資源を活用しながら、適切に支援していくことが求められています。

「保育所保育指針解説」にも示されているように、園も社会資源の一つとして、他の専門機関や人材などと連携・協働していくことで、地域の子育て力の向上に寄与することを意識することが大切です＊1。

> 保育所の地域における子育て支援に関わる活動が、関係機関との連携や協働、子育て支援に関する地域の様々な人材の積極的な活用の下で展開されることで、子どもの健全育成や子育て家庭の養育力の向上、親子をはじめとする様々な人間関係づくりに寄与し、地域社会の活性化へとつながっていくことが期待される。保護者や地域の人々と子育ての喜びを分かち合い、子育てなどに関する知恵や知識を交換し、子育ての文化や子どもを大切にする価値観等を共に紡ぎ出していくことも保育所の大切な役割である。

このような地域における子育て支援の中核としての園の役割を認識し、その機能を十分に発揮するために、地域の関係機関・社会資源とのネットワークづくりや連携・協働に積極的に取り組むことが、より一層求められているのです。

2　連携が必要な地域の関係機関や社会資源

1　連携が必要な関係機関

園が子育て支援を行ううえで連携する必要がある関係機関等にはどのようなものがあるでしょうか。まずは、地域にどのような関係機関や社会資源があるかを調べ、そしてその機能や役割について整理しておきましょう（表14－1）。

関係機関には、設置主体により、行政が設置主体の機関と、行政と民間いずれも設置可能な機関とがあります。前者には、福祉事務所、児童相談所、保健所などがあり、後者には、児童家庭支援センターなどがあり、保育所、幼稚園、認定こども園も後者に含まれます。また、関係機関それぞれの専門的機能から、福祉機関、保健機関、医療機関、療育機関、保育・教育機関などに分けることができます。

これらの関係機関や社会資源は、フォーマル（公的）な資源とインフォーマルな資源とに分類することもできます。フォーマル（公的）な機関や資源による支援は、保護者が抱える問題に対し専門的なアプローチによる効果的な支援が行われます。一方、ママ友などのインフォーマルな支援では、当事者同士あるいは身近な人間関係による信頼関係に基づいた支援が行われ、支えられた側が次には支える側になるような互いに支え合う関係性が生まれるメリットがあります。

＊1　「保育所保育指針解説」第4章3（2）「地域の関係機関等との連携」ア

表14－1　主な関係機関・社会資源

<table>
<tr><th>専門機関</th><th colspan="2">地域資源</th></tr>
<tr><td rowspan="2">児童相談所
福祉事務所
行政の子育て支援及び保育・教育担当課
保健所・市町村保健センター
家庭裁判所
警察
保育所・認定こども園・幼稚園・学校
児童館・放課後学童クラブ
児童家庭支援センター
子育てサロン
地域子育て支援拠点
児童発達支援センター
療育施設
母子生活支援施設
児童養護施設・乳児院
医療機関
など</td><td>支援者主体の地域活動</td><td>民生委員・児童委員
主任児童委員
社会福祉協議会
ファミリー・サポート・センター
子育て支援のNPO
ボランティア団体
など</td></tr>
<tr><td>当事者主体の地域活動</td><td>子育てサークル
NPO
など</td></tr>
</table>

それぞれの関係機関や社会資源の機能と役割を理解し、保護者の求める支援や必要性に応じてさまざまな資源を有効に活用し、情報を共有し連携しながら支援を展開していくことが求められます。

2　連携が必要な関係機関

次に、連携が必要な関係機関、社会資源の機能と役割について整理しておきましょう。

①児童相談所

児童相談所は、児童福祉法に基づき、「市町村と適切な役割分担・連携を図りつつ、子どもに関する家庭その他からの相談に応じ、子どもが有する問題又は子どもの真のニーズ、子どもの置かれた環境の状況等を的確に捉え、個々の子どもや家庭に最も効果的な援助*2」を行う児童福祉の中核的行政機関です。児童相談所の基本的機能として、次の 4 つがあります。

・市町村援助機能…広域的な見地から市町村相互間の連絡調整、情報の提供そのほか必要な援助を行う。
・相談機能…児童福祉司・児童心理司・医師・児童指導員・保育士・保健師等の職員がおり、専門的な知識や技術を必要とする子どもの相談に応じている。
・一時保護機能…必要に応じて子どもを家庭から離して一時的に保護することができる。
・措置機能…児童福祉司・児童委員による子どもや保護者への指導を実施。子どもを乳児院・児童養護施設等へ入所させることや、場合により里親

＊2　「児童相談所運営指針」第 1 章第 1 節（1）「児童相談所の設置目的と相談援助活動の理念」

に委託することもできる。

②福祉事務所

「社会福祉法」に基づき設置される社会福祉行政の第一線機関。**福祉六法**に定める事務を行い、そのなかで生活保護の業務が最も大きな位置を占めています。児童福祉分野における業務内容としては乳幼児への医療費助成、保育所の入所、児童手当、ひとり親家庭に対する児童扶養手当に関するものなどがあります。また、福祉事務所には、地域住民にとって児童相談所より身近な相談機関として、家庭児童相談室が設置されています。

③保健所・市町村保健センター

保健所は、保健指導や健康診査など地域の健康・衛生分野において保健師を中心に広域的、専門的な業務を行っています。**市町村保健センター**とともに、乳幼児健康診査や訪問指導など多様な母子保健サービスを行っています。**子育て世代包括支援センター**の設置によって、連携の中心的役割を担うことが期待されています。

④児童家庭支援センター

児童家庭支援センターは、子ども、保護者、家庭などからの相談に応じ、必要な助言を行うとともに、児童相談所長や都道府県の決定による指導を行い、児童相談所、児童福祉施設等との連絡・調整その他の援助を総合的に行っています。心理の専門職によるカウンセリングや、**ショートステイ**、**トワイライトステイ**などの支援策のほか、関係機関との連携によりDV被害から逃れてきた母子のシェルターへの緊急避難の支援なども行っています。

⑤民生委員・児童委員、主任児童委員

厚生労働大臣の委嘱を受け、地域における生活相談や支援活動を行うボランティア（無報酬）の委員のことです。児童に関することを行うのが児

用語

福祉六法
「生活保護法」「児童福祉法」「身体障害者福祉法」「知的障害者福祉法」「老人福祉法」「母子及び父子並びに寡婦福祉法」。

市町村保健センター
市町村保健センターは、地域住民の保健ニーズ等に対し、身近な立場できめ細やかに対応するため1994年に「地域保健法」において法定化され、任意設置できるようになった。

子育て世代包括支援センター
2016年の「母子保健法」改正により、市区町村での設置が努力義務となった。妊娠前から子育て期までの切れ目のない支援を行うとしている。

児童家庭支援センター
児童家庭支援センターは、虐待の増加など子どもと家庭を取り巻く問題が複雑、多様化し、児童相談所だけでは地域における相談支援に限界があることから、1997年「児童福祉法」改正により創設された。

ショートステイ
保護者の疾病、出産、冠婚葬祭などの理由で、家庭において子どもを養育することが一時的に困難になった場合や育児疲れ等身体的・精神的負担の軽減が必要な場合に７日以内を原則として子どもを預かる「短期入所生活援助事業」のこと。地域子ども・子育て支援事業（13事業）に位置づけられた「子育て短期支援事業」の一つである。

トワイライトステイ
「子育て短期支援事業」のもう一つの事業で、保護者等の残業や休日の仕事、その他緊急の場合で、平日の夜間または休日に家庭において子どもを養育することが困難な場合に、子どもを保護して生活指導、食事の提供等を行う「夜間養護等事業」のこと。

童委員で、民生委員と兼務していることから民生児童委員と呼ばれます。主任児童委員は、児童福祉に関することを専門に行います。

⑥要保護児童対策地域協議会

虐待など保護を必要とする子どもへの対応に関して、関係機関が集まり、情報交換や支援についての協議を行います。児童福祉、保健医療、教育機関などさまざまな分野の関係者で構成される協議会です（→レッスン13参照）。

3 関係機関との連携に関して留意すべき点

課題を抱えた保護者や親子を関係機関や専門職につなぐ際、留意しなければならないことは、保護者の気持ちを考え寄り添いながら、保護者自身が問題の解決に向かえるように働きかけることです。そして、関係機関につないだ後も、お互いの役割分担を確認し、常に情報交換しながら協力して支援に取り組む関係を継続していくことが重要です。そのためには、園として、連携の窓口や、園内の情報共有・カンファレンスなどの組織的体制を構築しておくことが必要です（→第３章参照）。

3 子どもの貧困問題

1 子どもの貧困の現状

子どもの貧困対策が社会的な課題となっています。厚生労働省「平成28年国民生活基礎調査の概況」によると、**子どもの貧困率**は13.9%と前回調査より2.4ポイント改善されたものの、約７人に１人の子どもたちが貧困の状態におかれています。なかでもひとり親家庭の貧困率は50.8%で２人に１人が貧困状態という、先進国のなかでも最悪の水準になっています（図14－1、表14－2）。

保護者の経済的困窮は、子どもの健康や発達の阻害、体験の不足、学力への影響、保護者の疾病、家族間の諸問題などさまざまな問題の要因となり、ネグレクトなど虐待に結びつくこともあります。貧困が子どもの可能性や将来への希望を奪い、さらには「貧困の連鎖」を生むといわれています（図14－2）。

子どもや保護者と日常的に接する園には、貧困問題の「最初の防波堤」としての役割が期待され、関係機関と連携した積極的な取り組みが求めら

子どもの貧困対策

2013年に「子どもの貧困対策の推進に関する法律」が制定され、2014年には「子供の貧困対策に関する大綱」が閣議決定された。

貧困率・子どもの貧困率

貧困率は、世帯収入から国民一人ひとりの所得を試算して順番に並べたとき、真ん中の所得の半分（貧困線）に届かない人の割合のこと。子どもの貧困率は、18歳未満でこの貧困線を下回る人の割合を指す。

図14-1　貧困率の状況

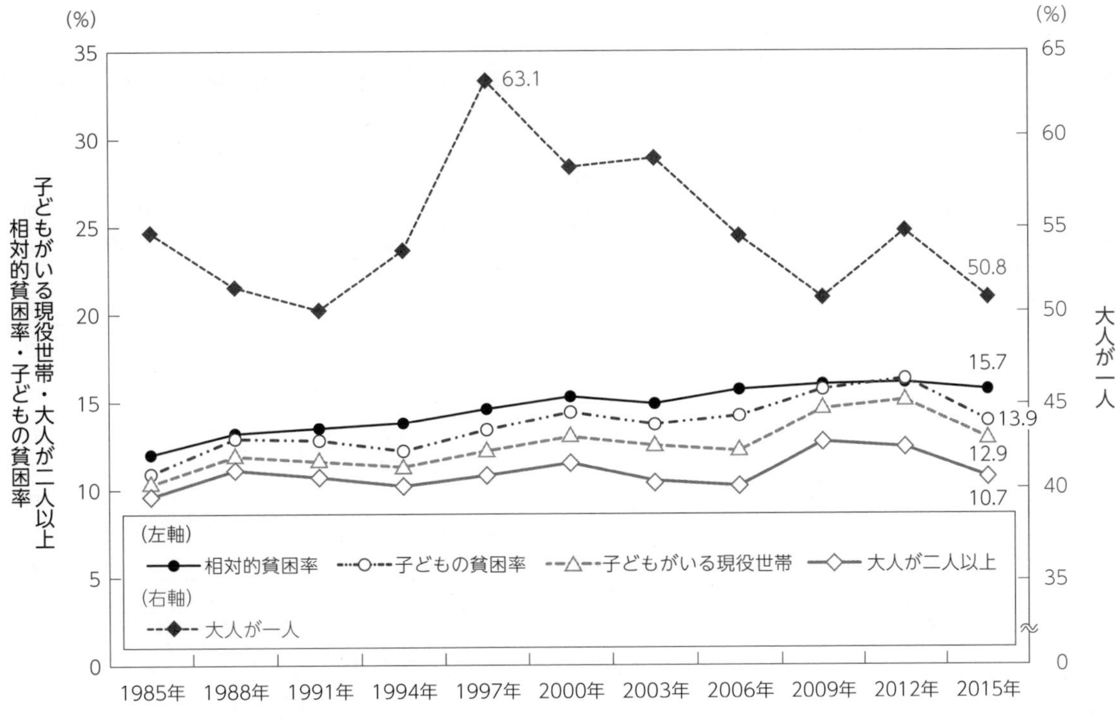

出典：厚生労働省「平成28年国民生活基礎調査の概況」をもとに作成

れています。

2 園でできる子どもの貧困への取り組み

　貧困の問題は、食事をしてこない、忘れ物が多い、欠席がちであるなどの姿として表れることが多いものです。朝から元気に遊べないなど、子どもの姿や表情にも表れます。保育者は、子どもの小さな変化や保護者の姿から、その背後にある貧困の問題を発見する、気づきの目をもつことが必要です。子どもにとって、食べる・遊ぶ・眠るといった、当たり前の生活を園で安心して経験できるように、そして遊びをとおして楽しかったという思いを十分に味わえるように配慮し、自己肯定感を育んでいく関わりを大切にします。

　保護者から、生活の問題などを相談された場合は、気持ちを受けとめながら状況を理解したうえで、必要な専門機関につなげる援助をします。関係機関と連携しながら園全体で見守り、保護者に寄り添った援助を継続していくことが大切です。

表14－2　相対的貧困率の国際比較（2010年）

相対的貧困率			子どもの貧困率			子どもがいる世帯の相対的貧困率								
						合計			大人が一人			大人が二人以上		
順位	国名	割合	順位	国名	割合	順位	国名	割合	順位	国名	割合	順位	国名	割合
1	チェコ	5.8	1	デンマーク	3.7	1	デンマーク	3.0	1	デンマーク	9.3	1	ドイツ	2.6
2	デンマーク	6.0	2	フィンランド	3.9	2	フィンランド	3.7	2	フィンランド	11.4	1	デンマーク	2.6
3	アイスランド	6.4	3	ノルウェー	5.1	3	ノルウェー	4.4	3	ノルウェー	14.7	3	ノルウェー	2.8
4	ハンガリー	6.8	4	アイスランド	7.1	4	アイスランド	6.3	4	スロヴァキア	15.9	4	フィンランド	3.0
5	ルクセンブルク	7.2	5	オーストリア	8.2	5	オーストリア	6.7	5	英国	16.9	5	アイスランド	3.4
6	フィンランド	7.3	5	スウェーデン	8.2	6	スウェーデン	6.9	6	スウェーデン	18.6	6	スウェーデン	4.3
7	ノルウェー	7.5	7	チェコ	9.0	7	ドイツ	7.1	7	アイルランド	19.5	7	オーストリア	5.4
7	オランダ	7.5	8	ドイツ	9.1	8	チェコ	7.6	8	フランス	25.3	7	オランダ	5.4
9	スロヴァキア	7.8	9	スロベニア	9.4	9	オランダ	7.9	8	ポーランド	25.3	9	フランス	5.6
10	フランス	7.9	9	ハンガリー	9.4	10	スロベニア	8.2	10	オーストリア	25.7	10	チェコ	6.0
11	オーストリア	8.1	9	韓国	9.4	11	フランス	8.7	11	アイスランド	27.1	11	スロベニア	6.7
12	ドイツ	8.8	12	英国	9.8	11	スイス	8.7	12	ギリシャ	27.3	12	スイス	7.2
13	アイルランド	9.0	12	スイス	9.8	13	ハンガリー	9.0	13	ニュージーランド	28.8	13	ハンガリー	7.5
14	スウェーデン	9.1	14	オランダ	9.9	14	英国	9.2	14	ポルトガル	30.9	13	ベルギー	7.5
15	スロベニア	9.2	15	アイルランド	10.2	15	アイルランド	9.7	15	メキシコ	31.3	15	ニュージーランド	7.9
16	スイス	9.5	16	フランス	11.0	16	ルクセンブルク	9.9	15	オランダ	31.3	15	ルクセンブルク	7.9
17	ベルギー	9.7	17	ルクセンブルク	11.4	17	ニュージーランド	10.4	17	スイス	31.6	15	英国	7.9
18	英国	9.9	18	スロヴァキア	12.1	18	ベルギー	10.5	18	エストニア	31.9	18	アイルランド	8.3
19	ニュージーランド	10.3	19	エストニア	12.4	19	スロヴァキア	10.9	19	ハンガリー	32.7	19	オーストラリア	8.6
20	ポーランド	11.0	20	ベルギー	12.8	20	エストニア	11.4	20	チェコ	33.2	20	カナダ	9.3
21	ポルトガル	11.4	21	ニュージーランド	13.3	21	カナダ	11.9	21	スロベニア	33.4	21	エストニア	9.7
22	エストニア	11.7	22	ポーランド	13.6	22	ポーランド	12.1	22	ドイツ	34.0	22	スロヴァキア	10.7
23	カナダ	11.9	23	カナダ	14.0	23	オーストラリア	12.5	23	ベルギー	34.3	23	ポーランド	11.8
24	イタリア	13.0	24	オーストラリア	15.1	24	ポルトガル	14.2	24	イタリア	35.2	24	日本	12.7
25	ギリシャ	14.3	25	日本	15.7	25	日本	14.6	25	トルコ	38.2	25	ポルトガル	13.1
26	オーストラリア	14.5	26	ポルトガル	16.2	26	ギリシャ	15.8	26	スペイン	38.8	26	アメリカ	15.2
27	韓国	14.9	27	ギリシャ	17.7	27	イタリア	16.6	27	カナダ	39.8	26	ギリシャ	15.2
28	スペイン	15.4	28	イタリア	17.8	28	アメリカ	18.6	28	ルクセンブルク	44.2	28	イタリア	15.4
29	日本	16.0	29	スペイン	20.5	29	スペイン	18.9	29	オーストラリア	44.9	29	チリ	17.9
30	アメリカ	17.4	30	アメリカ	21.2	30	チリ	20.5	30	アメリカ	45.0	30	スペイン	18.2
31	チリ	18.0	31	チリ	23.9	31	メキシコ	21.5	31	イスラエル	47.7	31	メキシコ	21.0
32	トルコ	19.3	32	メキシコ	24.5	32	トルコ	22.9	32	チリ	49.0	32	トルコ	22.6
33	メキシコ	20.4	33	トルコ	27.5	33	イスラエル	24.3	33	日本	50.8	33	イスラエル	23.3
34	イスラエル	20.9	34	イスラエル	28.5	—	韓国	—	—	韓国	—	—	韓国	—
OECD平均		11.3	OECD平均		13.3	OECD平均		11.6	OECD平均		31.0	OECD平均		9.9

（注）ハンガリー、アイルランド、日本、ニュージーランド、スイス、トルコの数値は2009年、チリの数値は2011年。
出典：内閣府『平成26年版　子ども・若者白書（全体版）』2014年

図14-2　貧困の連鎖

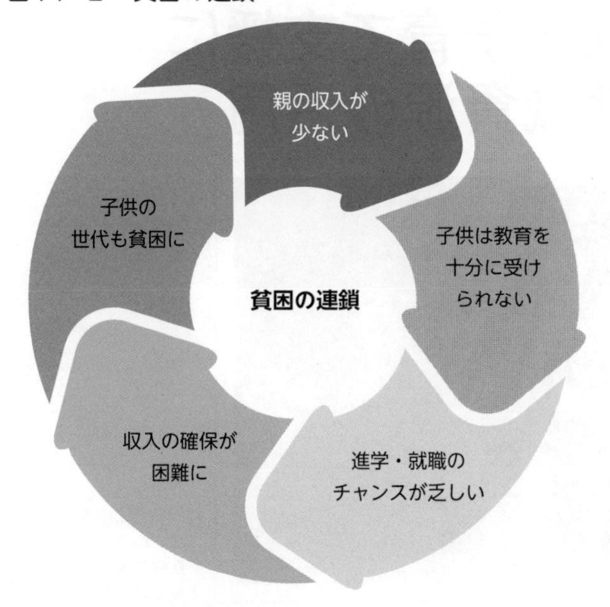

出典：内閣府「子供の未来応援国民運動パンフレット」2020年

ワーク

①自分の園のある地域の子育て支援に関わる機関や人材などの社会資源をあげてみましょう。

②①であげた関係機関等と連携して取り組んだ支援例をグループで出し合い、その連携においてよかった点、また課題となった点について話し合いましょう。

1. 連携して取り組んだ支援の例
2. よかった点
3. 課題となった点

レッスン

15 保護者支援・子育て支援における地域資源の活用

写真提供：菜の花こども園

地域資源との連携において、日々親子を見守る園の果たす役割は大きい。

ポイント

1. さまざまな地域資源との日常的な関係づくりが大切である。
2. 個別配慮が必要な親子への支援には、地域資源の活用が不可欠である。
3. 地域資源と連携して地域の子育て力を高めていくことが求められている。

1 地域資源と「顔の見える」関係をつくる

レッスン14でみてきた地域の関係機関や専門職、インフォーマルな活動も含めた組織や人材、制度など、地域にあるさまざまな社会資源が地域資源といえるでしょう。地域社会では、人々がその地域の環境や文化などを背景に、さまざまな関係性をつくり、コミュニティを形成して暮らしています。その地域コミュニティの関係性が希薄になり、子育て力も弱くなっているといわれるようになって久しいのですが、地域に開かれた園として地域の人々との交流や、ほかの地域資源との連携を図ることをとおして地域の子育てする力を再生し、高めていく役割を果たすことが期待されています。そのためには、自分たちの園がある地域にどのような資源があり、どのように活用できるかを具体的に理解しておくことが必要です。そして、ただ理解するだけでなく、専門機関や施設、人材など、それらの地域資源とのネットワークを構築し、日常的に「顔の見える」関係をつくっておくことが重要です。日頃から何かあれば話し合える関係ができていることが、スムーズな連携につながります（図15-1）。

さらに、園もまた保護者の子育てにとって重要な地域資源であることを踏まえ、園の情報を積極的に発信していくことが大切です。同時に、散歩の途中で出会う人や公園に遊びに来ている親子とのふれあいなどを心がけることです。地域の人々と日常的な関係をつくることで、園をより身近に感じてもらえるでしょう。

図15－1　地域資源のネットワーク例のイメージ図

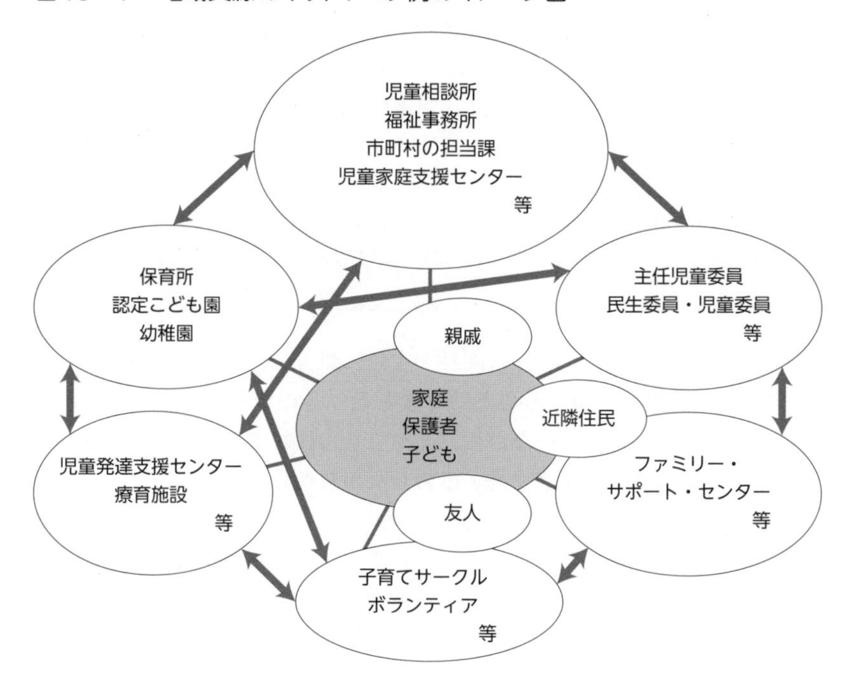

2　保護者の状況に配慮した個別の支援における地域資源の活用

1　地域資源の活用の実際

地域資源を活用した支援のあり方を、事例をとおして考えてみましょう。

事例　子どもの発達と生活の心配を抱えたミクちゃんのお母さん

0歳で入園したミクちゃん（1歳児）。未熟児で生まれ、寝返りもはいはいも遅く、1歳を過ぎてまだ立つことができません。言葉の面でも発達の状況が気になります。担任は1歳半健診の前にお母さんに話をしようと考えていましたが、最近、これまでになく忘れ物が多かったり、連絡帳に何も書いてこない日があったり、お母さんに疲れている様子がみられるためタイミングを考えていました。

そんなある日、お母さんのほうから、かかりつけ医に「ミクちゃんには障害があり、いつ歩けるようになるかわからない」と言われたことを相談に来ました。未熟児で生まれたのでほかの子より発達が遅いのだと自分に言い聞かせてきたけれど、ミクちゃんの将来を考えると不安だとお母さんは言います。

さらに、最近、夫と離婚したことも打ち明けられました。住んでいる家は夫の社宅なので自分が出ていかなければならず、パートの仕事だけでは経済的に苦しく、実家も頼れないため住む場所に困っていることも話してくれました。最近、忘れ物が多かったりしたのも気持ちに余裕がなく精神的に追い詰められていたのでしょう。そんななかでミクちゃんのことを心配している気持ちがひしひしと伝わってきました。

担任から、ミクちゃんのよりよい発達を支援していくため、まず児童発達支援センターに相談に行くことをすすめ、最初は同行することを話すとお母さんは安心したようでした。生活の問題については、園でも相談窓口や関係機関の紹介など、できる支援を惜しまないことを伝え、一緒に考えていきましょうと、お母さんの気持ちを受けとめ励ましました。

お母さんとの面談後、担任は園長・主任に報告し、個別の支援計画（→レッスン 9 参照）をつくることにしました。その後も、お母さんと何回か面談し気持ちに寄り添いながら、ミクちゃんに対する支援、お母さんに対する支援を、地域資源と連携・協力しながら進めていきました。

児童発達支援センターに週 1 回通いながら、療育施設にも通所できるようになって半年がたち、ミクちゃんに少しずつ変化がみえてきたことや、専門職のアドバイスをもらえることで見通しがもてるようになったからか、お母さんの表情も明るくなってきました。担任が療育施設に見学に行き、園でも楽しく療育の要素を取り入れる遊びを学んだり、児童発達支援センターの心理職の専門指導員の巡回時に助言をもらったりして、園でもミクちゃんの最善の利益を考慮した関わりや援助を考えるようにしていきました。

生活の問題については園長が相談に乗り、行政の相談窓口につなげ、その結果、母子生活支援施設に入所することができました。園に通うには少し遠くなったのですが、それでもお母さんは、この園がいいとバスで通ってきてくれ、正規の仕事をみつけて自立できるようにと前向きに頑張っています。職員会議などで支援計画を共有し、園全体でミクちゃん親子を支えていく体制を確認しています。

2 関係機関や専門職との連携において留意すること

この事例のように、子どもに障害がある場合、関係機関と連携しながら、子どもだけでなく保護者・家庭に対する個別の支援計画を考えていく必要があります。かかりつけ医や嘱託医、児童発達支援センター、療育施設など、状況に応じて関係機関と協力しながら親子を支えていくことが重要になります。

「保育所保育指針」では、障害や発達上の課題がみられる場合の支援について次のように示されています*[1]。

> 子どもに障害や発達上の課題が見られる場合には、市町村や関係機関と連携及び協力を図りつつ、保護者に対する個別の支援を行うよう努めること。

こうした関係機関・専門機関など地域資源と連携する際、当然のことですが、家庭との緊密な連携が前提になります。この事例のように保護者から園に相談があった場合は関係機関につなぐことに問題は生じませんが、保護者が障害受容を十分できていない段階で、専門機関への受診や相談を迫ったりすることは避けなければなりません。信頼関係が崩れ、支援そのものが成り立たなくなってしまうからです。そのような場合には、日々の送迎時や連絡帳などでのやりとりの積み重ねのなかで確かな信頼関係を築き、専門性を生かした関わりをていねいにしていく必要があります。「遅れている」「〜ができない」という否定的な伝え方ではなく、ありのままの姿を具体的に、行為の意味も含めて伝え、子どもの育ちを共に支えるという思いを共有しましょう。これまで確認してきたように、何よりも大切なのは、保護者の自己決定を尊重する姿勢です。保護者が、専門機関への相談に一歩踏み出せる支援こそが必要であり、そこに専門性の発揮が求められるのです。

3 保護者同士をつなげる

専門機関以外にも、障害のある子どもをもつ親の会や親子カフェなど、地域でのインフォーマルな活動や自主サークルを紹介したり、情報を提供したりして、保護者が地域で孤立しないよう支えることも大切です。先輩の保護者の経験を聞いたり、お互いに意見や情報を伝え合ったりすることで見通しがもて、「悩みを聞いてもらえた」と気持ちが軽くなって、子育てにまた前向きになれるのではないでしょうか。

行政の広報紙や地域の情報誌などから、こうした地域の活動の情報を得られるよう、日頃からアンテナを高くしておくことが必要です。

3　不適切な養育が疑われる保護者への地域資源を活用した支援

1 「子どもの最善の利益」の考慮

子どもや子育てについての知識や経験がないまま親になり、また身近に相談できる人もいないため子育てに不安を抱き、子どもに不適切な関わりをしてしまう保護者もいます。また、保護者に精神疾患があったりする場合には不適切な養育につながるケースが多くみられます。

参照　＊1　「保育所保育指針」第４章２（2）「保護者の状況に配慮した個別の支援」イ

具体的には、朝登園できない、欠席が多い、洗濯をしない（着替えていない）などの姿として表れます。子どもの様子をよく観察し、保護者と子どもの関係に気を配り、「子どもの最善の利益」を考慮した支援を行うことが重要です。保護者とのコミュニケーションも十分図るように心がけますが、園だけの対応では不十分あるいは限界があるケースが多く、関係機関との連携・協働がより強く求められます。

不適切な養育や虐待が疑われる家庭への支援について、「保育所保育指針」では次のように述べています＊2。

> 保護者に不適切な養育等が疑われる場合には、市町村や関係機関と連携し、要保護児童対策地域協議会で検討するなど適切な対応を図ること。また、虐待が疑われる場合には、速やかに市町村又は児童相談所に通告し、適切な対応を図ること。

たとえば、保護者が朝起きられないために子どもが登園できない場合には、園から迎えに行くなどの支援が必要な場合もあります。また、地域の民生委員・児童委員が毎朝、声かけして起こしてくれるというケースもあります。

虐待につながるおそれがある場合などは、要保護児童対策地域協議会（→レッスン13参照）に参加し、地域の関係機関との関係を深めることが重要です。お互いに顔がわかる関係になることで、子どもを守る地域のネットワークが有効に機能し虐待の早期発見や適切な保護につながります。

2 保護者自身に特別な配慮が必要な場合

保護者自身に**発達障害**や精神疾患がある場合など、特別な配慮が必要な保護者が近年増えており、対応や支援に苦慮するという声を多く聞きます。コミュニケーションがとりにくい、園に対する依存あるいは反発が強い、ときには攻撃的になるなどさまざまなタイプがみられますが、基本的な配慮について確認しておきましょう。

発達障害にはさまざまな種類がありますが、一般的にはコミュニケーションや対人関係が苦手だといわれています。わかりやすく短い文章で伝える、視覚に訴える方法で伝えるなどの工夫や、重要な連絡事項はできるだけ他の家族の人に一緒に聞いてもらうなどの配慮をするとよいでしょう。

精神的な疾患が疑われる場合、眠れなかったり、食欲がなかったり、気持ちが落ち込んで何もやる気が起きないなどの状態が続き、日常的な子どもの世話ができなくなる場合があります。場合によっては、幻覚や幻聴な

＊2　「保育所保育指針」第4章2（3）「不適切な養育等が疑われる家庭への支援」イ

発達障害
「発達障害者支援法」第2条には、「自閉症、アスペルガー症候群その他の広汎性発達障害、学習障害、注意欠陥多動性障害その他これに類する脳機能の障害であってその症状が通常低年齢において発現するものとして政令で定めるもの」とある。

どの症状により被害妄想に陥ったり、不安に駆られて保育者に助けを求めてきたりする場合もあります。保護者の辛い気持ちを聞くことは大切ですが、保護者の混乱に巻き込まれてしまうことがあるため、保育の専門性だけでは対応に限界があることをしっかり認識しておく必要があります。保護者の状態は病気によるものと受けとめ、できるだけ早く専門医または専門家に相談するよう園長や看護師からすすめたり、保健所や児童家庭支援センターなどの関係機関につなげる支援が必要になります。また、保育者の対応のしかたについて、そうした専門機関から助言をもらうこともよいでしょう。

4　地域資源の活用・連携で地域の子育て力を高める

レッスン６でも述べているように、たとえば、わらべうたやコマ回しなどの伝承遊び、野菜の栽培、餅つきなど得意分野をもつ地域の人や、歯磨き指導や卒乳指導について保健師などの専門家の協力を得て地域の親子も参加できる機会をつくることもできます。また、地域の公共施設や公園などで行われる親子が集まるイベントに参加して、親子遊びや手遊び、人形劇などの児童文化を紹介する活動も考えられます。

このような取り組みをとおして、関係機関や専門職、行政の担当者などとの関係を密にし、つながりをもつことで、地域における個別のニーズに対し連携して支援しやすくなるでしょう。

地域社会全体で保護者の子育てを支援し、子どもの育ちを支えるネットワークができると、さまざまな関係機関や専門家が連携して困難なケースも解決に向け支援していくことが可能になります。保護者にとっても自分が求める方向に合った支援が得られることにつながるでしょう。

一方、保健分野、医療分野、福祉分野、保育・教育分野など専門領域の違いから、問題のとらえ方やアプローチの方法などに齟齬が生じ、連携・協働が機能しにくいケースもみられます。日常的に子どもと保護者に接している園には、連携がうまく機能するように積極的にその役割を果たすよう、期待にこたえていくことが求められているのです。

ワーク

①自分の園（クラス）で気になる親子（家庭）の課題を書き出し、どのような地域資源が活用できるか、エコマップ（→レッスン９参照）を書きましょう。
②エコマップをもとに地域資源を活用した支援を考え、グループで共有しましょう。

引用文献・参考文献

●レッスン 1

井村圭壯・今井慶宗編著『保育実践と家庭支援論』勁草書房、2016年

公益財団法人児童育成協会監修、松原康雄・村田典子・南野奈津子編『新基本保育シリーズ５　子ども家庭支援論』中央法規出版、2019年

厚生労働省編『保育所保育指針解説　平成30年３月』フレーベル館、2018年

全国保育団体連絡会・保育研究所編『保育白書2018』ひとなる書房、2018年

内閣府『平成30年版男女共同参画白書』2018年

内閣府『令和元年版少子化社会対策白書』2019年

村山祐一・杉山隆一・神田直子・戸田有一・諏訪きぬほか「日本の子育て実態と子育て支援の課題『保育・子育て全国３万人調査』（村山科研）の概要」『保育情報』353号、2006年、51-54頁

●レッスン 2

今井和子編著、大須賀裕子・小野﨑佳代『０・１・２歳児の世界⑤　家庭との連携と子育ての支援』トロル、2018年

植田章『保護者と関わるときのきほん――援助のポイントと保育者の専門性』ちいさいなかま社、2014年

柏女霊峰監修、全国保育士会編『改訂２版全国保育士会倫理綱領ガイドブック』全国社会福祉協議会、2018年

公益財団法人児童育成協会監修、西村重稀・青井夕貴編著『新基本保育シリーズ19　子育て支援』中央法規出版、2019年

厚生労働省編『保育所保育指針解説　平成30年３月』フレーベル館、2018年

新保庄三・田中和子編著『保護者支援・対応のワークとトレーニング』ひとなる書房、2016年

平松知子『発達する保育園　大人編　大人だってわかってもらって安心したい』ひとなる書房、2012年

●レッスン 3

今井和子「保護者と保育者を結ぶ『連絡帳』はこう書く」『別冊幼児と保育　０・１・２歳児の保育』３月号、2004年、14-31頁

今井和子編著、大須賀裕子・小野﨑佳代『０・１・２歳児の世界⑤　家庭との連携と子育ての支援』トロル、2018年

遠藤利彦・佐久間路子・徳田治子・野田淳子『乳幼児のこころ――子育ち・子育ての発達心理学』有斐閣、2011年

田辺昌吾「日常の保育と一体となった支援」四天王寺大学キャリアアップ資料、2018年

●レッスン 4

伊藤篤編著『MINERVAはじめて学ぶ保育12　子育て支援』ミネルヴァ書房、2018年

田辺昌吾「日常の保育と一体となった支援」四天王寺大学キャリアアップ資料、2018年

●レッスン 5

堀口美智子「子育てをめぐる問題とその背景」松本園子・永田陽子・福川須美・堀口美智子『実践家庭支援論（第３版）』ななみ書房、2017年、36-37頁

牧野カツコ「乳幼児を持つ母親の生活と〈育児不安〉」『家庭教育研究所紀要』３号、1982年、34-56頁

●レッスン 6
今井和子編著、大須賀裕子・小野崎佳代『0・1・2 歳児の世界⑤　家庭との連携と子育ての支援』トロル、2018年

●レッスン 7
伊藤篤編著『MINERVA はじめて学ぶ保育12　子育て支援』ミネルヴァ書房、2018年
無藤隆・安藤智子『子育て支援の心理学』有斐閣、2014年

●レッスン 8
バイステック, F.P.／尾崎新・福田俊子・原田和幸訳『ケースワークの原則（新訳改訂版）』誠信書房、2006年
公益財団法人児童育成協会監修、松原康雄・村田典子・南野奈津子編『基本保育シリーズ 5　相談援助』中央法規出版、2016年
武田信子『保育者のための子育て支援ガイドブック』中央法規出版、2018年
橋本好市・直島正樹編著『保育実践に求められるソーシャルワーク——子どもと保護者のための相談援助・保育相談支援』ミネルヴァ書房、2012年
山縣文治・柏女霊峰編『社会福祉用語辞典（第 9 版）』ミネルヴァ書房、2015年

●レッスン 9
金子恵美『保育所における家庭支援』全国社会福祉協議会、2008年
厚生労働省編『保育所保育指針解説　平成30年 3 月』フレーベル館、2018年
新保庄三・田中和子編著『保護者支援・対応のワークとトレーニング』ひとなる書房、2016年
橋本真紀・山縣文治編『よくわかる家庭支援論（第 2 版）』ミネルヴァ書房、2015年

●レッスン10
今井和子『0 歳児から 5 歳児 行動の意味とその対応——見えていますか？子どもからのシグナル』小学館、2016年
植田章『保護者とかかわるときのきほん——援助のポイントと保育者の専門性』ちいさいなかま社、2014年
子育て支援者コンピテンシー研究会編著『育つ・つながる・子育て支援』チャイルド本社、2009年
土谷みち子・太田光行『「気になる」からはじめる臨床保育——保育学からの親子支援』フレーベル館、2005年
徳田克己監修、水野智美編著『気になる子の保護者への支援』チャイルド本社、2015年

●レッスン11
小木曽宏編著『Q＆A子ども虐待問題を知るための基礎知識（第 2 版）』明石書店、2009年
子どもすこやかサポートネット「厚生労働省——体罰によらない育児の推進、都道府県へ通知」https://www.kodomosukoyaka.net/news/20170500.html（2019年 2 月15日確認）
健やか親子21「子どもを健やかに育むために～愛の鞭ゼロ作戦～」健やか親子21リーフレット、2016年
玉井邦夫『〈子どもの虐待〉を考える』講談社、2001年
日本子ども家庭総合研究所編『子ども虐待対応の手引き　平成25年 8 月厚生労働省の改正通知』有斐閣、2014年
ほんの木編『心に届くしつけと愛の伝え方——今しかできない子育ての秘訣年齢に合わせた大切なこと』ほんの木、2006年
森田ゆり『しつけと体罰——子どもの内なる力を育てる道すじ』童話館出版、2003年

●レッスン12

小木曽宏編著『Q＆A 子ども虐待問題を知るための基礎知識（第 2 版）』明石書店、2009年

笠原正洋「保育園・幼稚園における子ども虐待対応――専門職連携実践に向けて園ができること」『小児科臨床』69巻12号、2016年、219-226頁

久保健二『児童相談所における子ども虐待事案への法的対応――常勤弁護士の視点から』日本加除出版、2016年

高知県教育委員会人権教育課「教職員のための児童虐待対応ガイドライン」2008年
https://www.pref.kochi.lg.jp/soshiki/310801/gyakutaigaidorain.html（2019年 2 月15日確認）

総務省行政評価局『「児童虐待の防止等に関する意識等調査」結果報告書』2010年

西澤哲『子どものトラウマ』講談社、1997年

日本子ども家庭総合研究所編『子ども虐待対応の手引き　平成25年 8 月厚生労働省の改正通知』有斐閣、2014年

保育と虐待対応事例研究会編『子ども虐待と保育園――事例研究と対応のポイント』ひとなる書房、2004年

保育と虐待対応事例研究会編『続　子ども虐待と保育園――事例で学ぶ対応の基本』ひとなる書房、2009年

●レッスン13

久保健二『児童相談所における子ども虐待事案への法的対応――常勤弁護士の視点から』日本加除出版、2016年

厚生省「児童家庭支援センター設置運営要綱」1998年

厚生労働省「要保護児童対策地域協議会設置・運営指針」2005年

厚生労働省子ども家庭局「『市町村子ども家庭支援指針』（ガイドライン）の一部改正について」2018年

厚生労働省雇用均等・児童家庭局、厚生労働省社会・援護局「民生委員・児童委員の定数基準について〔民生委員法〕」2001年

社会福祉士養成講座編集委員会編『新・社会福祉士養成講座 17　保健医療サービス（第 3 版）』中央法規出版、2012年

玉井邦夫『新版　学校現場で役立つ子ども虐待対応の手引き――子どもと親への対応から専門機関との連携まで』明石書店、2013年

●レッスン14

秋田喜代美・小西佑馬・菅原ますみ編『貧困と保育』かもがわ出版、2016年

阿部彩『子どもの貧困』岩波書店、2008年

加藤曜子・安部計彦編『子どもを守る地域ネットワーク活動実践ハンドブック』中央法規出版、2008年

公益財団法人荒川区自治総合研究所『子どもの貧困・社会排除問題研究プロジェクト最終報告書　地域は子どもの貧困・社会排除にどう向かい合うのか――あらかわシステム』2011年

厚生労働省編『保育所保育指針解説　平成30年 3 月』フレーベル館、2018年

●レッスン15

厚生労働省編『保育所保育指針解説　平成30年 3 月』フレーベル館、2018年

原田正文『子育て支援とNPO』朱鷺書房、2002年

渡辺顕一郎・橋本真紀『地域子育て支援拠点ガイドラインの手引き（第 3 版）』中央法規出版、2018年

資料編

「保育所保育指針」

「幼保連携型認定こども園教育・保育要領」

「保育所保育指針」

2017（平成29）年3月31日告示

第1章　総則

この指針は、児童福祉施設の設備及び運営に関する基準（昭和23年厚生省令第63号。以下「設備運営基準」という。）第35条の規定に基づき、保育所における保育の内容に関する事項及びこれに関連する運営に関する事項を定めるものである。各保育所は、この指針において規定される保育の内容に係る基本原則に関する事項等を踏まえ、各保育所の実情に応じて創意工夫を図り、保育所の機能及び質の向上に努めなければならない。

1　保育所保育に関する基本原則

（1）保育所の役割

ア　保育所は、児童福祉法（昭和22年法律第164号）第39条の規定に基づき、保育を必要とする子どもの保育を行い、その健全な心身の発達を図ることを目的とする児童福祉施設であり、入所する子どもの最善の利益を考慮し、その福祉を積極的に増進することに最もふさわしい生活の場でなければならない。

イ　保育所は、その目的を達成するために、保育に関する専門性を有する職員が、家庭との緊密な連携の下に、子どもの状況や発達過程を踏まえ、保育所における環境を通して、養護及び教育を一体的に行うことを特性としている。

ウ　保育所は、入所する子どもを保育するとともに、家庭や地域の様々な社会資源との連携を図りながら、入所する子どもの保護者に対する支援及び地域の子育て家庭に対する支援等を行う役割を担うものである。

エ　保育所における保育士は、児童福祉法第18条の4の規定を踏まえ、保育所の役割及び機能が適切に発揮されるように、倫理観に裏付けられた専門的知識、技術及び判断をもって、子どもを保育するとともに、子どもの保護者に対する保育に関する指導を行うものであり、その職責を遂行するための専門性の向上に絶えず努めなければならない。

（2）保育の目標

ア　保育所は、子どもが生涯にわたる人間形成にとって極めて重要な時期に、その生活時間の大半を過ごす場である。このため、保育所の保育は、子どもが現在を最も良く生き、望ましい未来をつくり出す力の基礎を培うために、次の目標を目指して行わなければならない。

（ア）十分に養護の行き届いた環境の下に、くつろいだ雰囲気の中で子どもの様々な欲求を満たし、生命の保持及び情緒の安定を図ること。

（イ）健康、安全など生活に必要な基本的な習慣や態度を養い、心身の健康の基礎を培うこと。

（ウ）人との関わりの中で、人に対する愛情と信頼感、そして人権を大切にする心を育てるとともに、自主、自立及び協調の態度を養い、道徳性の芽生えを培うこと。

（エ）生命、自然及び社会の事象についての興味や関心を育て、それらに対する豊かな心情や思考力の芽生えを培うこと。

（オ）生活の中で、言葉への興味や関心を育て、話したり、聞いたり、相手の話を理解しようとするなど、言葉の豊かさを養うこと。

（カ）様々な体験を通して、豊かな感性や表現力を育み、創造性の芽生えを培うこと。

イ　保育所は、入所する子どもの保護者に対し、その意向を受け止め、子どもと保護者の安定した関係に配慮し、保育所の特性や保育士等の専門性を生かして、その援助に当たらなければならない。

（3）保育の方法

保育の目標を達成するために、保育士等は、次の事項に留意して保育しなければならない。

ア　一人一人の子どもの状況や家庭及び地域社会での生活の実態を把握するとともに、子どもが安心感と信頼感をもって活動できるよう、子どもの主体としての思いや願いを受け止めること。

イ　子どもの生活のリズムを大切にし、健康、安全で情緒の安定した生活ができる環境や、自己を十分に発揮できる環境を整えること。

ウ　子どもの発達について理解し、一人一人の発達過程に応じて保育すること。その際、子どもの個人差に十分配慮すること。

エ　子ども相互の関係づくりや互いに尊重する心を大切にし、集団における活動を効果あるものにするよう援助すること。

オ　子どもが自発的・意欲的に関われるような環境を構成し、子どもの主体的な活動や子ども相互の関わりを大切にすること。特に、乳幼児期にふさわしい体験が得られるように、生活や遊びを通して総合的に保育すること。

カ　一人一人の保護者の状況やその意向を理解、受容し、それぞれの親子関係や家庭生活等に配慮しながら、様々な機会をとらえ、適切に援助すること。

(4)保育の環境

保育の環境には、保育士等や子どもなどの人的環境、施設や遊具などの物的環境、更には自然や社会の事象などがある。保育所は、こうした人、物、場などの環境が相互に関連し合い、子どもの生活が豊かなものとなるよう、次の事項に留意しつつ、計画的に環境を構成し、工夫して保育しなければならない。

ア　子ども自らが環境に関わり、自発的に活動し、様々な経験を積んでいくことができるよう配慮すること。

イ　子どもの活動が豊かに展開されるよう、保育所の設備や環境を整え、保育所の保健的環境や安全の確保などに努めること。

ウ　保育室は、温かな親しみとくつろぎの場となるとともに、生き生きと活動できる場となるように配慮すること。

エ　子どもが人と関わる力を育てていくため、子ども自らが周囲の子どもや大人と関わっていくことができる環境を整えること。

(5)保育所の社会的責任

ア　保育所は、子どもの人権に十分配慮するとともに、子ども一人一人の人格を尊重して保育を行わなければならない。

イ　保育所は、地域社会との交流や連携を図り、保護者や地域社会に、当該保育所が行う保育の内容を適切に説明するよう努めなければならない。

ウ　保育所は、入所する子ども等の個人情報を適切に取り扱うとともに、保護者の苦情などに対し、その解決を図るよう努めなければならない。

2　養護に関する基本的事項

(1)養護の理念

保育における養護とは、子どもの生命の保持及び情緒の安定を図るために保育士等が行う援助や関わりであり、保育所における保育は、養護及び教育を一体的に行うことをその特性とするものである。保育所における保育全体を通じて、養護に関するねらい及び内容を踏まえた保育が展開されなければならない。

(2)養護に関わるねらい及び内容

ア　生命の保持

(ア)ねらい

①一人一人の子どもが、快適に生活できるようにする。

②一人一人の子どもが、健康で安全に過ごせるようにする。

③一人一人の子どもの生理的欲求が、十分に満たされるようにする。

④一人一人の子どもの健康増進が、積極的に図られるようにする。

(イ)内容

①一人一人の子どもの平常の健康状態や発育及び発達状態を的確に把握し、異常を感じる場合は、速やかに適切に対応する。

②家庭との連携を密にし、嘱託医等との連携を図りながら、子どもの疾病や事故防止に関する認識を深め、保健的で安全な保育環境の維持及び向上に努める。

③清潔で安全な環境を整え、適切な援助や応答的な関わりを通して子どもの生理的欲求を満たしていく。また、家庭と協力しながら、子どもの発達過程等に応じた適切な生活のリズムがつくられていくようにする。

④子どもの発達過程等に応じて、適度な運動と休息を取ることができるようにする。また、食事、排泄(せつ)、衣類の着脱、身の回りを清潔にすることなどについて、子どもが意欲的に生活できるよう適切に援助する。

イ　情緒の安定

(ア)ねらい

①一人一人の子どもが、安定感をもって過ごせるようにする。

②一人一人の子どもが、自分の気持ちを安心して表すことができるようにする。

③一人一人の子どもが、周囲から主体として受け止められ、主体として育ち、自分を肯定する気持ちが育まれていくようにする。

④一人一人の子どもがくつろいで共に過ごし、心身の疲れが癒されるようにする。

(イ)内容

①一人一人の子どもの置かれている状態や発達過程などを的確に把握し、子どもの欲求を適切に満たしながら、応答的な触れ合いや言葉がけを行う。

②一人一人の子どもの気持ちを受容し、共感しながら、子どもとの継続的な信頼関係を築いていく。

③保育士等との信頼関係を基盤に、一人一人の子どもが主体的に活動し、自発性や探索意欲などを高めるとともに、自分への自信をもつことができるよう成長の過程を見守り、適切に働きかける。

④一人一人の子どもの生活のリズム、発達過程、保育時間などに応じて、活動内容のバランスや調和を図りながら、適切な食事や休息が取れるようにする。

3　保育の計画及び評価

(1)全体的な計画の作成

ア　保育所は、1の(2)に示した保育の目標を達成するために、各保育所の保育の方針や目標に基づき、子どもの発達過程を踏まえて、保育の内容が組織的・計画的に構成され、保育所の生活の全体を通して、総合的に展開されるよう、全体的な計画を作成しなければならない。

イ　全体的な計画は、子どもや家庭の状況、地域の実態、保育時間などを考慮し、子どもの育ちに関する長期的見通しをもって適切に作成されなければならない。

ウ　全体的な計画は、保育所保育の全体像を包括的に示すものとし、これに基づく指導計画、保健計画、食育計画等を通じて、各保育所が創意工夫して保育できるよう、作成されなければならない。

（2）指導計画の作成

ア　保育所は、全体的な計画に基づき、具体的な保育が適切に展開されるよう、子どもの生活や発達を見通した長期的な指導計画と、それに関連しながら、より具体的な子どもの日々の生活に即した短期的な指導計画を作成しなければならない。

イ　指導計画の作成に当たっては、第２章及びその他の関連する章に示された事項のほか、子ども一人一人の発達過程や状況を十分に踏まえるとともに、次の事項に留意しなければならない。

（ア）３歳未満児については、一人一人の子どもの生育歴、心身の発達、活動の実態等に即して、個別的な計画を作成すること。

（イ）３歳以上児については、個の成長と、子ども相互の関係や協同的な活動が促されるよう配慮すること。

（ウ）異年齢で構成される組やグループでの保育においては、一人一人の子どもの生活や経験、発達過程などを把握し、適切な援助や環境構成ができるよう配慮すること。

ウ　指導計画においては、保育所の生活における子どもの発達過程を見通し、生活の連続性、季節の変化などを考慮し、子どもの実態に即した具体的なねらい及び内容を設定すること。また、具体的なねらいが達成されるよう、子どもの生活する姿や発想を大切にして適切な環境を構成し、子どもが主体的に活動できるようにすること。

エ　一日の生活のリズムや在園時間が異なる子どもが共に過ごすことを踏まえ、活動と休息、緊張感と解放感等の調和を図るよう配慮すること。

オ　午睡は生活のリズムを構成する重要な要素であり、安心して眠ることのできる安全な睡眠環境を確保するとともに、在園時間が異なることや、睡眠時間は子どもの発達の状況や個人によって差があることから、一律とならないよう配慮すること。

カ　長時間にわたる保育については、子どもの発達過程、生活のリズム及び心身の状態に十分配慮して、保育の内容や方法、職員の協力体制、家庭との連携などを指導計画に位置付けること。

キ　障害のある子どもの保育については、一人一人の子どもの発達過程や障害の状態を把握し、適切な環境の下で、障害のある子どもが他の子どもとの生活を通して共に成長できるよう、指導計画の中に位置付けること。また、子どもの状況に応じた保育を実施する観点から、家庭や関係機関と連携した支援のための計画を個別に作成するなど適切な対応を図ること。

（3）指導計画の展開

指導計画に基づく保育の実施に当たっては、次の事項に留意しなければならない。

ア　施設長、保育士など、全職員による適切な役割分担と協力体制を整えること。

イ　子どもが行う具体的な活動は、生活の中で様々に変化することに留意して、子どもが望ましい方向に向かって自ら活動を展開できるよう必要な援助を行うこと。

ウ　子どもの主体的な活動を促すためには、保育士等が多様な関わりをもつことが重要であることを踏まえ、子どもの情緒の安定や発達に必要な豊かな体験が得られるよう援助すること。

エ　保育士等は、子どもの実態や子どもを取り巻く状況の変化などに即して保育の過程を記録するとともに、これらを踏まえ、指導計画に基づく保育の内容の見直しを行い、改善を図ること。

（4）保育内容等の評価

ア　保育士等の自己評価

（ア）保育士等は、保育の計画や保育の記録を通して、自らの保育実践を振り返り、自己評価することを通して、その専門性の向上や保育実践の改善に努めなければならない。

（イ）保育士等による自己評価に当たっては、子どもの活動内容やその結果だけでなく、子どもの心の育ちや意欲、取り組む過程などにも十分配慮するよう留意すること。

（ウ）保育士等は、自己評価における自らの保育実践の振り返りや職員相互の話し合い等を通じて、専門性の向上及び保育の質の向上のための課題を明確にするとともに、保育所全体の保育の内容に関する認識を深めること。

イ　保育所の自己評価

（ア）保育所は、保育の質の向上を図るため、保育の計画の展開や保育士等の自己評価を踏まえ、当該保育所の保育の内容等について、自ら評価を行い、その結果を公表するよう努めなければならない。

（イ）保育所が自己評価を行うに当たっては、地域の実情や保育所の実態に即して、適切に評価の観点や項目等を設定し、全職員による共通理解をもって取り組むよう留意すること。

（ウ）設備運営基準第36条の趣旨を踏まえ、保育の内容等の評価に関し、保護者及び地域住民等の意見を聴くことが望ましいこと。

(5)評価を踏まえた計画の改善

ア　保育所は、評価の結果を踏まえ、当該保育所の保育の内容等の改善を図ること。

イ　保育の計画に基づく保育、保育の内容の評価及びこれに基づく改善という一連の取組により、保育の質の向上が図られるよう、全職員が共通理解をもって取り組むことに留意すること。

4　幼児教育を行う施設として共有すべき事項

(1)育みたい資質・能力

ア　保育所においては、生涯にわたる生きる力の基礎を培うため、1の(2)に示す保育の目標を踏まえ、次に掲げる資質・能力を一体的に育むよう努めるものとする。

(ア)豊かな体験を通じて、感じたり、気付いたり、分かったり、できるようになったりする「知識及び技能の基礎」

(イ)気付いたことや、できるようになったことなどを使い、考えたり、試したり、工夫したり、表現したりする「思考力、判断力、表現力等の基礎」

(ウ)心情、意欲、態度が育つ中で、よりよい生活を営もうとする「学びに向かう力、人間性等」

イ　アに示す資質・能力は、第2章に示すねらい及び内容に基づく保育活動全体によって育むものである。

(2)幼児期の終わりまでに育ってほしい姿

次に示す「幼児期の終わりまでに育ってほしい姿」は、第2章に示すねらい及び内容に基づく保育活動全体を通して資質・能力が育まれている子どもの小学校就学時の具体的な姿であり、保育士等が指導を行う際に考慮するものである。

ア　健康な心と体

保育所の生活の中で、充実感をもって自分のやりたいことに向かって心と体を十分に働かせ、見通しをもって行動し、自ら健康で安全な生活をつくり出すようになる。

イ　自立心

身近な環境に主体的に関わり様々な活動を楽しむ中で、しなければならないことを自覚し、自分の力で行うために考えたり、工夫したりしながら、諦めずにやり遂げることで達成感を味わい、自信をもって行動するようになる。

ウ　協同性

友達と関わる中で、互いの思いや考えなどを共有し、共通の目的の実現に向けて、考えたり、工夫したり、協力したりし、充実感をもってやり遂げるようになる。

エ　道徳性・規範意識の芽生え

友達と様々な体験を重ねる中で、してよいことや悪いことが分かり、自分の行動を振り返ったり、友達の気持ちに共感したりし、相手の立場に立って行動するようになる。また、きまりを守る必要性が分かり、自分の気持ちを調整し、友達と折り合いを付けながら、きまりをつくったり、守ったりするようになる。

オ　社会生活との関わり

家族を大切にしようとする気持ちをもつとともに、地域の身近な人と触れ合う中で、人との様々な関わり方に気付き、相手の気持ちを考えて関わり、自分が役に立つ喜びを感じ、地域に親しみをもつようになる。また、保育所内外の様々な環境に関わる中で、遊びや生活に必要な情報を取り入れ、情報に基づき判断したり、情報を伝え合ったり、活用したりするなど、情報を役立てながら活動するようになるとともに、公共の施設を大切に利用するなどして、社会とのつながりなどを意識するようになる。

カ　思考力の芽生え

身近な事象に積極的に関わる中で、物の性質や仕組みなどを感じ取ったり、気付いたりし、考えたり、予想したり、工夫したりするなど、多様な関わりを楽しむようになる。また、友達の様々な考えに触れる中で、自分と異なる考えがあることに気付き、自ら判断したり、考え直したりするなど、新しい考えを生み出す喜びを味わいながら、自分の考えをよりよいものにするようになる。

キ　自然との関わり・生命尊重

自然に触れて感動する体験を通して、自然の変化などを感じ取り、好奇心や探究心をもって考え言葉などで表現しながら、身近な事象への関心が高まるとともに、自然への愛情や畏敬の念をもつようになる。また、身近な動植物に心を動かされる中で、生命の不思議さや尊さに気付き、身近な動植物への接し方を考え、命あるものとしていたわり、大切にする気持ちをもって関わるようになる。

ク　数量や図形、標識や文字などへの関心・感覚

遊びや生活の中で、数量や図形、標識や文字などに親しむ体験を重ねたり、標識や文字の役割に気付いたりし、自らの必要感に基づきこれらを活用し、興味や関心、感覚をもつようになる。

ケ　言葉による伝え合い

保育士等や友達と心を通わせる中で、絵本や物語などに親しみながら、豊かな言葉や表現を身に付け、経験したことや考えたことなどを言葉で伝えたり、相手の話を注意して聞いたりし、言葉による伝え合いを楽しむようになる。

コ　豊かな感性と表現

心を動かす出来事などに触れ感性を働かせる中で、様々な素材の特徴や表現の仕方などに気付き、感じたことや考えたことを自分で表現したり、友達同士で表現する過程を楽しんだりし、表現する喜びを味わい、意欲をもつようになる。

第2章　保育の内容

この章に示す「ねらい」は、第1章の1の(2)に示された保育の目標をより具体化したものであり、子どもが保育所において、安定した生活を送り、充実した活動ができるように、

保育を通じて育みたい資質・能力を、子どもの生活する姿から捉えたものである。また、「内容」は、「ねらい」を達成するために、子どもの生活やその状況に応じて保育士等が適切に行う事項と、保育士等が援助して子どもが環境に関わって経験する事項を示したものである。

保育における「養護」とは、子どもの生命の保持及び情緒の安定を図るために保育士等が行う援助や関わりであり、「教育」とは、子どもが健やかに成長し、その活動がより豊かに展開されるための発達の援助である。本章では、保育士等が、「ねらい」及び「内容」を具体的に把握するため、主に教育に関わる側面からの視点を示しているが、実際の保育においては、養護と教育が一体となって展開されることに留意する必要がある。

1　乳児保育に関わるねらい及び内容

(1) 基本的事項

ア　乳児期の発達については、視覚、聴覚などの感覚や、座る、はう、歩くなどの運動機能が著しく発達し、特定の大人との応答的な関わりを通じて、情緒的な絆（きずな）が形成されるといった特徴がある。これらの発達の特徴を踏まえて、乳児保育は、愛情豊かに、応答的に行われることが特に必要である。

イ　本項においては、この時期の発達の特徴を踏まえ、乳児保育の「ねらい」及び「内容」については、身体的発達に関する視点「健やかに伸び伸びと育つ」、社会的発達に関する視点「身近な人と気持ちが通じ合う」及び精神的発達に関する視点「身近なものと関わり感性が育つ」としてまとめ、示している。

ウ　本項の各視点において示す保育の内容は、第１章の２に示された養護における「生命の保持」及び「情緒の安定」に関わる保育の内容と、一体となって展開されるものであることに留意が必要である。

(2) ねらい及び内容

ア　健やかに伸び伸びと育つ

健康な心と体を育て、自ら健康で安全な生活をつくり出す力の基盤を培う。

(ア) ねらい

①身体感覚が育ち、快適な環境に心地よさを感じる。

②伸び伸びと体を動かし、はう、歩くなどの運動をしようとする。

③食事、睡眠等の生活のリズムの感覚が芽生える。

(イ) 内容

①保育士等の愛情豊かな受容の下で、生理的・心理的欲求を満たし、心地よく生活をする。

②一人一人の発育に応じて、はう、立つ、歩くなど、十分に体を動かす。

③個人差に応じて授乳を行い、離乳を進めていく中で、様々な食品に少しずつ慣れ、食べることを楽しむ。

④一人一人の生活のリズムに応じて、安全な環境の下で十分に午睡をする。

⑤おむつ交換や衣服の着脱などを通じて、清潔になることの心地よさを感じる。

(ウ) 内容の取扱い

上記の取扱いに当たっては、次の事項に留意する必要がある。

①心と体の健康は、相互に密接な関連があるものであることを踏まえ、温かい触れ合いの中で、心と体の発達を促すこと。特に、寝返り、お座り、はいはい、つかまり立ち、伝い歩きなど、発育に応じて、遊びの中で体を動かす機会を十分に確保し、自ら体を動かそうとする意欲が育つようにすること。

②健康な心と体を育てるためには望ましい食習慣の形成が重要であることを踏まえ、離乳食が完了期へと徐々に移行する中で、様々な食品に慣れるようにするとともに、和やかな雰囲気の中で食べる喜びや楽しさを味わい、進んで食べようとする気持ちが育つようにすること。なお、食物アレルギーのある子どもへの対応については、嘱託医等の指示や協力の下に適切に対応すること。

イ　身近な人と気持ちが通じ合う

受容的・応答的な関わりの下で、何かを伝えようとする意欲や身近な大人との信頼関係を育て、人と関わる力の基盤を培う。

(ア) ねらい

①安心できる関係の下で、身近な人と共に過ごす喜びを感じる。

②体の動きや表情、発声等により、保育士等と気持ちを通わせようとする。

③身近な人と親しみ、関わりを深め、愛情や信頼感が芽生える。

(イ) 内容

①子どもからの働きかけを踏まえた、応答的な触れ合いや言葉がけによって、欲求が満たされ、安定感をもって過ごす。

②体の動きや表情、発声、喃（なん）語等を優しく受け止めてもらい、保育士等とのやり取りを楽しむ。

③生活や遊びの中で、自分の身近な人の存在に気付き、親しみの気持ちを表す。

④保育士等による語りかけや歌いかけ、発声や喃（なん）語等への応答を通じて、言葉の理解や発語の意欲が育つ。

⑤温かく、受容的な関わりを通じて、自分を肯定する気持ちが芽生える。

(ウ) 内容の取扱い

上記の取扱いに当たっては、次の事項に留意する必要がある。

①保育士等との信頼関係に支えられて生活を確立していくことが人と関わる基盤となることを考慮して、子どもの多様な感情を受け止め、温かく受容的・応答的に関わり、一人一人に応じた適切な援助を行うようにすること。

②身近な人に親しみをもって接し、自分の感情などを表し、

それに相手が応答する言葉を聞くことを通して、次第に言葉が獲得されていくことを考慮して、楽しい雰囲気の中での保育士等との関わり合いを大切にし、ゆっくりと優しく話しかけるなど、積極的に言葉のやり取りを楽しむことができるようにすること。

ウ　身近なものと関わり感性が育つ

身近な環境に興味や好奇心をもって関わり、感じたことや考えたことを表現する力の基盤を培う。

(ア)ねらい

①身の回りのものに親しみ、様々なものに興味や関心をもつ。

②見る、触れる、探索するなど、身近な環境に自分から関わろうとする。

③身体の諸感覚による認識が豊かになり、表情や手足、体の動き等で表現する。

(イ)内容

①身近な生活用具、玩具や絵本などが用意された中で、身の回りのものに対する興味や好奇心をもつ。

②生活や遊びの中で様々なものに触れ、音、形、色、手触りなどに気付き、感覚の働きを豊かにする。

③保育士等と一緒に様々な色彩や形のものや絵本などを見る。

④玩具や身の回りのものを、つまむ、つかむ、たたく、引っ張るなど、手や指を使って遊ぶ。

⑤保育士等のあやし遊びに機嫌よく応じたり、歌やリズムに合わせて手足や体を動かして楽しんだりする。

(ウ)内容の取扱い

上記の取扱いに当たっては、次の事項に留意する必要がある。

①玩具などは、音質、形、色、大きさなど子どもの発達状態に応じて適切なものを選び、その時々の子どもの興味や関心を踏まえるなど、遊びを通して感覚の発達が促されるものとなるように工夫すること。なお、安全な環境の下で、子どもが探索意欲を満たして自由に遊べるよう、身の回りのものについては、常に十分な点検を行うこと。

②乳児期においては、表情、発声、体の動きなどで、感情を表現することが多いことから、これらの表現しようとする意欲を積極的に受け止めて、子どもが様々な活動を楽しむことを通して表現が豊かになるようにすること。

(3)保育の実施に関わる配慮事項

ア　乳児は疾病への抵抗力が弱く、心身の機能の未熟さに伴う疾病の発生が多いことから、一人一人の発育及び発達状態や健康状態についての適切な判断に基づく保健的な対応を行うこと。

イ　一人一人の子どもの生育歴の違いに留意しつつ、欲求を適切に満たし、特定の保育士が応答的に関わるように努めること。

ウ　乳児保育に関わる職員間の連携や嘱託医との連携を図り、第3章に示す事項を踏まえ、適切に対応すること。栄養士及び看護師等が配置されている場合は、その専門性を生かした対応を図ること。

エ　保護者との信頼関係を築きながら保育を進めるとともに、保護者からの相談に応じ、保護者への支援に努めていくこと。

オ　担当の保育士が替わる場合には、子どものそれまでの生育歴や発達過程に留意し、職員間で協力して対応すること。

2　1歳以上3歳未満児の保育に関わるねらい及び内容

(1)基本的事項

ア　この時期においては、歩き始めから、歩く、走る、跳ぶなどへと、基本的な運動機能が次第に発達し、排泄(せつ)の自立のための身体的機能も整うようになる。つまむ、めくるなどの指先の機能も発達し、食事、衣類の着脱なども、保育士等の援助の下で自分で行うようになる。発声も明瞭になり、語彙も増加し、自分の意思や欲求を言葉で表出できるようになる。このように自分でできることが増えてくる時期であることから、保育士等は、子どもの生活の安定を図りながら、自分でしようとする気持ちを尊重し、温かく見守るとともに、愛情豊かに、応答的に関わることが必要である。

イ　本項においては、この時期の発達の特徴を踏まえ、保育の「ねらい」及び「内容」について、心身の健康に関する領域「健康」、人との関わりに関する領域「人間関係」、身近な環境との関わりに関する領域「環境」、言葉の獲得に関する領域「言葉」及び感性と表現に関する領域「表現」としてまとめ、示している。

ウ　本項の各領域において示す保育の内容は、第1章の2に示された養護における「生命の保持」及び「情緒の安定」に関わる保育の内容と、一体となって展開されるものであることに留意が必要である。

(2)ねらい及び内容

ア　健康

健康な心と体を育て、自ら健康で安全な生活をつくり出す力を養う。

(ア)ねらい

①明るく伸び伸びと生活し、自分から体を動かすことを楽しむ。

②自分の体を十分に動かし、様々な動きをしようとする。

③健康、安全な生活に必要な習慣に気付き、自分でしてみようとする気持ちが育つ。

(イ)内容

①保育士等の愛情豊かな受容の下で、安定感をもって生活をする。

②食事や午睡、遊びと休息など、保育所における生活のリズムが形成される。

③走る、跳ぶ、登る、押す、引っ張るなど全身を使う遊びを楽

しむ。
④様々な食品や調理形態に慣れ、ゆったりとした雰囲気の中で食事や間食を楽しむ。
⑤身の回りを清潔に保つ心地よさを感じ、その習慣が少しずつ身に付く。
⑥保育士等の助けを借りながら、衣類の着脱を自分でしようとする。
⑦便器での排泄に慣れ、自分で排泄ができるようになる。
(ウ)内容の取扱い
上記の取扱いに当たっては、次の事項に留意する必要がある。
①心と体の健康は、相互に密接な関連があるものであることを踏まえ、子どもの気持ちに配慮した温かい触れ合いの中で、心と体の発達を促すこと。特に、一人一人の発育に応じて、体を動かす機会を十分に確保し、自ら体を動かそうとする意欲が育つようにすること。
②健康な心と体を育てるためには望ましい食習慣の形成が重要であることを踏まえ、ゆったりとした雰囲気の中で食べる喜びや楽しさを味わい、進んで食べようとする気持ちが育つようにすること。なお、食物アレルギーのある子どもへの対応については、嘱託医等の指示や協力の下に適切に対応すること。
③排泄の習慣については、一人一人の排尿間隔等を踏まえ、おむつが汚れていないときに便器に座らせるなどにより、少しずつ慣れさせるようにすること。
④食事、排泄、睡眠、衣類の着脱、身の回りを清潔にすることなど、生活に必要な基本的な習慣については、一人一人の状態に応じ、落ち着いた雰囲気の中で行うようにし、子どもが自分でしようとする気持ちを尊重すること。また、基本的な生活習慣の形成に当たっては、家庭での生活経験に配慮し、家庭との適切な連携の下で行うようにすること。
イ　人間関係
他の人々と親しみ、支え合って生活するために、自立心を育て、人と関わる力を養う。
(ア)ねらい
①保育所での生活を楽しみ、身近な人と関わる心地よさを感じる。
②周囲の子ども等への興味や関心が高まり、関わりをもとうとする。
③保育所の生活の仕方に慣れ、きまりの大切さに気付く。
(イ)内容
①保育士等や周囲の子ども等との安定した関係の中で、共に過ごす心地よさを感じる。
②保育士等の受容的・応答的な関わりの中で、欲求を適切に満たし、安定感をもって過ごす。
③身の回りに様々な人がいることに気付き、徐々に他の子どもと関わりをもって遊ぶ。
④保育士等の仲立ちにより、他の子どもとの関わり方を少しずつ身につける。
⑤保育所の生活の仕方に慣れ、きまりがあることや、その大切さに気付く。
⑥生活や遊びの中で、年長児や保育士等の真似をしたり、ごっこ遊びを楽しんだりする。
(ウ)内容の取扱い
上記の取扱いに当たっては、次の事項に留意する必要がある。
①保育士等との信頼関係に支えられて生活を確立するとともに、自分で何かをしようとする気持ちが旺盛になる時期であることに鑑み、そのような子どもの気持ちを尊重し、温かく見守るとともに、愛情豊かに、応答的に関わり、適切な援助を行うようにすること。
②思い通りにいかない場合等の子どもの不安定な感情の表出については、保育士等が受容的に受け止めるとともに、そうした気持ちから立ち直る経験や感情をコントロールすることへの気付き等につなげていけるように援助すること。
③この時期は自己と他者との違いの認識がまだ十分ではないことから、子どもの自我の育ちを見守るとともに、保育士等が仲立ちとなって、自分の気持ちを相手に伝えることや相手の気持ちに気付くことの大切さなど、友達の気持ちや友達との関わり方を丁寧に伝えていくこと。
ウ　環境
周囲の様々な環境に好奇心や探究心をもって関わり、それらを生活に取り入れていこうとする力を養う。
(ア)ねらい
①身近な環境に親しみ、触れ合う中で、様々なものに興味や関心をもつ。
②様々なものに関わる中で、発見を楽しんだり、考えたりしようとする。
③見る、聞く、触るなどの経験を通して、感覚の働きを豊かにする。
(イ)内容
①安全で活動しやすい環境での探索活動等を通して、見る、聞く、触れる、嗅ぐ、味わうなどの感覚の働きを豊かにする。
②玩具、絵本、遊具などに興味をもち、それらを使った遊びを楽しむ。
③身の回りの物に触れる中で、形、色、大きさ、量などの物の性質や仕組みに気付く。
④自分の物と人の物の区別や、場所的感覚など、環境を捉える感覚が育つ。
⑤身近な生き物に気付き、親しみをもつ。
⑥近隣の生活や季節の行事などに興味や関心をもつ。
(ウ)内容の取扱い
上記の取扱いに当たっては、次の事項に留意する必要がある。
①玩具などは、音質、形、色、大きさなど子どもの発達状態に応じて適切なものを選び、遊びを通して感覚の発達が促されるように工夫すること。
②身近な生き物との関わりについては、子どもが命を感じ、生命の尊さに気付く経験へとつながるものであることか

ら、そうした気付きを促すような関わりとなるようにすること。

③地域の生活や季節の行事などに触れる際には、社会とのつながりや地域社会の文化への気付きにつながるものとなることが望ましいこと。その際、保育所内外の行事や地域の人々との触れ合いなどを通して行うこと等も考慮すること。

エ　言葉

経験したことや考えたことなどを自分なりの言葉で表現し、相手の話す言葉を聞こうとする意欲や態度を育て、言葉に対する感覚や言葉で表現する力を養う。

(ア)ねらい

①言葉遊びや言葉で表現する楽しさを感じる。

②人の言葉や話などを聞き、自分でも思ったことを伝えようとする。

③絵本や物語等に親しむとともに、言葉のやり取りを通じて身近な人と気持ちを通わせる。

(イ)内容

①保育士等の応答的な関わりや話しかけにより、自ら言葉を使おうとする。

②生活に必要な簡単な言葉に気付き、聞き分ける。

③親しみをもって日常の挨拶に応じる。

④絵本や紙芝居を楽しみ、簡単な言葉を繰り返したり、模倣をしたりして遊ぶ。

⑤保育士等とごっこ遊びをする中で、言葉のやり取りを楽しむ。

⑥保育士等を仲立ちとして、生活や遊びの中で友達との言葉のやり取りを楽しむ。

⑦保育士等や友達の言葉や話に興味や関心をもって、聞いたり、話したりする。

(ウ)内容の取扱い

上記の取扱いに当たっては、次の事項に留意する必要がある。

①身近な人に親しみをもって接し、自分の感情などを伝え、それに相手が応答し、その言葉を聞くことを通して、次第に言葉が獲得されていくものであることを考慮して、楽しい雰囲気の中で保育士等との言葉のやり取りができるようにすること。

②子どもが自分の思いを言葉で伝えるとともに、他の子どもの話などを聞くことを通して次第に話を理解し、言葉による伝え合いができるようになるよう、気持ちや経験等の言語化を行うことを援助するなど、子ども同士の関わりの仲立ちを行うようにすること。

③この時期は、片言から、二語文、ごっこ遊びでのやり取りができる程度へと、大きく言葉の習得が進む時期であることから、それぞれの子どもの発達の状況に応じて、遊びや関わりの工夫など、保育の内容を適切に展開することが必要であること。

オ　表現

感じたことや考えたことを自分なりに表現することを通して、豊かな感性や表現する力を養い、創造性を豊かにする。

(ア)ねらい

①身体の諸感覚の経験を豊かにし、様々な感覚を味わう。

②感じたことや考えたことなどを自分なりに表現しようとする。

③生活や遊びの様々な体験を通して、イメージや感性が豊かになる。

(イ)内容

①水、砂、土、紙、粘土など様々な素材に触れて楽しむ。

②音楽、リズムやそれに合わせた体の動きを楽しむ。

③生活の中で様々な音、形、色、手触り、動き、味、香りなどに気付いたり、感じたりして楽しむ。

④歌を歌ったり、簡単な手遊びや全身を使う遊びを楽しんだりする。

⑤保育士等からの話や、生活や遊びの中での出来事を通して、イメージを豊かにする。

⑥生活や遊びの中で、興味のあることや経験したことなどを自分なりに表現する。

(ウ)内容の取扱い

上記の取扱いに当たっては、次の事項に留意する必要がある。

①子どもの表現は、遊びや生活の様々な場面で表出されているものであることから、それらを積極的に受け止め、様々な表現の仕方や感性を豊かにする経験となるようにすること。

②子どもが試行錯誤しながら様々な表現を楽しむことや、自分の力でやり遂げる充実感などに気付くよう、温かく見守るとともに、適切に援助を行うようにすること。

③様々な感情の表現等を通じて、子どもが自分の感情や気持ちに気付くようになる時期であることに鑑み、受容的な関わりの中で自信をもって表現をすることや、諦めずに続けた後の達成感等を感じられるような経験が蓄積されるようにすること。

④身近な自然や身の回りの事物に関わる中で、発見や心が動く経験が得られるよう、諸感覚を働かせることを楽しむ遊びや素材を用意するなど保育の環境を整えること。

(3)保育の実施に関わる配慮事項

ア　特に感染症にかかりやすい時期であるので、体の状態、機嫌、食欲などの日常の状態の観察を十分に行うとともに、適切な判断に基づく保健的な対応を心がけること。

イ　探索活動が十分できるように、事故防止に努めながら活動しやすい環境を整え、全身を使う遊びなど様々な遊びを取り入れること。

ウ　自我が形成され、子どもが自分の感情や気持ちに気付くようになる重要な時期であることに鑑み、情緒の安定を図りながら、子どもの自発的な活動を尊重するとともに促していくこと。

エ　担当の保育士が替わる場合には、子どものそれまでの経験や発達過程に留意し、職員間で協力して対応すること。

3　3歳以上児の保育に関するねらい及び内容

(1)基本的事項

ア　この時期においては、運動機能の発達により、基本的な動作が一通りできるようになるとともに、基本的な生活習慣もほぼ自立できるようになる。理解する語彙数が急激に増加し、知的興味や関心も高まってくる。仲間と遊び、仲間の中の一人という自覚が生じ、集団的な遊びや協同的な活動も見られるようになる。これらの発達の特徴を踏まえて、この時期の保育においては、個の成長と集団としての活動の充実が図られるようにしなければならない。

イ　本項においては、この時期の発達の特徴を踏まえ、保育の「ねらい」及び「内容」について、心身の健康に関する領域「健康」、人との関わりに関する領域「人間関係」、身近な環境との関わりに関する領域「環境」、言葉の獲得に関する領域「言葉」及び感性と表現に関する領域「表現」としてまとめ、示している。

ウ　本項の各領域において示す保育の内容は、第1章の2に示された養護における「生命の保持」及び「情緒の安定」に関わる保育の内容と、一体となって展開されるものであることに留意が必要である。

(2)ねらい及び内容

ア　健康

健康な心と体を育て、自ら健康で安全な生活をつくり出す力を養う。

(ア)ねらい

①明るく伸び伸びと行動し、充実感を味わう。
②自分の体を十分に動かし、進んで運動しようとする。
③健康、安全な生活に必要な習慣や態度を身に付け、見通しをもって行動する。

(イ)内容

①保育士等や友達と触れ合い、安定感をもって行動する。
②いろいろな遊びの中で十分に体を動かす。
③進んで戸外で遊ぶ。
④様々な活動に親しみ、楽しんで取り組む。
⑤保育士等や友達と食べることを楽しみ、食べ物への興味や関心をもつ。
⑥健康な生活のリズムを身に付ける。
⑦身の回りを清潔にし、衣服の着脱、食事、排泄(せつ)などの生活に必要な活動を自分でする。
⑧保育所における生活の仕方を知り、自分たちで生活の場を整えながら見通しをもって行動する。
⑨自分の健康に関心をもち、病気の予防などに必要な活動を進んで行う。
⑩危険な場所、危険な遊び方、災害時などの行動の仕方が分かり、安全に気を付けて行動する。

(ウ)内容の取扱い

上記の取扱いに当たっては、次の事項に留意する必要がある。

①心と体の健康は、相互に密接な関連があるものであることを踏まえ、子どもが保育士等や他の子どもとの温かい触れ合いの中で自己の存在感や充実感を味わうことなどを基盤として、しなやかな心と体の発達を促すこと。特に、十分に体を動かす気持ちよさを体験し、自ら体を動かそうとする意欲が育つようにすること。
②様々な遊びの中で、子どもが興味や関心、能力に応じて全身を使って活動することにより、体を動かす楽しさを味わい、自分の体を大切にしようとする気持ちが育つようにすること。その際、多様な動きを経験する中で、体の動きを調整するようにすること。
③自然の中で伸び伸びと体を動かして遊ぶことにより、体の諸機能の発達が促されることに留意し、子どもの興味や関心が戸外にも向くようにすること。その際、子どもの動線に配慮した園庭や遊具の配置などを工夫すること。
④健康な心と体を育てるためには食育を通じた望ましい食習慣の形成が大切であることを踏まえ、子どもの食生活の実情に配慮し、和やかな雰囲気の中で保育士等や他の子どもと食べる喜びや楽しさを味わったり、様々な食べ物への興味や関心をもったりするなどし、食の大切さに気付き、進んで食べようとする気持ちが育つようにすること。
⑤基本的な生活習慣の形成に当たっては、家庭での生活経験に配慮し、子どもの自立心を育て、子どもが他の子どもと関わりながら主体的な活動を展開する中で、生活に必要な習慣を身に付け、次第に見通しをもって行動できるようにすること。
⑥安全に関する指導に当たっては、情緒の安定を図り、遊びを通して安全についての構えを身に付け、危険な場所や事物などが分かり、安全についての理解を深めるようにすること。また、交通安全の習慣を身に付けるようにするとともに、避難訓練などを通して、災害などの緊急時に適切な行動がとれるようにすること。

イ　人間関係

他の人々と親しみ、支え合って生活するために、自立心を育て、人と関わる力を養う。

(ア)ねらい

①保育所の生活を楽しみ、自分の力で行動することの充実感を味わう。
②身近な人と親しみ、関わりを深め、工夫したり、協力したりして一緒に活動する楽しさを味わい、愛情や信頼感をもつ。
③社会生活における望ましい習慣や態度を身に付ける。

(イ)内容

①保育士等や友達と共に過ごすことの喜びを味わう。
②自分で考え、自分で行動する。
③自分でできることは自分でする。
④いろいろな遊びを楽しみながら物事をやり遂げようとする

気持ちをもつ。
⑤友達と積極的に関わりながら喜びや悲しみを共感し合う。
⑥自分の思ったことを相手に伝え、相手の思っていることに気付く。
⑦友達のよさに気付き、一緒に活動する楽しさを味わう。
⑧友達と楽しく活動する中で、共通の目的を見いだし、工夫したり、協力したりなどする。
⑨よいことや悪いことがあることに気付き、考えながら行動する。
⑩友達との関わりを深め、思いやりをもつ。
⑪友達と楽しく生活する中できまりの大切さに気付き、守ろうとする。
⑫共同の遊具や用具を大切にし、皆で使う。
⑬高齢者をはじめ地域の人々などの自分の生活に関係の深いいろいろな人に親しみをもつ。

(ウ)内容の取扱い

上記の取扱いに当たっては、次の事項に留意する必要がある。
①保育士等との信頼関係に支えられて自分自身の生活を確立していくことが人と関わる基盤となることを考慮し、子どもが自ら周囲に働き掛けることにより多様な感情を体験し、試行錯誤しながら諦めずにやり遂げることの達成感や、前向きな見通しをもって自分の力で行うことの充実感を味わうことができるよう、子どもの行動を見守りながら適切な援助を行うようにすること。
②一人一人を生かした集団を形成しながら人と関わる力を育てていくようにすること。その際、集団の生活の中で、子どもが自己を発揮し、保育士等や他の子どもに認められる体験をし、自分のよさや特徴に気付き、自信をもって行動できるようにすること。
③子どもが互いに関わりを深め、協同して遊ぶようになるため、自ら行動する力を育てるとともに、他の子どもと試行錯誤しながら活動を展開する楽しさや共通の目的が実現する喜びを味わうことができるようにすること。
④道徳性の芽生えを培うに当たっては、基本的な生活習慣の形成を図るとともに、子どもが他の子どもとの関わりの中で他人の存在に気付き、相手を尊重する気持ちをもって行動できるようにし、また、自然や身近な動植物に親しむことなどを通して豊かな心情が育つようにすること。特に、人に対する信頼感や思いやりの気持ちは、葛藤やつまずきをも体験し、それらを乗り越えることにより次第に芽生えてくることに配慮すること。
⑤集団の生活を通して、子どもが人との関わりを深め、規範意識の芽生えが培われることを考慮し、子どもが保育士等との信頼関係に支えられて自己を発揮する中で、互いに思いを主張し、折り合いを付ける体験をし、きまりの必要性などに気付き、自分の気持ちを調整する力が育つようにすること。
⑥高齢者をはじめ地域の人々などの自分の生活に関係の深いいろいろな人と触れ合い、自分の感情や意志を表現しながら共に楽しみ、共感し合う体験を通して、これらの人々などに親しみをもち、人と関わることの楽しさや人の役に立つ喜びを味わうことができるようにすること。また、生活を通して親や祖父母などの家族の愛情に気付き、家族を大切にしようとする気持ちが育つようにすること。

ウ　環境

周囲の様々な環境に好奇心や探究心をもって関わり、それらを生活に取り入れていこうとする力を養う。

(ア)ねらい

①身近な環境に親しみ、自然と触れ合う中で様々な事象に興味や関心をもつ。
②身近な環境に自分から関わり、発見を楽しんだり、考えたりし、それを生活に取り入れようとする。
③身近な事象を見たり、考えたり、扱ったりする中で、物の性質や数量、文字などに対する感覚を豊かにする。

(イ)内容

①自然に触れて生活し、その大きさ、美しさ、不思議さなどに気付く。
②生活の中で、様々な物に触れ、その性質や仕組みに興味や関心をもつ。
③季節により自然や人間の生活に変化のあることに気付く。
④自然などの身近な事象に関心をもち、取り入れて遊ぶ。
⑤身近な動植物に親しみをもって接し、生命の尊さに気付き、いたわったり、大切にしたりする。
⑥日常生活の中で、我が国や地域社会における様々な文化や伝統に親しむ。
⑦身近な物を大切にする。
⑧身近な物や遊具に興味をもって関わり、自分なりに比べたり、関連付けたりしながら考えたり、試したりして工夫して遊ぶ。
⑨日常生活の中で数量や図形などに関心をもつ。
⑩日常生活の中で簡単な標識や文字などに関心をもつ。
⑪生活に関係の深い情報や施設などに興味や関心をもつ。
⑫保育所内外の行事において国旗に親しむ。

(ウ)内容の取扱い

上記の取扱いに当たっては、次の事項に留意する必要がある。
①子どもが、遊びの中で周囲の環境と関わり、次第に周囲の世界に好奇心を抱き、その意味や操作の仕方に関心をもち、物事の法則性に気付き、自分なりに考えることができるようになる過程を大切にすること。また、他の子どもの考えなどに触れて新しい考えを生み出す喜びや楽しさを味わい、自分の考えをよりよいものにしようとする気持ちが育つようにすること。
②幼児期において自然のもつ意味は大きく、自然の大きさ、美しさ、不思議さなどに直接触れる体験を通して、子どもの心が安らぎ、豊かな感情、好奇心、思考力、表現力の基礎が培われることを踏まえ、子どもが自然との関わりを深め

ることができるよう工夫すること。

③身近な事象や動植物に対する感動を伝え合い、共感し合うことなどを通して自分から関わろうとする意欲を育てるとともに、様々な関わり方を通してそれらに対する親しみや畏敬の念、生命を大切にする気持ち、公共心、探究心などが養われるようにすること。

④文化や伝統に親しむ際には、正月や節句など我が国の伝統的な行事、国歌、唱歌、わらべうたや我が国の伝統的な遊びに親しんだり、異なる文化に触れる活動に親しんだりすることを通じて、社会とのつながりの意識や国際理解の意識の芽生えなどが養われるようにすること。

⑤数量や文字などに関しては、日常生活の中で子ども自身の必要感に基づく体験を大切にし、数量や文字などに関する興味や関心、感覚が養われるようにすること。

エ　言葉

経験したことや考えたことなどを自分なりの言葉で表現し、相手の話す言葉を聞こうとする意欲や態度を育て、言葉に対する感覚や言葉で表現する力を養う。

(ア)ねらい

①自分の気持ちを言葉で表現する楽しさを味わう。

②人の言葉や話などをよく聞き、自分の経験したことや考えたことを話し、伝え合う喜びを味わう。

③日常生活に必要な言葉が分かるようになるとともに、絵本や物語などに親しみ、言葉に対する感覚を豊かにし、保育士等や友達と心を通わせる。

(イ)内容

①保育士等や友達の言葉や話に興味や関心をもち、親しみをもって聞いたり、話したりする。

②したり、見たり、聞いたり、感じたり、考えたりなどしたことを自分なりに言葉で表現する。

③したいこと、してほしいことを言葉で表現したり、分からないことを尋ねたりする。

④人の話を注意して聞き、相手に分かるように話す。

⑤生活の中で必要な言葉が分かり、使う。

⑥親しみをもって日常の挨拶をする。

⑦生活の中で言葉の楽しさや美しさに気付く。

⑧いろいろな体験を通じてイメージや言葉を豊かにする。

⑨絵本や物語などに親しみ、興味をもって聞き、想像をする楽しさを味わう。

⑩日常生活の中で、文字などで伝える楽しさを味わう。

(ウ)内容の取扱い

上記の取扱いに当たっては、次の事項に留意する必要がある。

①言葉は、身近な人に親しみをもって接し、自分の感情や意志などを伝え、それに相手が応答し、その言葉を聞くことを通して次第に獲得されていくものであることを考慮して、子どもが保育士等や他の子どもと関わることにより心を動かされるような体験をし、言葉を交わす喜びを味わえるようにすること。

②子どもが自分の思いを言葉で伝えるとともに、保育士等や他の子どもなどの話を興味をもって注意して聞くことを通して次第に話を理解するようになっていき、言葉による伝え合いができるようにすること。

③絵本や物語などで、その内容と自分の経験とを結び付けたり、想像を巡らせたりするなど、楽しみを十分に味わうことによって、次第に豊かなイメージをもち、言葉に対する感覚が養われるようにすること。

④子どもが生活の中で、言葉の響きやリズム、新しい言葉や表現などに触れ、これらを使う楽しさを味わえるようにすること。その際、絵本や物語に親しんだり、言葉遊びなどをしたりすることを通して、言葉が豊かになるようにすること。

⑤子どもが日常生活の中で、文字などを使いながら思ったことや考えたことを伝える喜びや楽しさを味わい、文字に対する興味や関心をもつようにすること。

オ　表現

感じたことや考えたことを自分なりに表現することを通して、豊かな感性や表現する力を養い、創造性を豊かにする。

(ア)ねらい

①いろいろなものの美しさなどに対する豊かな感性をもつ。

②感じたことや考えたことを自分なりに表現して楽しむ。

③生活の中でイメージを豊かにし、様々な表現を楽しむ。

(イ)内容

①生活の中で様々な音、形、色、手触り、動きなどに気付いたり、感じたりするなどして楽しむ。

②生活の中で美しいものや心を動かす出来事に触れ、イメージを豊かにする。

③様々な出来事の中で、感動したことを伝え合う楽しさを味わう。

④感じたこと、考えたことなどを音や動きなどで表現したり、自由にかいたり、つくったりなどする。

⑤いろいろな素材に親しみ、工夫して遊ぶ。

⑥音楽に親しみ、歌を歌ったり、簡単なリズム楽器を使ったりなどする楽しさを味わう。

⑦かいたり、つくったりすることを楽しみ、遊びに使ったり、飾ったりなどする。

⑧自分のイメージを動きや言葉などで表現したり、演じて遊んだりするなどの楽しさを味わう。

(ウ)内容の取扱い

上記の取扱いに当たっては、次の事項に留意する必要がある。

①豊かな感性は、身近な環境と十分に関わる中で美しいもの、優れたもの、心を動かす出来事などに出会い、そこから得た感動を他の子どもや保育士等と共有し、様々に表現することなどを通して養われるようにすること。その際、風の音や雨の音、身近にある草や花の形や色など自然の中にある音、形、色などに気付くようにすること。

②子どもの自己表現は素朴な形で行われることが多いので、

保育士等はそのような表現を受容し、子ども自身の表現しようとする意欲を受け止めて、子どもが生活の中で子どもらしい様々な表現を楽しむことができるようにすること。

③生活経験や発達に応じ、自ら様々な表現を楽しみ、表現する意欲を十分に発揮させることができるように、遊具や用具などを整えたり、様々な素材や表現の仕方に親しんだり、他の子どもの表現に触れられるよう配慮したりし、表現する過程を大切にして自己表現を楽しめるように工夫すること。

(3)保育の実施に関わる配慮事項

ア　第1章の4の(2)に示す「幼児期の終わりまでに育ってほしい姿」が、ねらい及び内容に基づく活動全体を通して資質・能力が育まれている子どもの小学校就学時の具体的な姿であることを踏まえ、指導を行う際には適宜考慮すること。

イ　子どもの発達や成長の援助をねらいとした活動の時間については、意識的に保育の計画等において位置付けて、実施することが重要であること。なお、そのような活動の時間については、保護者の就労状況等に応じて子どもが保育所で過ごす時間がそれぞれ異なることに留意して設定すること。

ウ　特に必要な場合には、各領域に示すねらいの趣旨に基づいて、具体的な内容を工夫し、それを加えても差し支えないが、その場合には、それが第1章の1に示す保育所保育に関する基本原則を逸脱しないよう慎重に配慮する必要があること。

4　保育の実施に関して留意すべき事項

(1)保育全般に関わる配慮事項

ア　子どもの心身の発達及び活動の実態などの個人差を踏まえるとともに、一人一人の子どもの気持ちを受け止め、援助すること。

イ　子どもの健康は、生理的・身体的な育ちとともに、自主性や社会性、豊かな感性の育ちとがあいまってもたらされることに留意すること。

ウ　子どもが自ら周囲に働きかけ、試行錯誤しつつ自分の力で行う活動を見守りながら、適切に援助すること。

エ　子どもの入所時の保育に当たっては、できるだけ個別的に対応し、子どもが安定感を得て、次第に保育所の生活になじんでいくようにするとともに、既に入所している子どもに不安や動揺を与えないようにすること。

オ　子どもの国籍や文化の違いを認め、互いに尊重する心を育てるようにすること。

カ　子どもの性差や個人差にも留意しつつ、性別などによる固定的な意識を植え付けることがないようにすること。

(2)小学校との連携

ア　保育所においては、保育所保育が、小学校以降の生活や学習の基盤の育成につながることに配慮し、幼児期にふさわしい生活を通じて、創造的な思考や主体的な生活態度などの基礎を培うようにすること。

イ　保育所保育において育まれた資質・能力を踏まえ、小学校教育が円滑に行われるよう、小学校教師との意見交換や合同の研究の機会などを設け、第1章の4の(2)に示す「幼児期の終わりまでに育ってほしい姿」を共有するなど連携を図り、保育所保育と小学校教育との円滑な接続を図るよう努めること。

ウ　子どもに関する情報共有に関して、保育所に入所している子どもの就学に際し、市町村の支援の下に、子どもの育ちを支えるための資料が保育所から小学校へ送付されるようにすること。

(3)家庭及び地域社会との連携

子どもの生活の連続性を踏まえ、家庭及び地域社会と連携して保育が展開されるよう配慮すること。その際、家庭や地域の機関及び団体の協力を得て、地域の自然、高齢者や異年齢の子ども等を含む人材、行事、施設等の地域の資源を積極的に活用し、豊かな生活体験をはじめ保育内容の充実が図られるよう配慮すること。

第3章　健康及び安全

保育所保育において、子どもの健康及び安全の確保は、子どもの生命の保持と健やかな生活の基本であり、一人一人の子どもの健康の保持及び増進並びに安全の確保とともに、保育所全体における健康及び安全の確保に努めることが重要となる。

また、子どもが、自らの体や健康に関心をもち、心身の機能を高めていくことが大切である。

このため、第1章及び第2章等の関連する事項に留意し、次に示す事項を踏まえ、保育を行うこととする。

1　子どもの健康支援

(1)子どもの健康状態並びに発育及び発達状態の把握

ア　子どもの心身の状態に応じて保育するために、子どもの健康状態並びに発育及び発達状態について、定期的・継続的に、また、必要に応じて随時、把握すること。

イ　保護者からの情報とともに、登所時及び保育中を通じて子どもの状態を観察し、何らかの疾病が疑われる状態や傷害が認められた場合には、保護者に連絡するとともに、嘱託医と相談するなど適切な対応を図ること。看護師等が配置されている場合には、その専門性を生かした対応を図ること。

ウ　子どもの心身の状態等を観察し、不適切な養育の兆候が見られる場合には、市町村や関係機関と連携し、児童福祉法第25条に基づき、適切な対応を図ること。また、虐待が疑われる場合には、速やかに市町村又は児童相談所に通告し、適切な対応を図ること。

(2)健康増進

ア　子どもの健康に関する保健計画を全体的な計画に基づいて作成し、全職員がそのねらいや内容を踏まえ、一人一人の子どもの健康の保持及び増進に努めていくこと。

イ　子どもの心身の健康状態や疾病等の把握のために、嘱託医等により定期的に健康診断を行い、その結果を記録し、保育に活用するとともに、保護者が子どもの状態を理解し、日常生活に活用できるようにすること。

(3)疾病等への対応

ア　保育中に体調不良や傷害が発生した場合には、その子どもの状態等に応じて、保護者に連絡するとともに、適宜、嘱託医や子どものかかりつけ医等と相談し、適切な処置を行うこと。看護師等が配置されている場合には、その専門性を生かした対応を図ること。

イ　感染症やその他の疾病の発生予防に努め、その発生や疑いがある場合には、必要に応じて嘱託医、市町村、保健所等に連絡し、その指示に従うとともに、保護者や全職員に連絡し、予防等について協力を求めること。また、感染症に関する保育所の対応方法等について、あらかじめ関係機関の協力を得ておくこと。看護師等が配置されている場合には、その専門性を生かした対応を図ること。

ウ　アレルギー疾患を有する子どもの保育については、保護者と連携し、医師の診断及び指示に基づき、適切な対応を行うこと。また、食物アレルギーに関して、関係機関と連携して、当該保育所の体制構築など、安全な環境の整備を行うこと。看護師や栄養士等が配置されている場合には、その専門性を生かした対応を図ること。

エ　子どもの疾病等の事態に備え、医務室等の環境を整え、救急用の薬品、材料等を適切な管理の下に常備し、全職員が対応できるようにしておくこと。

2　食育の推進

(1)保育所の特性を生かした食育

ア　保育所における食育は、健康な生活の基本としての「食を営む力」の育成に向け、その基礎を培うことを目標とすること。

イ　子どもが生活と遊びの中で、意欲をもって食に関わる体験を積み重ね、食べることを楽しみ、食事を楽しみ合う子どもに成長していくことを期待するものであること。

ウ　乳幼児期にふさわしい食生活が展開され、適切な援助が行われるよう、食事の提供を含む食育計画を全体的な計画に基づいて作成し、その評価及び改善に努めること。栄養士が配置されている場合は、専門性を生かした対応を図ること。

(2)食育の環境の整備等

ア　子どもが自らの感覚や体験を通して、自然の恵みとしての食材や食の循環・環境への意識、調理する人への感謝の気持ちが育つように、子どもと調理員等との関わりや、調理室など食に関わる保育環境に配慮すること。

イ　保護者や地域の多様な関係者との連携及び協働の下で、食に関する取組が進められること。また、市町村の支援の下に、地域の関係機関等との日常的な連携を図り、必要な協力が得られるよう努めること。

ウ　体調不良、食物アレルギー、障害のある子どもなど、一人一人の子どもの心身の状態等に応じ、嘱託医、かかりつけ医等の指示や協力の下に適切に対応すること。栄養士が配置されている場合は、専門性を生かした対応を図ること。

3　環境及び衛生管理並びに安全管理

(1)環境及び衛生管理

ア　施設の温度、湿度、換気、採光、音などの環境を常に適切な状態に保持するとともに、施設内外の設備及び用具等の衛生管理に努めること。

イ　施設内外の適切な環境の維持に努めるとともに、子ども及び全職員が清潔を保つようにすること。また、職員は衛生知識の向上に努めること。

(2)事故防止及び安全対策

ア　保育中の事故防止のために、子どもの心身の状態等を踏まえつつ、施設内外の安全点検に努め、安全対策のために全職員の共通理解や体制づくりを図るとともに、家庭や地域の関係機関の協力の下に安全指導を行うこと。

イ　事故防止の取組を行う際には、特に、睡眠中、プール活動・水遊び中、食事中等の場面では重大事故が発生しやすいことを踏まえ、子どもの主体的な活動を大切にしつつ、施設内外の環境の配慮や指導の工夫を行うなど、必要な対策を講じること。

ウ　保育中の事故の発生に備え、施設内外の危険箇所の点検や訓練を実施するとともに、外部からの不審者等の侵入防止のための措置や訓練など不測の事態に備えて必要な対応を行うこと。また、子どもの精神保健面における対応に留意すること。

4　災害への備え

(1) 施設・設備等の安全確保

ア　防火設備、避難経路等の安全性が確保されるよう、定期的にこれらの安全点検を行うこと。

イ　備品、遊具等の配置、保管を適切に行い、日頃から、安全環境の整備に努めること。

(2) 災害発生時の対応体制及び避難への備え

ア　火災や地震などの災害の発生に備え、緊急時の対応の具体的内容及び手順、職員の役割分担、避難訓練計画等に関するマニュアルを作成すること。

イ　定期的に避難訓練を実施するなど、必要な対応を図ること。

ウ　災害の発生時に、保護者等への連絡及び子どもの引渡しを円滑に行うため、日頃から保護者との密接な連携に努め、連絡体制や引渡し方法等について確認をしておくこと。

(3) 地域の関係機関等との連携

ア　市町村の支援の下に、地域の関係機関との日常的な連携を図り、必要な協力が得られるよう努めること。

イ　避難訓練については、地域の関係機関や保護者との連携の下に行うなど工夫すること。

第4章　子育て支援

保育所における保護者に対する子育て支援は、全ての子どもの健やかな育ちを実現することができるよう、第1章及び第2章等の関連する事項を踏まえ、子どもの育ちを家庭と連携して支援していくとともに、保護者及び地域が有する子育てを自ら実践する力の向上に資するよう、次の事項に留意するものとする。

1　保育所における子育て支援に関する基本的事項

(1) 保育所の特性を生かした子育て支援

ア　保護者に対する子育て支援を行う際には、各地域や家庭の実態等を踏まえるとともに、保護者の気持ちを受け止め、相互の信頼関係を基本に、保護者の自己決定を尊重すること。

イ　保育及び子育てに関する知識や技術など、保育士等の専門性や、子どもが常に存在する環境など、保育所の特性を生かし、保護者が子どもの成長に気付き子育ての喜びを感じられるように努めること。

(2) 子育て支援に関して留意すべき事項

ア　保護者に対する子育て支援における地域の関係機関等との連携及び協働を図り、保育所全体の体制構築に努めること。

イ　子どもの利益に反しない限りにおいて、保護者や子どものプライバシーを保護し、知り得た事柄の秘密を保持すること。

2　保育所を利用している保護者に対する子育て支援

(1) 保護者との相互理解

ア　日常の保育に関連した様々な機会を活用し子どもの日々の様子の伝達や収集、保育所保育の意図の説明などを通じて、保護者との相互理解を図るよう努めること。

イ　保育の活動に対する保護者の積極的な参加は、保護者の子育てを自ら実践する力の向上に寄与することから、これを促すこと。

(2) 保護者の状況に配慮した個別の支援

ア　保護者の就労と子育ての両立等を支援するため、保護者の多様化した保育の需要に応じ、病児保育事業など多様な事業を実施する場合には、保護者の状況に配慮するとともに、子どもの福祉が尊重されるよう努め、子どもの生活の連続性を考慮すること。

イ　子どもに障害や発達上の課題が見られる場合には、市町村や関係機関と連携及び協力を図りつつ、保護者に対する個別の支援を行うよう努めること。

ウ　外国籍家庭など、特別な配慮を必要とする家庭の場合には、状況等に応じて個別の支援を行うよう努めること。

(3) 不適切な養育等が疑われる家庭への支援

ア　保護者に育児不安等が見られる場合には、保護者の希望に応じて個別の支援を行うよう努めること。

イ　保護者に不適切な養育等が疑われる場合には、市町村や関係機関と連携し、要保護児童対策地域協議会で検討するなど適切な対応を図ること。また、虐待が疑われる場合には、速やかに市町村又は児童相談所に通告し、適切な対応を図ること。

3　地域の保護者等に対する子育て支援

(1) 地域に開かれた子育て支援

ア　保育所は、児童福祉法第48条の4の規定に基づき、その行う保育に支障がない限りにおいて、地域の実情や当該保育所の体制等を踏まえ、地域の保護者等に対して、保育所保育の専門性を生かした子育て支援を積極的に行うよう努めること。

イ　地域の子どもに対する一時預かり事業などの活動を行う際には、一人一人の子どもの心身の状態などを考慮するとともに、日常の保育との関連に配慮するなど、柔軟に活動を展開できるようにすること。

(2) 地域の関係機関等との連携

ア　市町村の支援を得て、地域の関係機関等との積極的な連携及び協働を図るとともに、子育て支援に関する地域の人材と積極的に連携を図るよう努めること。

イ　地域の要保護児童への対応など、地域の子どもを巡る諸課題に対し、要保護児童対策地域協議会など関係機関等と連携及び協力して取り組むよう努めること。

第5章　職員の資質向上

第1章から前章までに示された事項を踏まえ、保育所は、質の高い保育を展開するため、絶えず、一人一人の職員についての資質向上及び職員全体の専門性の向上を図るよう努めなければならない。

1　職員の資質向上に関する基本的事項

(1) 保育所職員に求められる専門性

子どもの最善の利益を考慮し、人権に配慮した保育を行うためには、職員一人一人の倫理観、人間性並びに保育所職員としての職務及び責任の理解と自覚が基盤となる。

各職員は、自己評価に基づく課題等を踏まえ、保育所内外の研修等を通じて、保育士・看護師・調理員・栄養士等、それぞれの職務内容に応じた専門性を高めるため、必要な知識及び技術の修得、維持及び向上に努めなければならない。

(2) 保育の質の向上に向けた組織的な取組

保育所においては、保育の内容等に関する自己評価等を通じて把握した、保育の質の向上に向けた課題に組織的に対応するため、保育内容の改善や保育士等の役割分担の見直し等に取り組むとともに、それぞれの職位や職務内容等に応じて、各職員が必要な知識及び技能を身につけられるよう努めなければならない。

2　施設長の責務

(1) 施設長の責務と専門性の向上

施設長は、保育所の役割や社会的責任を遂行するために、法令等を遵守し、保育所を取り巻く社会情勢等を踏まえ、施設長としての専門性等の向上に努め、当該保育所における保育の質及び職員の専門性向上のために必要な環境の確保に努めなければならない。

(2) 職員の研修機会の確保等

施設長は、保育所の全体的な計画や、各職員の研修の必要性等を踏まえて、体系的・計画的な研修機会を確保するとともに、職員の勤務体制の工夫等により、職員が計画的に研修等に参加し、その専門性の向上が図られるよう努めなければならない。

3　職員の研修等

(1) 職場における研修

職員が日々の保育実践を通じて、必要な知識及び技術の修得、維持及び向上を図るとともに、保育の課題等への共通理解や協働性を高め、保育所全体としての保育の質の向上を図っていくためには、日常的に職員同士が主体的に学び合う姿勢と環境が重要であり、職場内での研修の充実が図られなければならない。

(2) 外部研修の活用

各保育所における保育の課題への的確な対応や、保育士等の専門性の向上を図るためには、職場内での研修に加え、関係機関等による研修の活用が有効であることから、必要に応じて、こうした外部研修への参加機会が確保されるよう努めなければならない。

4　研修の実施体制等

(1) 体系的な研修計画の作成

保育所においては、当該保育所における保育の課題や各職員のキャリアパス等も見据えて、初任者から管理職員までの職位や職務内容等を踏まえた体系的な研修計画を作成しなければならない。

(2) 組織内での研修成果の活用

外部研修に参加する職員は、自らの専門性の向上を図るとともに、保育所における保育の課題を理解し、その解決を実践できる力を身に付けることが重要である。また、研修で得た知識及び技能を他の職員と共有することにより、保育所全体としての保育実践の質及び専門性の向上につなげていくことが求められる。

(3) 研修の実施に関する留意事項

施設長等は保育所全体としての保育実践の質及び専門性の向上のために、研修の受講は特定の職員に偏ることなく行われるよう、配慮する必要がある。また、研修を修了した職員については、その職務内容等において、当該研修の成果等が適切に勘案されることが望ましい。

「幼保連携型認定こども園教育・保育要領」

2017（平成29）年3月31日告示

第1章　総則

第1　幼保連携型認定こども園における教育及び保育の基本及び目標等

1　幼保連携型認定こども園における教育及び保育の基本

乳幼児期の教育及び保育は、子どもの健全な心身の発達を図りつつ生涯にわたる人格形成の基礎を培う重要なものであり、幼保連携型認定こども園における教育及び保育は、就学前の子どもに関する教育、保育等の総合的な提供の推進に関する法律（平成18年法律第77号。以下「認定こども園法」という。）第２条第７項に規定する目的及び第９条に掲げる目標を達成するため、乳幼児期全体を通して、その特性及び保護者や地域の実態を踏まえ、環境を通して行うものであることを基本とし、家庭や地域での生活を含めた園児の生活全体が豊かなものとなるように努めなければならない。

このため保育教諭等は、園児との信頼関係を十分に築き、園児が自ら安心して身近な環境に主体的に関わり、環境との関わり方や意味に気付き、これらを取り込もうとして、試行錯誤したり、考えたりするようになる幼児期の教育における見方・考え方を生かし、その活動が豊かに展開されるよう環境を整え、園児と共によりよい教育及び保育の環境を創造するように努めるものとする。これらを踏まえ、次に示す事項を重視して教育及び保育を行わなければならない。

(1)　乳幼児期は周囲への依存を基盤にしつつ自立に向かうものであることを考慮して、周囲との信頼関係に支えられた生活の中で、園児一人一人が安心感と信頼感をもっていろいろな活動に取り組む体験を十分に積み重ねられるようにすること。

(2)　乳幼児期においては生命の保持が図られ安定した情緒の下で自己を十分に発揮することにより発達に必要な体験を得ていくものであることを考慮して、園児の主体的な活動を促し、乳幼児期にふさわしい生活が展開されるようにすること。

(3)　乳幼児期における自発的な活動としての遊びは、心身の調和のとれた発達の基礎を培う重要な学習であることを考慮して、遊びを通しての指導を中心として第２章に示すねらいが総合的に達成されるようにすること。

(4)　乳幼児期における発達は、心身の諸側面が相互に関連し合い、多様な経過をたどって成し遂げられていくものであること、また、園児の生活経験がそれぞれ異なることなどを考慮して、園児一人一人の特性や発達の過程に応じ、発達の課題に即した指導を行うようにすること。

その際、保育教諭等は、園児の主体的な活動が確保されるよう、園児一人一人の行動の理解と予想に基づき、計画的に環境を構成しなければならない。この場合において、保育教諭等は、園児と人やものとの関わりが重要であることを踏まえ、教材を工夫し、物的・空間的環境を構成しなければならない。また、園児一人一人の活動の場面に応じて、様々な役割を果たし、その活動を豊かにしなければならない。

なお、幼保連携型認定こども園における教育及び保育は、園児が入園してから修了するまでの在園期間全体を通して行われるものであり、この章の第３に示す幼保連携型認定こども園として特に配慮すべき事項を十分に踏まえて行うものとする。

2　幼保連携型認定こども園における教育及び保育の目標

幼保連携型認定こども園は、家庭との連携を図りながら、この章の第１の１に示す幼保連携型認定こども園における教育及び保育の基本に基づいて一体的に展開される幼保連携型認定こども園における生活を通して、生きる力の基礎を育成するよう認定こども園法第９条に規定する幼保連携型認定こども園の教育及び保育の目標の達成に努めなければならない。幼保連携型認定こども園は、このことにより、義務教育及びその後の教育の基礎を培うとともに、子どもの最善の利益を考慮しつつ、その生活を保障し、保護者と共に園児を心身ともに健やかに育成するものとする。

なお、認定こども園法第９条に規定する幼保連携型認定こども園の教育及び保育の目標については、発達や学びの連続性及び生活の連続性の観点から、小学校就学の始期に達するまでの時期を通じ、その達成に向けて努力すべき目当てとなるものであることから、満３歳未満の園児の保育にも当てはまることに留意するものとする。

3　幼保連携型認定こども園の教育及び保育において育みたい資質・能力及び「幼児期の終わりまでに育ってほしい姿」

(1)　幼保連携型認定こども園においては、生きる力の基礎を育むため、この章の１に示す幼保連携型認定こども園の教育及び保育の基本を踏まえ、次に掲げる資質・能力を一体的に育むよう努めるものとする。

ア　豊かな体験を通じて、感じたり、気付いたり、分かったり、できるようになったりする「知識及び技能の基礎」

イ　気付いたことや、できるようになったことなどを使い、考えたり、試したり、工夫したり、表現したりする「思考力、判断力、表現力等の基礎」

ウ　心情、意欲、態度が育つ中で、よりよい生活を営もうとする「学びに向かう力、人間性等」

(2) (1) に示す資質・能力は、第２章に示すねらい及び内容に基づく活動全体によって育むものである。

(3)　次に示す「幼児期の終わりまでに育ってほしい姿」は、第２章に示すねらい及び内容に基づく活動全体を通して資質・能力が育まれている園児の幼保連携型認定こども園修了時の具体的な姿であり、保育教諭等が指導を行う際に考慮するものである。

ア　健康な心と体

幼保連携型認定こども園における生活の中で、充実感をもって自分のやりたいことに向かって心と体を十分に働かせ、見通しをもって行動し、自ら健康で安全な生活をつくり出すようになる。

イ　自立心

身近な環境に主体的に関わり様々な活動を楽しむ中で、しなければならないことを自覚し、自分の力で行うために考えたり、工夫したりしながら、諦めずにやり遂げることで達成感を味わい、自信をもって行動するようになる。

ウ　協同性

友達と関わる中で、互いの思いや考えなどを共有し、共通の目的の実現に向けて、考えたり、工夫したり、協力したりし、充実感をもってやり遂げるようになる。

エ　道徳性・規範意識の芽生え

友達と様々な体験を重ねる中で、してよいことや悪いことが分かり、自分の行動を振り返ったり、友達の気持ちに共感したりし、相手の立場に立って行動するようになる。また、きまりを守る必要性が分かり、自分の気持ちを調整し、友達と折り合いを付けながら、きまりをつくったり、守ったりするようになる。

オ　社会生活との関わり

家族を大切にしようとする気持ちをもつとともに、地域の身近な人と触れ合う中で、人との様々な関わり方に気付き、相手の気持ちを考えて関わり、自分が役に立つ喜びを感じ、地域に親しみをもつようになる。また、幼保連携型認定こども園内外の様々な環境に関わる中で、遊びや生活に必要な情報を取り入れ、情報に基づき判断したり、情報を伝え合ったり、活用したりするなど、情報を役立てながら活動するようになるとともに、公共の施設を大切に利用するなどして、社会とのつながりなどを意識するようになる。

カ　思考力の芽生え

身近な事象に積極的に関わる中で、物の性質や仕組みなどを感じ取ったり、気付いたりし、考えたり、予想したり、工夫したりするなど、多様な関わりを楽しむようになる。また、友達の様々な考えに触れる中で、自分と異なる考えがあることに気付き、自ら判断したり、考え直したりするなど、新しい考えを生み出す喜びを味わいながら、自分の考えをよりよいものにするようになる。

キ　自然との関わり・生命尊重

自然に触れて感動する体験を通して、自然の変化などを感じ取り、好奇心や探究心をもって考え言葉などで表現しながら、身近な事象への関心が高まるとともに、自然への愛情や畏敬の念をもつようになる。また、身近な動植物に心を動かされる中で、生命の不思議さや尊さに気付き、身近な動植物への接し方を考え、命あるものとしていたわり、大切にする気持ちをもって関わるようになる。

ク　数量や図形、標識や文字などへの関心・感覚

遊びや生活の中で、数量や図形、標識や文字などに親しむ体験を重ねたり、標識や文字の役割に気付いたりし、自らの必要感に基づきこれらを活用し、興味や関心、感覚をもつようになる。

ケ　言葉による伝え合い

保育教諭等や友達と心を通わせる中で、絵本や物語などに親しみながら、豊かな言葉や表現を身に付け、経験したことや考えたことなどを言葉で伝えたり、相手の話を注意して聞いたりし、言葉による伝え合いを楽しむようになる。

コ　豊かな感性と表現

心を動かす出来事などに触れ感性を働かせる中で、様々な素材の特徴や表現の仕方などに気付き、感じたことや考えたことを自分で表現したり、友達同士で表現する過程を楽しんだりし、表現する喜びを味わい、意欲をもつようになる。

第２　教育及び保育の内容並びに子育ての支援等に関する全体的な計画等

１　教育及び保育の内容並びに子育ての支援等に関する全体的な計画の作成等

(1)　教育及び保育の内容並びに子育ての支援等に関する全体的な計画の役割

各幼保連携型認定こども園においては、教育基本法（平成18年法律第120号）、児童福祉法（昭和22年法律第164号）及び認定こども園法その他の法令並びにこの幼保連携型認定こども園教育・保育要領の示すところに従い、教育と保育を一体的に提供するため、創意工夫を生かし、園児の心身の発達と幼保連携型認定こども園、家庭及び地域の実態に即応した適切な教育及び保育の内容並びに子育ての支援等に関する全体的な計画を作成するものとする。

教育及び保育の内容並びに子育ての支援等に関する

全体的な計画とは、教育と保育を一体的に捉え、園児の入園から修了までの在園期間の全体にわたり、幼保連携型認定こども園の目標に向かってどのような過程をたどって教育及び保育を進めていくかを明らかにするものであり、子育ての支援と有機的に連携し、園児の園生活全体を捉え、作成する計画である。

各幼保連携型認定こども園においては、「幼児期の終わりまでに育ってほしい姿」を踏まえ教育及び保育の内容並びに子育ての支援等に関する全体的な計画を作成すること、その実施状況を評価して改善を図っていくこと、また実施に必要な人的又は物的な体制を確保するとともにその改善を図っていくことなどを通して、教育及び保育の内容並びに子育ての支援等に関する全体的な計画に基づき組織的かつ計画的に各幼保連携型認定こども園の教育及び保育活動の質の向上を図っていくこと(以下「カリキュラム・マネジメント」という。)に努めるものとする。

(2) 各幼保連携型認定こども園の教育及び保育の目標と教育及び保育の内容並びに子育ての支援等に関する全体的な計画の作成

教育及び保育の内容並びに子育ての支援等に関する全体的な計画の作成に当たっては、幼保連携型認定こども園の教育及び保育において育みたい資質・能力を踏まえつつ、各幼保連携型認定こども園の教育及び保育の目標を明確にするとともに、教育及び保育の内容並びに子育ての支援等に関する全体的な計画の作成についての基本的な方針が家庭や地域とも共有されるよう努めるものとする。

(3) 教育及び保育の内容並びに子育ての支援等に関する全体的な計画の作成上の基本的事項

ア 幼保連携型認定こども園における生活の全体を通して第2章に示すねらいが総合的に達成されるよう、教育課程に係る教育期間や園児の生活経験や発達の過程などを考慮して具体的なねらいと内容を組織するものとする。この場合においては、特に、自我が芽生え、他者の存在を意識し、自己を抑制しようとする気持ちが生まれるなどの乳幼児期の発達の特性を踏まえ、入園から修了に至るまでの長期的な視野をもって充実した生活が展開できるように配慮するものとする。

イ 幼保連携型認定こども園の満3歳以上の園児の教育課程に係る教育週数は、特別の事情のある場合を除き、39週を下ってはならない。

ウ 幼保連携型認定こども園の1日の教育課程に係る教育時間は、4時間を標準とする。ただし、園児の心身の発達の程度や季節などに適切に配慮するものとする。

エ 幼保連携型認定こども園の保育を必要とする子どもに該当する園児に対する教育及び保育の時間(満3歳以上の保育を必要とする子どもに該当する園児については、この章の第2の1の(3)ウに規定する教育時間を含む。)は、1日につき8時間を原則とし、園長がこれを定める。ただし、その地方における園児の保護者の労働時間その他家庭の状況等を考慮するものとする。

(4) 教育及び保育の内容並びに子育ての支援等に関する全体的な計画の実施上の留意事項

各幼保連携型認定こども園においては、園長の方針の下に、園務分掌に基づき保育教諭等職員が適切に役割を分担しつつ、相互に連携しながら、教育及び保育の内容並びに子育ての支援等に関する全体的な計画や指導の改善を図るものとする。また、各幼保連携型認定こども園が行う教育及び保育等に係る評価については、教育及び保育の内容並びに子育ての支援等に関する全体的な計画の作成、実施、改善が教育及び保育活動や園運営の中核となることを踏まえ、カリキュラム・マネジメントと関連付けながら実施するよう留意するものとする。

(5) 小学校教育との接続に当たっての留意事項

ア 幼保連携型認定こども園においては、その教育及び保育が、小学校以降の生活や学習の基盤の育成につながることに配慮し、乳幼児期にふさわしい生活を通して、創造的な思考や主体的な生活態度などの基礎を培うようにするものとする。

イ 幼保連携型認定こども園の教育及び保育において育まれた資質・能力を踏まえ、小学校教育が円滑に行われるよう、小学校の教師との意見交換や合同の研究の機会などを設け、「幼児期の終わりまでに育ってほしい姿」を共有するなど連携を図り、幼保連携型認定こども園における教育及び保育と小学校教育との円滑な接続を図るよう努めるものとする。

2 指導計画の作成と園児の理解に基づいた評価

(1) 指導計画の考え方

幼保連携型認定こども園における教育及び保育は、園児が自ら意欲をもって環境と関わることによりつくり出される具体的な活動を通して、その目標の達成を図るものである。

幼保連携型認定こども園においてはこのことを踏まえ、乳幼児期にふさわしい生活が展開され、適切な指導が行われるよう、調和のとれた組織的、発展的な指導計画を作成し、園児の活動に沿った柔軟な指導を行わなければならない。

(2) 指導計画の作成上の基本的事項

ア 指導計画は、園児の発達に即して園児一人一人が乳幼児期にふさわしい生活を展開し、必要な体験を得られるようにするために、具体的に作成するものとする。

イ 指導計画の作成に当たっては、次に示すところにより、具体的なねらい及び内容を明確に設定し、適切な環境を構成することなどにより活動が選択・展開されるようにするものとする。

（ア）　具体的なねらい及び内容は、幼保連携型認定こども園の生活における園児の発達の過程を見通し、園児の生活の連続性、季節の変化などを考慮して、園児の興味や関心、発達の実情などに応じて設定すること。

（イ）　環境は、具体的なねらいを達成するために適切なものとなるように構成し、園児が自らその環境に関わることにより様々な活動を展開しつつ必要な体験を得られるようにすること。その際、園児の生活する姿や発想を大切にし、常にその環境が適切なものとなるようにすること。

（ウ）　園児の行う具体的な活動は、生活の流れの中で様々に変化するものであることに留意し、園児が望ましい方向に向かって自ら活動を展開していくことができるよう必要な援助をすること。

その際、園児の実態及び園児を取り巻く状況の変化などに即して指導の過程についての評価を適切に行い、常に指導計画の改善を図るものとする。

(3)　指導計画の作成上の留意事項

指導計画の作成に当たっては、次の事項に留意するものとする。

ア　園児の生活は、入園当初の一人一人の遊びや保育教諭等との触れ合いを通して幼保連携型認定こども園の生活に親しみ、安定していく時期から、他の園児との関わりの中で園児の主体的な活動が深まり、園児が互いに必要な存在であることを認識するようになる。その後、園児同士や学級全体で目的をもって協同して幼保連携型認定こども園の生活を展開し、深めていく時期などに至るまでの過程を様々に経ながら広げられていくものである。これらを考慮し、活動がそれぞれの時期にふさわしく展開されるようにすること。

また、園児の入園当初の教育及び保育に当たっては、既に在園している園児に不安や動揺を与えないようにしつつ、可能な限り個別的に対応し、園児が安定感を得て、次第に幼保連携型認定こども園の生活になじんでいくよう配慮すること。

イ　長期的に発達を見通した年、学期、月などにわたる長期の指導計画やこれとの関連を保ちながらより具体的な園児の生活に即した週、日などの短期の指導計画を作成し、適切な指導が行われるようにすること。特に、週、日などの短期の指導計画については、園児の生活のリズムに配慮し、園児の意識や興味の連続性のある活動が相互に関連して幼保連携型認定こども園の生活の自然な流れの中に組み込まれるようにすること。

ウ　園児が様々な人やものとの関わりを通して、多様な体験をし、心身の調和のとれた発達を促すようにしていくこと。その際、園児の発達に即して主体的・対話的で深い学びが実現するようにするとともに、心を動かされる体験が次の活動を生み出すことを考慮し、一つ一つの体験が相互に結び付き、幼保連携型認定こども園の生活が充実するようにすること。

エ　言語に関する能力の発達と思考力等の発達が関連していることを踏まえ、幼保連携型認定こども園における生活全体を通して、園児の発達を踏まえた言語環境を整え、言語活動の充実を図ること。

オ　園児が次の活動への期待や意欲をもつことができるよう、園児の実態を踏まえながら、保育教諭等や他の園児と共に遊びや生活の中で見通しをもったり、振り返ったりするよう工夫すること。

カ　行事の指導に当たっては、幼保連携型認定こども園の生活の自然な流れの中で生活に変化や潤いを与え、園児が主体的に楽しく活動できるようにすること。なお、それぞれの行事については教育及び保育における価値を十分検討し、適切なものを精選し、園児の負担にならないようにすること。

キ　乳幼児期は直接的な体験が重要であることを踏まえ、視聴覚教材やコンピュータなど情報機器を活用する際には、幼保連携型認定こども園の生活では得難い体験を補完するなど、園児の体験との関連を考慮すること。

ク　園児の主体的な活動を促すためには、保育教諭等が多様な関わりをもつことが重要であることを踏まえ、保育教諭等は、理解者、共同作業者など様々な役割を果たし、園児の情緒の安定や発達に必要な豊かな体験が得られるよう、活動の場面に応じて、園児の人権や園児一人一人の個人差等に配慮した適切な指導を行うようにすること。

ケ　園児の行う活動は、個人、グループ、学級全体などで多様に展開されるものであることを踏まえ、幼保連携型認定こども園全体の職員による協力体制を作りながら、園児一人一人が興味や欲求を十分に満足させるよう適切な援助を行うようにすること。

コ　園児の生活は、家庭を基盤として地域社会を通じて次第に広がりをもつものであることに留意し、家庭との連携を十分に図るなど、幼保連携型認定こども園における生活が家庭や地域社会と連続性を保ちつつ展開されるようにするものとする。その際、地域の自然、高齢者や異年齢の子どもなどを含む人材、行事や公共施設などの地域の資源を積極的に活用し、園児が豊かな生活体験を得られるように工夫するものとする。また、家庭との連携に当たっては、保護者との情報交換の機会を設けたり、保護者と園児との活動の機会を設けたりなどすることを通じて、保護者の乳幼児期の教育及び保育に関する理解が深まるよう配慮するものとする。

サ　地域や幼保連携型認定こども園の実態等により、幼保連携型認定こども園間に加え、幼稚園、保育所等の保育施設、小学校、中学校、高等学校及び特別支援学校などとの間の連携や交流を図るものとする。特に、小学校教育との円滑な接続のため、幼保連携型認定こども園の園児と小学校の児童との交流の機会を積極的に設けるようにするものとする。また、障害のある園児児童生徒との交流及び共同学習の機会を設け、共に尊重し合いながら協働して生活していく態度を育むよう努めるものとする。

(4)　園児の理解に基づいた評価の実施

園児一人一人の発達の理解に基づいた評価の実施に当たっては、次の事項に配慮するものとする。

ア　指導の過程を振り返りながら園児の理解を進め、園児一人一人のよさや可能性などを把握し、指導の改善に生かすようにすること。その際、他の園児との比較や一定の基準に対する達成度についての評定によって捉えるものではないことに留意すること。

イ　評価の妥当性や信頼性が高められるよう創意工夫を行い、組織的かつ計画的な取組を推進するとともに、次年度又は小学校等にその内容が適切に引き継がれるようにすること。

3　特別な配慮を必要とする園児への指導

(1)　障害のある園児などへの指導

障害のある園児などへの指導に当たっては、集団の中で生活することを通して全体的な発達を促していくことに配慮し、適切な環境の下で、障害のある園児が他の園児との生活を通して共に成長できるよう、特別支援学校などの助言又は援助を活用しつつ、個々の園児の障害の状態などに応じた指導内容や指導方法の工夫を組織的かつ計画的に行うものとする。また、家庭、地域及び医療や福祉、保健等の業務を行う関係機関との連携を図り、長期的な視点で園児への教育及び保育的支援を行うために、個別の教育及び保育支援計画を作成し活用することに努めるとともに、個々の園児の実態を的確に把握し、個別の指導計画を作成し活用することに努めるものとする。

(2)　海外から帰国した園児や生活に必要な日本語の習得に困難のある園児の幼保連携型認定こども園の生活への適応

海外から帰国した園児や生活に必要な日本語の習得に困難のある園児については、安心して自己を発揮できるよう配慮するなど個々の園児の実態に応じ、指導内容や指導方法の工夫を組織的かつ計画的に行うものとする。

第3　幼保連携型認定こども園として特に配慮すべき事項

幼保連携型認定こども園における教育及び保育を行うに当たっては、次の事項について特に配慮しなければならない。

1　当該幼保連携型認定こども園に入園した年齢により集団生活の経験年数が異なる園児がいることに配慮する等、0歳から小学校就学前までの一貫した教育及び保育を園児の発達や学びの連続性を考慮して展開していくこと。特に満3歳以上については入園する園児が多いことや同一学年の園児で編制される学級の中で生活することなどを踏まえ、家庭や他の保育施設等との連携や引継ぎを円滑に行うとともに、環境の工夫をすること。

2　園児の一日の生活の連続性及びリズムの多様性に配慮するとともに、保護者の生活形態を反映した園児の在園時間の長短、入園時期や登園日数の違いを踏まえ、園児一人一人の状況に応じ、教育及び保育の内容やその展開について工夫をすること。特に入園及び年度当初においては、家庭との連携の下、園児一人一人の生活の仕方やリズムに十分に配慮して一日の自然な生活の流れをつくり出していくようにすること。

3　環境を通して行う教育及び保育の活動の充実を図るため、幼保連携型認定こども園における教育及び保育の環境の構成に当たっては、乳幼児期の特性及び保護者や地域の実態を踏まえ、次の事項に留意すること。

(1)　0歳から小学校就学前までの様々な年齢の園児の発達の特性を踏まえ、満3歳未満の園児については特に健康、安全や発達の確保を十分に図るとともに、満3歳以上の園児については同一学年の園児で編制される学級による集団活動の中で遊びを中心とする園児の主体的な活動を通して発達や学びを促す経験が得られるよう工夫をすること。特に、満3歳以上の園児同士が共に育ち、学び合いながら、豊かな体験を積み重ねることができるよう工夫をすること。

(2)　在園時間が異なる多様な園児がいることを踏まえ、園児の生活が安定するよう、家庭や地域、幼保連携型認定こども園における生活の連続性を確保するとともに、一日の生活のリズムを整えるよう工夫をすること。特に満3歳未満の園児については睡眠時間等の個人差に配慮するとともに、満3歳以上の園児については集中して遊ぶ場と家庭的な雰囲気の中でくつろぐ場との適切な調和等の工夫をすること。

(3)　家庭や地域において異年齢の子どもと関わる機会が減少していることを踏まえ、満3歳以上の園児については、学級による集団活動とともに、満3歳未満の園児を含む異年齢の園児による活動を、園児の発達の状況にも配慮しつつ適切に組み合わせて設定するなどの工夫をすること。

(4)　満3歳以上の園児については、特に長期的な休業中、園児が過ごす家庭や園などの生活の場が異なることを踏まえ、それぞれの多様な生活経験が長期的な休業などの終了後等の園生活に生かされるよう工夫をすること。

4　指導計画を作成する際には、この章に示す指導計画の作成上の留意事項を踏まえるとともに、次の事項にも特に配慮すること。

(1)　園児の発達の個人差、入園した年齢の違いなどによる集団生活の経験年数の差、家庭環境等を踏まえ、園児一人一人の発達の特性や課題に十分留意すること。特に満3歳未満の園児については、大人への依存度が極めて高い等の特性があることから、個別的な対応を図ること。また、園児の集団生活への円滑な接続について、家庭等との連携及び協力を図る等十分留意すること。

(2) 園児の発達の連続性を考慮した教育及び保育を展開する際には、次の事項に留意すること。

ア 満３歳未満の園児については、園児一人一人の生育歴、心身の発達、活動の実態等に即して、個別的な計画を作成すること。

イ 満３歳以上の園児については、個の成長と、園児相互の関係や協同的な活動が促されるよう考慮すること。

ウ 異年齢で構成されるグループ等での指導に当たっては、園児一人一人の生活や経験、発達の過程などを把握し、適切な指導や環境の構成ができるよう考慮すること。

(3) 一日の生活のリズムや在園時間が異なる園児が共に過ごすことを踏まえ、活動と休息、緊張感と解放感等の調和を図るとともに、園児に不安や動揺を与えないようにする等の配慮を行うこと。その際、担当の保育教諭等が替わる場合には、園児の様子等引継ぎを行い、十分な連携を図ること。

(4) 午睡は生活のリズムを構成する重要な要素であり、安心して眠ることのできる安全な午睡環境を確保するとともに、在園時間が異なることや、睡眠時間は園児の発達の状況や個人によって差があることから、一律とならないよう配慮すること。

(5) 長時間にわたる教育及び保育については、園児の発達の過程、生活のリズム及び心身の状態に十分配慮して、保育の内容や方法、職員の協力体制、家庭との連携などを指導計画に位置付けること。

5 生命の保持や情緒の安定を図るなど養護の行き届いた環境の下、幼保連携型認定こども園における教育及び保育を展開すること。

(1) 園児一人一人が、快適にかつ健康で安全に過ごせるようにするとともに、その生理的欲求が十分に満たされ、健康増進が積極的に図られるようにするため、次の事項に留意すること。

ア 園児一人一人の平常の健康状態や発育及び発達の状態を的確に把握し、異常を感じる場合は、速やかに適切に対応すること。

イ 家庭との連携を密にし、学校医等との連携を図りながら、園児の疾病や事故防止に関する認識を深め、保健的で安全な環境の維持及び向上に努めること。

ウ 清潔で安全な環境を整え、適切な援助や応答的な関わりを通して、園児の生理的欲求を満たしていくこと。また、家庭と協力しながら、園児の発達の過程等に応じた適切な生活のリズムがつくられていくようにすること。

エ 園児の発達の過程等に応じて、適度な運動と休息をとることができるようにすること。また、食事、排泄(せつ)、睡眠、衣類の着脱、身の回りを清潔にすることなどについて、園児が意欲的に生活できるよう適切に援助すること。

(2) 園児一人一人が安定感をもって過ごし、自分の気持ちを安心して表すことができるようにするとともに、周囲から主体として受け止められ主体として育ち、自分を肯定する気持ちが育まれていくようにし、くつろいで共に過ごし、心身の疲れが癒やされるようにするため、次の事項に留意すること。

ア 園児一人一人の置かれている状態や発達の過程などを的確に把握し、園児の欲求を適切に満たしながら、応答的な触れ合いや言葉掛けを行うこと。

イ 園児一人一人の気持ちを受容し、共感しながら、園児との継続的な信頼関係を築いていくこと。

ウ 保育教諭等との信頼関係を基盤に、園児一人一人が主体的に活動し、自発性や探索意欲などを高めるとともに、自分への自信をもつことができるよう成長の過程を見守り、適切に働き掛けること。

エ 園児一人一人の生活のリズム、発達の過程、在園時間などに応じて、活動内容のバランスや調和を図りながら、適切な食事や休息がとれるようにすること。

6 園児の健康及び安全は、園児の生命の保持と健やかな生活の基本であり、幼保連携型認定こども園の生活全体を通して健康や安全に関する管理や指導、食育の推進等に十分留意すること。

7 保護者に対する子育ての支援に当たっては、この章に示す幼保連携型認定こども園における教育及び保育の基本及び目標を踏まえ、子どもに対する学校としての教育及び児童福祉施設としての保育並びに保護者に対する子育ての支援について相互に有機的な連携が図られるようにすること。また、幼保連携型認定こども園の目的の達成に資するため、保護者が子どもの成長に気付き子育ての喜びが感じられるよう、幼保連携型認定こども園の特性を生かした子育ての支援に努めること。

第２章　ねらい及び内容並びに配慮事項

この章に示すねらいは、幼保連携型認定こども園の教育及び保育において育みたい資質・能力を園児の生活する姿から捉えたものであり、内容は、ねらいを達成するために指導する事項である。各視点や領域は、この時期の発達の特徴を踏まえ、教育及び保育のねらい及び内容を乳幼児の発達の側面から、乳児は三つの視点として、幼児は五つの領域としてまとめ、示したものである。内容の取扱いは、園児の発達を踏まえた指導を行うに当たって留意すべき事項である。

各視点や領域に示すねらいは、幼保連携型認定こども園における生活の全体を通じ、園児が様々な体験を積み重ねる中で相互に関連をもちながら次第に達成に向かうものであること、内容は、園児が環境に関わって展開する具体的な活動を通して総合的に指導されるものであることに留意しなければならない。

また、「幼児期の終わりまでに育ってほしい姿」が、ねらい及び内容に基づく活動全体を通して資質・能力が育まれている園児の幼保連携型認定こども園修了時の具体的な姿であることを踏まえ、指導を行う際に考慮するものとする。

なお、特に必要な場合には、各視点や領域に示すねらいの趣旨に基づいて適切な、具体的な内容を工夫し、それを加えても差し支えないが、その場合には、それが第１章の第１に示す幼保連携型認定こども園の教育及び保育の基本及び目標を逸脱しないよう慎重に配慮する必要がある。

第１　乳児期の園児の保育に関するねらい及び内容

基本的事項

1　乳児期の発達については、視覚、聴覚などの感覚や、座る、はう、歩くなどの運動機能が著しく発達し、特定の大人との応答的な関わりを通じて、情緒的な絆(きずな)が形成されるといった特徴がある。これらの発達の特徴を踏まえて、乳児期の園児の保育は、愛情豊かに、応答的に行われることが特に必要である。

2　本項においては、この時期の発達の特徴を踏まえ、乳児期の園児の保育のねらい及び内容については、身体的発達に関する視点「健やかに伸び伸びと育つ」、社会的発達に関する視点「身近な人と気持ちが通じ合う」及び精神的発達に関する視点「身近なものと関わり感性が育つ」としてまとめ、示している。

ねらい及び内容

健やかに伸び伸びと育つ

〔健康な心と体を育て、自ら健康で安全な生活をつくり出す力の基盤を培う。〕

1　ねらい

(1)　身体感覚が育ち、快適な環境に心地よさを感じる。

(2)　伸び伸びと体を動かし、はう、歩くなどの運動をしようとする。

(3)　食事、睡眠等の生活のリズムの感覚が芽生える。

2　内容

(1)　保育教諭等の愛情豊かな受容の下で、生理的・心理的欲求を満たし、心地よく生活をする。

(2)　一人一人の発育に応じて、はう、立つ、歩くなど、十分に体を動かす。

(3)　個人差に応じて授乳を行い、離乳を進めていく中で、様々な食品に少しずつ慣れ、食べることを楽しむ。

(4)　一人一人の生活のリズムに応じて、安全な環境の下で十分に午睡をする。

(5)　おむつ交換や衣服の着脱などを通じて、清潔になることの心地よさを感じる。

3　内容の取扱い

上記の取扱いに当たっては、次の事項に留意する必要がある。

(1)　心と体の健康は、相互に密接な関連があるものであることを踏まえ、温かい触れ合いの中で、心と体の発達を促すこと。特に、寝返り、お座り、はいはい、つかまり立ち、伝い歩きなど、発育に応じて、遊びの中で体を動かす機会を十分に確保し、自ら体を動かそうとする意欲が育つようにすること。

(2)　健康な心と体を育てるためには望ましい食習慣の形成が重要であることを踏まえ、離乳食が完了期へと徐々に移行する中で、様々な食品に慣れるようにするとともに、和やかな雰囲気の中で食べる喜びや楽しさを味わい、進んで食べようとする気持ちが育つようにすること。なお、食物アレルギーのある園児への対応については、学校医等の指示や協力の下に適切に対応すること。

身近な人と気持ちが通じ合う

〔受容的・応答的な関わりの下で、何かを伝えようとする意欲や身近な大人との信頼関係を育て、人と関わる力の基盤を培う。〕

1　ねらい

(1)　安心できる関係の下で、身近な人と共に過ごす喜びを感じる。

(2)　体の動きや表情、発声等により、保育教諭等と気持ちを通わせようとする。

(3)　身近な人と親しみ、関わりを深め、愛情や信頼感が芽生える。

2　内容

(1)　園児からの働き掛けを踏まえた、応答的な触れ合いや言葉掛けによって、欲求が満たされ、安定感をもって過ごす。

(2)　体の動きや表情、発声、喃(なん)語等を優しく受け止めてもらい、保育教諭等とのやり取りを楽しむ。

(3)　生活や遊びの中で、自分の身近な人の存在に気付き、親しみの気持ちを表す。

(4)　保育教諭等による語り掛けや歌い掛け、発声や喃(なん)語等への応答を通じて、言葉の理解や発語の意欲が育つ。

(5)　温かく、受容的な関わりを通じて、自分を肯定する気持ちが芽生える。

3　内容の取扱い

上記の取扱いに当たっては、次の事項に留意する必要がある。

(1)　保育教諭等との信頼関係に支えられて生活を確立していくことが人と関わる基盤となることを考慮して、園児の多様な感情を受け止め、温かく受容的・応答的に関わり、一人一人に応じた適切な援助を行うようにすること。

(2)　身近な人に親しみをもって接し、自分の感情などを表し、それに相手が応答する言葉を聞くことを通して、次第に言葉が獲得されていくことを考慮して、楽しい雰囲気の中での保育教諭等との関わり合いを大切にし、ゆっくりと優しく話し掛けるなど、積極的に言葉のやり取りを楽しむことができるようにすること。

身近なものと関わり感性が育つ

〔身近な環境に興味や好奇心をもって関わり、感じたことや考えたことを表現する力の基盤を培う。〕

1　ねらい

(1)　身の回りのものに親しみ、様々なものに興味や関心をもつ。

(2)　見る、触れる、探索するなど、身近な環境に自分から関わろうとする。

(3)　身体の諸感覚による認識が豊かになり、表情や手足、体の動き等で表現する。

2　内容

(1)　身近な生活用具、玩具や絵本などが用意された中で、身の回りのものに対する興味や好奇心をもつ。

(2)　生活や遊びの中で様々なものに触れ、音、形、色、手触りなどに気付き、感覚の働きを豊かにする。

(3)　保育教諭等と一緒に様々な色彩や形のものや絵本などを見る。

(4)　玩具や身の回りのものを、つまむ、つかむ、たたく、引っ張るなど、手や指を使って遊ぶ。

(5)　保育教諭等のあやし遊びに機嫌よく応じたり、歌やリズムに合わせて手足や体を動かして楽しんだりする。

3　内容の取扱い

上記の取扱いに当たっては、次の事項に留意する必要がある。

(1)　玩具などは、音質、形、色、大きさなど園児の発達状態に応じて適切なものを選び、その時々の園児の興味や関心を踏まえるなど、遊びを通して感覚の発達が促されるものとなるように工夫すること。なお、安全な環境の下で、園児が探索意欲を満たして自由に遊べるよう、身の回りのものについては常に十分な点検を行うこと。

(2)　乳児期においては、表情、発声、体の動きなどで、感情を表現することが多いことから、これらの表現しようとする意欲を積極的に受け止めて、園児が様々な活動を楽しむことを通して表現が豊かになるようにすること。

第2　満1歳以上満3歳未満の園児の保育に関するねらい及び内容

基本的事項

1　この時期においては、歩き始めから、歩く、走る、跳ぶなどへと、基本的な運動機能が次第に発達し、排泄(せつ)の自立のための身体的機能も整うようになる。つまむ、めくるなどの指先の機能も発達し、食事、衣類の着脱なども、保育教諭等の援助の下で自分で行うようになる。発声も明瞭になり、語彙も増加し、自分の意思や欲求を言葉で表出できるようになる。このように自分でできることが増えてくる時期であることから、保育教諭等は、園児の生活の安定を図りながら、自分でしようとする気持ちを尊重し、温かく見守るとともに、愛情豊かに、応答的に関わることが必要である。

2　本項においては、この時期の発達の特徴を踏まえ、保育のねらい及び内容について、心身の健康に関する領域「健康」、人との関わりに関する領域「人間関係」、身近な環境との関わりに関する領域「環境」、言葉の獲得に関する領域「言葉」及び感性と表現に関する領域「表現」としてまとめ、示している。

ねらい及び内容

健康

〔健康な心と体を育て、自ら健康で安全な生活をつくり出す力を養う。〕

1　ねらい

(1)　明るく伸び伸びと生活し、自分から体を動かすことを楽しむ。

(2)　自分の体を十分に動かし、様々な動きをしようとする。

(3)　健康、安全な生活に必要な習慣に気付き、自分でしてみようとする気持ちが育つ。

2　内容

(1)　保育教諭等の愛情豊かな受容の下で、安定感をもって生活をする。

(2)　食事や午睡、遊びと休息など、幼保連携型認定こども園における生活のリズムが形成される。

(3)　走る、跳ぶ、登る、押す、引っ張るなど全身を使う遊びを楽しむ。

(4)　様々な食品や調理形態に慣れ、ゆったりとした雰囲気の中で食事や間食を楽しむ。

(5)　身の回りを清潔に保つ心地よさを感じ、その習慣が少しずつ身に付く。

(6)　保育教諭等の助けを借りながら、衣類の着脱を自分でしようとする。

(7)　便器での排泄(せつ)に慣れ、自分で排泄(せつ)ができるようになる。

3　内容の取扱い

上記の取扱いに当たっては、次の事項に留意する必要がある。

(1)　心と体の健康は、相互に密接な関連があるものであることを踏まえ、園児の気持ちに配慮した温かい触れ合いの中で、心と体の発達を促すこと。特に、一人一人の発育に応じて、体を動かす機会を十分に確保し、自ら体を動かそうとする意欲が育つようにすること。

(2)　健康な心と体を育てるためには望ましい食習慣の形成が重要であることを踏まえ、ゆったりとした雰囲気の中で食べる喜びや楽しさを味わい、進んで食べようとする気持ちが育つようにすること。なお、食物アレルギーのある園児への対応については、学校医等の指示や協力の下に適切に対応すること。

(3)　排泄(せつ)の習慣については、一人一人の排尿間隔等を踏まえ、おむつが汚れていないときに便器に座らせるなどにより、少しずつ慣れさせるようにすること。

(4) 食事、排泄、睡眠、衣類の着脱、身の回りを清潔にすることなど、生活に必要な基本的な習慣については、一人一人の状態に応じ、落ち着いた雰囲気の中で行うようにし、園児が自分でしようとする気持ちを尊重すること。また、基本的な生活習慣の形成に当たっては、家庭での生活経験に配慮し、家庭との適切な連携の下で行うようにすること。

人間関係

〔他の人々と親しみ、支え合って生活するために、自立心を育て、人と関わる力を養う。〕

1 ねらい

(1) 幼保連携型認定こども園での生活を楽しみ、身近な人と関わる心地よさを感じる。

(2) 周囲の園児等への興味・関心が高まり、関わりをもとうとする。

(3) 幼保連携型認定こども園の生活の仕方に慣れ、きまりの大切さに気付く。

2 内容

(1) 保育教諭等や周囲の園児等との安定した関係の中で、共に過ごす心地よさを感じる。

(2) 保育教諭等の受容的・応答的な関わりの中で、欲求を適切に満たし、安定感をもって過ごす。

(3) 身の回りに様々な人がいることに気付き、徐々に他の園児と関わりをもって遊ぶ。

(4) 保育教諭等の仲立ちにより、他の園児との関わり方を少しずつ身につける。

(5) 幼保連携型認定こども園の生活の仕方に慣れ、きまりがあることや、その大切さに気付く。

(6) 生活や遊びの中で、年長児や保育教諭等の真似をしたり、ごっこ遊びを楽しんだりする。

3 内容の取扱い

上記の取扱いに当たっては、次の事項に留意する必要がある。

(1) 保育教諭等との信頼関係に支えられて生活を確立するとともに、自分で何かをしようとする気持ちが旺盛になる時期であることに鑑み、そのような園児の気持ちを尊重し、温かく見守るとともに、愛情豊かに、応答的に関わり、適切な援助を行うようにすること。

(2) 思い通りにいかない場合等の園児の不安定な感情の表出については、保育教諭等が受容的に受け止めるとともに、そうした気持ちから立ち直る経験や感情をコントロールすることへの気付き等につなげていけるように援助すること。

(3) この時期は自己と他者との違いの認識がまだ十分ではないことから、園児の自我の育ちを見守るとともに、保育教諭等が仲立ちとなって、自分の気持ちを相手に伝えることや相手の気持ちに気付くことの大切さなど、友達の気持ちや友達との関わり方を丁寧に伝えていくこと。

環境

〔周囲の様々な環境に好奇心や探究心をもって関わり、それらを生活に取り入れていこうとする力を養う。〕

1 ねらい

(1) 身近な環境に親しみ、触れ合う中で、様々なものに興味や関心をもつ。

(2) 様々なものに関わる中で、発見を楽しんだり、考えたりしようとする。

(3) 見る、聞く、触るなどの経験を通して、感覚の働きを豊かにする。

2 内容

(1) 安全で活動しやすい環境での探索活動等を通して、見る、聞く、触れる、嗅ぐ、味わうなどの感覚の働きを豊かにする。

(2) 玩具、絵本、遊具などに興味をもち、それらを使った遊びを楽しむ。

(3) 身の回りの物に触れる中で、形、色、大きさ、量などの物の性質や仕組みに気付く。

(4) 自分の物と人の物の区別や、場所的感覚など、環境を捉える感覚が育つ。

(5) 身近な生き物に気付き、親しみをもつ。

(6) 近隣の生活や季節の行事などに興味や関心をもつ。

3 内容の取扱い

上記の取扱いに当たっては、次の事項に留意する必要がある。

(1) 玩具などは、音質、形、色、大きさなど園児の発達状態に応じて適切なものを選び、遊びを通して感覚の発達が促されるように工夫すること。

(2) 身近な生き物との関わりについては、園児が命を感じ、生命の尊さに気付く経験へとつながるものであることから、そうした気付きを促すような関わりとなるようにすること。

(3) 地域の生活や季節の行事などに触れる際には、社会とのつながりや地域社会の文化への気付きにつながるものとなることが望ましいこと。その際、幼保連携型認定こども園内外の行事や地域の人々との触れ合いなどを通して行うこと等も考慮すること。

言葉

〔経験したことや考えたことなどを自分なりの言葉で表現し、相手の話す言葉を聞こうとする意欲や態度を育て、言葉に対する感覚や言葉で表現する力を養う。〕

1 ねらい

(1) 言葉遊びや言葉で表現する楽しさを感じる。

(2) 人の言葉や話などを聞き、自分でも思ったことを伝えようとする。

(3) 絵本や物語等に親しむとともに、言葉のやり取りを通じて身近な人と気持ちを通わせる。

2 内容

(1) 保育教諭等の応答的な関わりや話し掛けにより、自ら言葉を使おうとする。

(2) 生活に必要な簡単な言葉に気付き、聞き分ける。

(3) 親しみをもって日常の挨拶に応じる。

(4)　絵本や紙芝居を楽しみ、簡単な言葉を繰り返したり、模倣をしたりして遊ぶ。
(5)　保育教諭等とごっこ遊びをする中で、言葉のやり取りを楽しむ。
(6)　保育教諭等を仲立ちとして、生活や遊びの中で友達との言葉のやり取りを楽しむ。
(7)　保育教諭等や友達の言葉や話に興味や関心をもって、聞いたり、話したりする。

3　内容の取扱い

上記の取扱いに当たっては、次の事項に留意する必要がある。

(1)　身近な人に親しみをもって接し、自分の感情などを伝え、それに相手が応答し、その言葉を聞くことを通して、次第に言葉が獲得されていくものであることを考慮して、楽しい雰囲気の中で保育教諭等との言葉のやり取りができるようにすること。
(2)　園児が自分の思いを言葉で伝えるとともに、他の園児の話などを聞くことを通して、次第に話を理解し、言葉による伝え合いができるようになるよう、気持ちや経験等の言語化を行うことを援助するなど、園児同士の関わりの仲立ちを行うようにすること。
(3)　この時期は、片言から、二語文、ごっこ遊びでのやり取りができる程度へと、大きく言葉の習得が進む時期であることから、それぞれの園児の発達の状況に応じて、遊びや関わりの工夫など、保育の内容を適切に展開することが必要であること。

表現

〔感じたことや考えたことを自分なりに表現することを通して、豊かな感性や表現する力を養い、創造性を豊かにする。〕

1　ねらい

(1)　身体の諸感覚の経験を豊かにし、様々な感覚を味わう。
(2)　感じたことや考えたことなどを自分なりに表現しようとする。
(3)　生活や遊びの様々な体験を通して、イメージや感性が豊かになる。

2　内容

(1)　水、砂、土、紙、粘土など様々な素材に触れて楽しむ。
(2)　音楽、リズムやそれに合わせた体の動きを楽しむ。
(3)　生活の中で様々な音、形、色、手触り、動き、味、香りなどに気付いたり、感じたりして楽しむ。
(4)　歌を歌ったり、簡単な手遊びや全身を使う遊びを楽しんだりする。
(5)　保育教諭等からの話や、生活や遊びの中での出来事を通して、イメージを豊かにする。
(6)　生活や遊びの中で、興味のあることや経験したことなどを自分なりに表現する。

3　内容の取扱い

上記の取扱いに当たっては、次の事項に留意する必要がある。

(1)　園児の表現は、遊びや生活の様々な場面で表出されているものであることから、それらを積極的に受け止め、様々な表現の仕方や感性を豊かにする経験となるようにすること。
(2)　園児が試行錯誤しながら様々な表現を楽しむことや、自分の力でやり遂げる充実感などに気付くよう、温かく見守るとともに、適切に援助を行うようにすること。
(3)　様々な感情の表現等を通じて、園児が自分の感情や気持ちに気付くようになる時期であることに鑑み、受容的な関わりの中で自信をもって表現をすることや、諦めずに続けた後の達成感等を感じられるような経験が蓄積されるようにすること。
(4)　身近な自然や身の回りの事物に関わる中で、発見や心が動く経験が得られるよう、諸感覚を働かせることを楽しむ遊びや素材を用意するなど保育の環境を整えること。

第3　満3歳以上の園児の教育及び保育に関するねらい及び内容

基本的事項

1　この時期においては、運動機能の発達により、基本的な動作が一通りできるようになるとともに、基本的な生活習慣もほぼ自立できるようになる。理解する語彙数が急激に増加し、知的興味や関心も高まってくる。仲間と遊び、仲間の中の一人という自覚が生じ、集団的な遊びや協同的な活動も見られるようになる。これらの発達の特徴を踏まえて、この時期の教育及び保育においては、個の成長と集団としての活動の充実が図られるようにしなければならない。

2　本項においては、この時期の発達の特徴を踏まえ、教育及び保育のねらい及び内容について、心身の健康に関する領域「健康」、人との関わりに関する領域「人間関係」、身近な環境との関わりに関する領域「環境」、言葉の獲得に関する領域「言葉」及び感性と表現に関する領域「表現」としてまとめ、示している。

ねらい及び内容

健康

〔健康な心と体を育て、自ら健康で安全な生活をつくり出す力を養う。〕

1　ねらい

(1)　明るく伸び伸びと行動し、充実感を味わう。
(2)　自分の体を十分に動かし、進んで運動しようとする。
(3)　健康、安全な生活に必要な習慣や態度を身に付け、見通しをもって行動する。

2　内容

(1)　保育教諭等や友達と触れ合い、安定感をもって行動する。
(2)　いろいろな遊びの中で十分に体を動かす。

(3)　進んで戸外で遊ぶ。
(4)　様々な活動に親しみ、楽しんで取り組む。
(5)　保育教諭等や友達と食べることを楽しみ、食べ物への興味や関心をもつ。
(6)　健康な生活のリズムを身に付ける。
(7)　身の回りを清潔にし、衣服の着脱、食事、排泄（せつ）などの生活に必要な活動を自分でする。
(8)　幼保連携型認定こども園における生活の仕方を知り、自分たちで生活の場を整えながら見通しをもって行動する。
(9)　自分の健康に関心をもち、病気の予防などに必要な活動を進んで行う。
(10)　危険な場所、危険な遊び方、災害時などの行動の仕方が分かり、安全に気を付けて行動する。

3　内容の取扱い

上記の取扱いに当たっては、次の事項に留意する必要がある。

(1)　心と体の健康は、相互に密接な関連があるものであることを踏まえ、園児が保育教諭等や他の園児との温かい触れ合いの中で自己の存在感や充実感を味わうことなどを基盤として、しなやかな心と体の発達を促すこと。特に、十分に体を動かす気持ちよさを体験し、自ら体を動かそうとする意欲が育つようにすること。
(2)　様々な遊びの中で、園児が興味や関心、能力に応じて全身を使って活動することにより、体を動かす楽しさを味わい、自分の体を大切にしようとする気持ちが育つようにすること。その際、多様な動きを経験する中で、体の動きを調整するようにすること。
(3)　自然の中で伸び伸びと体を動かして遊ぶことにより、体の諸機能の発達が促されることに留意し、園児の興味や関心が戸外にも向くようにすること。その際、園児の動線に配慮した園庭や遊具の配置などを工夫すること。
(4)　健康な心と体を育てるためには食育を通じた望ましい食習慣の形成が大切であることを踏まえ、園児の食生活の実情に配慮し、和やかな雰囲気の中で保育教諭等や他の園児と食べる喜びや楽しさを味わったり、様々な食べ物への興味や関心をもったりするなどし、食の大切さに気付き、進んで食べようとする気持ちが育つようにすること。
(5)　基本的な生活習慣の形成に当たっては、家庭での生活経験に配慮し、園児の自立心を育て、園児が他の園児と関わりながら主体的な活動を展開する中で、生活に必要な習慣を身に付け、次第に見通しをもって行動できるようにすること。
(6)　安全に関する指導に当たっては、情緒の安定を図り、遊びを通して安全についての構えを身に付け、危険な場所や事物などが分かり、安全についての理解を深めるようにすること。また、交通安全の習慣を身に付けるようにするとともに、避難訓練などを通して、災害などの緊急時に適切な行動がとれるようにすること。

人間関係

〔他の人々と親しみ、支え合って生活するために、自立心を育て、人と関わる力を養う。〕

1　ねらい

(1)　幼保連携型認定こども園の生活を楽しみ、自分の力で行動することの充実感を味わう。
(2)　身近な人と親しみ、関わりを深め、工夫したり、協力したりして一緒に活動する楽しさを味わい、愛情や信頼感をもつ。
(3)　社会生活における望ましい習慣や態度を身に付ける。

2　内容

(1)　保育教諭等や友達と共に過ごすことの喜びを味わう。
(2)　自分で考え、自分で行動する。
(3)　自分でできることは自分でする。
(4)　いろいろな遊びを楽しみながら物事をやり遂げようとする気持ちをもつ。
(5)　友達と積極的に関わりながら喜びや悲しみを共感し合う。
(6)　自分の思ったことを相手に伝え、相手の思っていることに気付く。
(7)　友達のよさに気付き、一緒に活動する楽しさを味わう。
(8)　友達と楽しく活動する中で、共通の目的を見いだし、工夫したり、協力したりなどする。
(9)　よいことや悪いことがあることに気付き、考えながら行動する。
(10)　友達との関わりを深め、思いやりをもつ。
(11)　友達と楽しく生活する中できまりの大切さに気付き、守ろうとする。
(12)　共同の遊具や用具を大切にし、皆で使う。
(13)　高齢者をはじめ地域の人々などの自分の生活に関係の深いいろいろな人に親しみをもつ。

3　内容の取扱い

上記の取扱いに当たっては、次の事項に留意する必要がある。

(1)　保育教諭等との信頼関係に支えられて自分自身の生活を確立していくことが人と関わる基盤となることを考慮し、園児が自ら周囲に働き掛けることにより多様な感情を体験し、試行錯誤しながら諦めずにやり遂げることの達成感や、前向きな見通しをもって自分の力で行うことの充実感を味わうことができるよう、園児の行動を見守りながら適切な援助を行うようにすること。
(2)　一人一人を生かした集団を形成しながら人と関わる力を育てていくようにすること。その際、集団の生活の中で、園児が自己を発揮し、保育教諭等や他の園児に認められる体験をし、自分のよさや特徴に気付き、自信をもって行動できるようにすること。

(3) 園児が互いに関わりを深め、協同して遊ぶようになるため、自ら行動する力を育てるようにするとともに、他の園児と試行錯誤しながら活動を展開する楽しさや共通の目的が実現する喜びを味わうことができるようにすること。

(4) 道徳性の芽生えを培うに当たっては、基本的な生活習慣の形成を図るとともに、園児が他の園児との関わりの中で他人の存在に気付き、相手を尊重する気持ちをもって行動できるようにし、また、自然や身近な動植物に親しむことなどを通して豊かな心情が育つようにすること。特に、人に対する信頼感や思いやりの気持ちは、葛藤やつまずきをも体験し、それらを乗り越えることにより次第に芽生えてくることに配慮すること。

(5) 集団の生活を通して、園児が人との関わりを深め、規範意識の芽生えが培われることを考慮し、園児が保育教諭等との信頼関係に支えられて自己を発揮する中で、互いに思いを主張し、折り合いを付ける体験をし、きまりの必要性などに気付き、自分の気持ちを調整する力が育つようにすること。

(6) 高齢者をはじめ地域の人々などの自分の生活に関係の深いいろいろな人と触れ合い、自分の感情や意志を表現しながら共に楽しみ、共感し合う体験を通して、これらの人々などに親しみをもち、人と関わることの楽しさや人の役に立つ喜びを味わうことができるようにすること。また、生活を通して親や祖父母などの家族の愛情に気付き、家族を大切にしようとする気持ちが育つようにすること。

環境

〔周囲の様々な環境に好奇心や探究心をもって関わり、それらを生活に取り入れていこうとする力を養う。〕

1 ねらい

(1) 身近な環境に親しみ、自然と触れ合う中で様々な事象に興味や関心をもつ。

(2) 身近な環境に自分から関わり、発見を楽しんだり、考えたりし、それを生活に取り入れようとする。

(3) 身近な事象を見たり、考えたり、扱ったりする中で、物の性質や数量、文字などに対する感覚を豊かにする。

2 内容

(1) 自然に触れて生活し、その大きさ、美しさ、不思議さなどに気付く。

(2) 生活の中で、様々な物に触れ、その性質や仕組みに興味や関心をもつ。

(3) 季節により自然や人間の生活に変化のあることに気付く。

(4) 自然などの身近な事象に関心をもち、取り入れて遊ぶ。

(5) 身近な動植物に親しみをもって接し、生命の尊さに気付き、いたわったり、大切にしたりする。

(6) 日常生活の中で、我が国や地域社会における様々な文化や伝統に親しむ。

(7) 身近な物を大切にする。

(8) 身近な物や遊具に興味をもって関わり、自分なりに比べたり、関連付けたりしながら考えたり、試したりして工夫して遊ぶ。

(9) 日常生活の中で数量や図形などに関心をもつ。

(10) 日常生活の中で簡単な標識や文字などに関心をもつ。

(11) 生活に関係の深い情報や施設などに興味や関心をもつ。

(12) 幼保連携型認定こども園内外の行事において国旗に親しむ。

3 内容の取扱い

上記の取扱いに当たっては、次の事項に留意する必要がある。

(1) 園児が、遊びの中で周囲の環境と関わり、次第に周囲の世界に好奇心を抱き、その意味や操作の仕方に関心をもち、物事の法則性に気付き、自分なりに考えることができるようになる過程を大切にすること。また、他の園児の考えなどに触れて新しい考えを生み出す喜びや楽しさを味わい、自分の考えをよりよいものにしようとする気持ちが育つようにすること。

(2) 幼児期において自然のもつ意味は大きく、自然の大きさ、美しさ、不思議さなどに直接触れる体験を通して、園児の心が安らぎ、豊かな感情、好奇心、思考力、表現力の基礎が培われることを踏まえ、園児が自然との関わりを深めることができるよう工夫すること。

(3) 身近な事象や動植物に対する感動を伝え合い、共感し合うことなどを通して自分から関わろうとする意欲を育てるとともに、様々な関わり方を通してそれらに対する親しみや畏敬の念、生命を大切にする気持ち、公共心、探究心などが養われるようにすること。

(4) 文化や伝統に親しむ際には、正月や節句など我が国の伝統的な行事、国歌、唱歌、わらべうたや我が国の伝統的な遊びに親しんだり、異なる文化に触れる活動に親しんだりすることを通じて、社会とのつながりの意識や国際理解の意識の芽生えなどが養われるようにすること。

(5) 数量や文字などに関しては、日常生活の中で園児自身の必要感に基づく体験を大切にし、数量や文字などに関する興味や関心、感覚が養われるようにすること。

言葉

〔経験したことや考えたことなどを自分なりの言葉で表現し、相手の話す言葉を聞こうとする意欲や態度を育て、言葉に対する感覚や言葉で表現する力を養う。〕

1 ねらい

(1) 自分の気持ちを言葉で表現する楽しさを味わう。

(2) 人の言葉や話などをよく聞き、自分の経験したことや考えたことを話し、伝え合う喜びを味わう。

(3) 日常生活に必要な言葉が分かるようになるとともに、絵本や物語などに親しみ、言葉に対する感覚を豊かにし、保育教諭等や友達と心を通わせる。

2 内容

(1) 保育教諭等や友達の言葉や話に興味や関心をもち、親しみをもって聞いたり、話したりする。

(2) したり、見たり、聞いたり、感じたり、考えたりなどしたことを自分なりに言葉で表現する。

(3) したいこと、してほしいことを言葉で表現したり、分からないことを尋ねたりする。

(4) 人の話を注意して聞き、相手に分かるように話す。

(5) 生活の中で必要な言葉が分かり、使う。

(6) 親しみをもって日常の挨拶をする。

(7) 生活の中で言葉の楽しさや美しさに気付く。

(8) いろいろな体験を通じてイメージや言葉を豊かにする。

(9) 絵本や物語などに親しみ、興味をもって聞き、想像をする楽しさを味わう。

(10) 日常生活の中で、文字などで伝える楽しさを味わう。

3 内容の取扱い

上記の取扱いに当たっては、次の事項に留意する必要がある。

(1) 言葉は、身近な人に親しみをもって接し、自分の感情や意志などを伝え、それに相手が応答し、その言葉を聞くことを通して次第に獲得されていくものであることを考慮して、園児が保育教諭等や他の園児と関わることにより心を動かされるような体験をし、言葉を交わす喜びを味わえるようにすること。

(2) 園児が自分の思いを言葉で伝えるとともに、保育教諭等や他の園児などの話を興味をもって注意して聞くことを通して次第に話を理解するようになっていき、言葉による伝え合いができるようにすること。

(3) 絵本や物語などで、その内容と自分の経験とを結び付けたり、想像を巡らせたりするなど、楽しみを十分に味わうことによって、次第に豊かなイメージをもち、言葉に対する感覚が養われるようにすること。

(4) 園児が生活の中で、言葉の響きやリズム、新しい言葉や表現などに触れ、これらを使う楽しさを味わえるようにすること。その際、絵本や物語に親しんだり、言葉遊びなどをしたりすることを通して、言葉が豊かになるようにすること。

(5) 園児が日常生活の中で、文字などを使いながら思ったことや考えたことを伝える喜びや楽しさを味わい、文字に対する興味や関心をもつようにすること。

表現

〔感じたことや考えたことを自分なりに表現することを通して、豊かな感性や表現する力を養い、創造性を豊かにする。〕

1 ねらい

(1) いろいろなものの美しさなどに対する豊かな感性をもつ。

(2) 感じたことや考えたことを自分なりに表現して楽しむ。

(3) 生活の中でイメージを豊かにし、様々な表現を楽しむ。

2 内容

(1) 生活の中で様々な音、形、色、手触り、動きなどに気付いたり、感じたりするなどして楽しむ。

(2) 生活の中で美しいものや心を動かす出来事に触れ、イメージを豊かにする。

(3) 様々な出来事の中で、感動したことを伝え合う楽しさを味わう。

(4) 感じたこと、考えたことなどを音や動きなどで表現したり、自由にかいたり、つくったりなどする。

(5) いろいろな素材に親しみ、工夫して遊ぶ。

(6) 音楽に親しみ、歌を歌ったり、簡単なリズム楽器を使ったりなどする楽しさを味わう。

(7) かいたり、つくったりすることを楽しみ、遊びに使ったり、飾ったりなどする。

(8) 自分のイメージを動きや言葉などで表現したり、演じて遊んだりするなどの楽しさを味わう。

3 内容の取扱い

上記の取扱いに当たっては、次の事項に留意する必要がある。

(1) 豊かな感性は、身近な環境と十分に関わる中で美しいもの、優れたもの、心を動かす出来事などに出会い、そこから得た感動を他の園児や保育教諭等と共有し、様々に表現することなどを通して養われるようにすること。その際、風の音や雨の音、身近にある草や花の形や色など自然の中にある音、形、色などに気付くようにすること。

(2) 幼児期の自己表現は素朴な形で行われることが多いので、保育教諭等はそのような表現を受容し、園児自身の表現しようとする意欲を受け止めて、園児が生活の中で園児らしい様々な表現を楽しむことができるようにすること。

(3) 生活経験や発達に応じ、自ら様々な表現を楽しみ、表現する意欲を十分に発揮させることができるように、遊具や用具などを整えたり、様々な素材や表現の仕方に親しんだり、他の園児の表現に触れられるよう配慮したりし、表現する過程を大切にして自己表現を楽しめるように工夫すること。

第4 教育及び保育の実施に関する配慮事項

1 満3歳未満の園児の保育の実施については、以下の事項に配慮するものとする。

(1) 乳児は疾病への抵抗力が弱く、心身の機能の未熟さに伴う疾病の発生が多いことから、一人一人の発育及び発達状態や健康状態についての適切な判断に基づく保健的な対応を行うこと。また、一人一人の園児の生育歴の違いに留意しつつ、欲求を適切に満たし、特定の保育教諭等が応答的に関わるように努めること。更に、乳児期の園児の保育に関わる職員間の連携や学校医との連携を図り、第３章に示す事項を踏まえ、適切に対応すること。栄養士及び看護師等が配置されている場合は、その専門性を生かした対応を図ること。乳児期の園児の保育においては特に、保護者との信頼関係を築きながら保育を進めるとともに、保護者からの相談に応じ支援に努めていくこと。なお、担当の保育教諭等が替わる場合には、園児のそれまでの生育歴や発達の過程に留意し、職員間で協力して対応すること。

(2)　満１歳以上満３歳未満の園児は、特に感染症にかかりやすい時期であるので、体の状態、機嫌、食欲などの日常の状態の観察を十分に行うとともに、適切な判断に基づく保健的な対応を心掛けること。また、探索活動が十分できるように、事故防止に努めながら活動しやすい環境を整え、全身を使う遊びなど様々な遊びを取り入れること。更に、自我が形成され、園児が自分の感情や気持ちに気付くようになる重要な時期であることに鑑み、情緒の安定を図りながら、園児の自発的な活動を尊重するとともに促していくこと。なお、担当の保育教諭等が替わる場合には、園児のそれまでの経験や発達の過程に留意し、職員間で協力して対応すること。

2　幼保連携型認定こども園における教育及び保育の全般において以下の事項に配慮するものとする。

(1)　園児の心身の発達及び活動の実態などの個人差を踏まえるとともに、一人一人の園児の気持ちを受け止め、援助すること。

(2)　園児の健康は、生理的・身体的な育ちとともに、自主性や社会性、豊かな感性の育ちとがあいまってもたらされることに留意すること。

(3)　園児が自ら周囲に働き掛け、試行錯誤しつつ自分の力で行う活動を見守りながら、適切に援助すること。

(4)　園児の入園時の教育及び保育に当たっては、できるだけ個別的に対応し、園児が安定感を得て、次第に幼保連携型認定こども園の生活になじんでいくようにするとともに、既に入園している園児に不安や動揺を与えないようにすること。

(5)　園児の国籍や文化の違いを認め、互いに尊重する心を育てるようにすること。

(6)　園児の性差や個人差にも留意しつつ、性別などによる固定的な意識を植え付けることがないようにすること。

第３章　健康及び安全

幼保連携型認定こども園における園児の健康及び安全は、園児の生命の保持と健やかな生活の基本となるものであり、第１章及び第２章の関連する事項と併せ、次に示す事項について適切に対応するものとする。その際、養護教諭や看護師、栄養教諭や栄養士等が配置されている場合には、学校医等と共に、これらの者がそれぞれの専門性を生かしながら、全職員が相互に連携し、組織的かつ適切な対応を行うことができるような体制整備や研修を行うことが必要である。

第１　健康支援

1　健康状態や発育及び発達の状態の把握

(1)　園児の心身の状態に応じた教育及び保育を行うために、園児の健康状態や発育及び発達の状態について、定期的・継続的に、また、必要に応じて随時、把握すること。

(2)　保護者からの情報とともに、登園時及び在園時に園児の状態を観察し、何らかの疾病が疑われる状態や傷害が認められた場合には、保護者に連絡するとともに、学校医と相談するなど適切な対応を図ること。

(3)　園児の心身の状態等を観察し、不適切な養育の兆候が見られる場合には、市町村（特別区を含む。以下同じ。）や関係機関と連携し、児童福祉法第25条に基づき、適切な対応を図ること。また、虐待が疑われる場合には、速やかに市町村又は児童相談所に通告し、適切な対応を図ること。

2　健康増進

(1)　認定こども園法第27条において準用する学校保健安全法（昭和33年法律第56号）第５条の学校保健計画を作成する際は、教育及び保育の内容並びに子育ての支援等に関する全体的な計画に位置づくものとし、全ての職員がそのねらいや内容を踏まえ、園児一人一人の健康の保持及び増進に努めていくこと。

(2)　認定こども園法第27条において準用する学校保健安全法第13条第１項の健康診断を行ったときは、認定こども園法第27条において準用する学校保健安全法第14条の措置を行い、教育及び保育に活用するとともに、保護者が園児の状態を理解し、日常生活に活用できるようにすること。

3　疾病等への対応

(1)　在園時に体調不良や傷害が発生した場合には、その園児の状態等に応じて、保護者に連絡するとともに、適宜、学校医やかかりつけ医等と相談し、適切な処置を行うこと。

(2)　感染症やその他の疾病の発生予防に努め、その発生や疑いがある場合には必要に応じて学校医、市町村、保健所等に連絡し、その指示に従うとともに、保護者や全ての職員に連絡し、予防等について協力を求めること。また、感染症に関する幼保連携型認定こども園の対応方法等について、あらかじめ関係機関の協力を得ておくこと。

(3)　アレルギー疾患を有する園児に関しては、保護者と連携し、医師の診断及び指示に基づき、適切な対応を行うこと。また、食物アレルギーに関して、関係機関と連携して、当該幼保連携型認定こども園の体制構築など、安全な環境の整備を行うこと。

(4) 園児の疾病等の事態に備え、保健室の環境を整え、救急用の薬品、材料等を適切な管理の下に常備し、全ての職員が対応できるようにしておくこと。

第２　食育の推進

1　幼保連携型認定こども園における食育は、健康な生活の基本としての食を営む力の育成に向け、その基礎を培うことを目標とすること。

2　園児が生活と遊びの中で、意欲をもって食に関わる体験を積み重ね、食べることを楽しみ、食事を楽しみ合う園児に成長していくことを期待するものであること。

3　乳幼児期にふさわしい食生活が展開され、適切な援助が行われるよう、教育及び保育の内容並びに子育ての支援等に関する全体的な計画に基づき、食事の提供を含む食育の計画を作成し、指導計画に位置付けるとともに、その評価及び改善に努めること。

4　園児が自らの感覚や体験を通して、自然の恵みとしての食材や食の循環・環境への意識、調理する人への感謝の気持ちが育つように、園児と調理員等との関わりや、調理室など食に関する環境に配慮すること。

5　保護者や地域の多様な関係者との連携及び協働の下で、食に関する取組が進められること。また、市町村の支援の下に、地域の関係機関等との日常的な連携を図り、必要な協力が得られるよう努めること。

6　体調不良、食物アレルギー、障害のある園児など、園児一人一人の心身の状態等に応じ、学校医、かかりつけ医等の指示や協力の下に適切に対応すること。

第３　環境及び衛生管理並びに安全管理

1　環境及び衛生管理

(1) 認定こども園法第27条において準用する学校保健安全法第6条の学校環境衛生基準に基づき幼保連携型認定こども園の適切な環境の維持に努めるとともに、施設内外の設備、用具等の衛生管理に努めること。

(2) 認定こども園法第27条において準用する学校保健安全法第6条の学校環境衛生基準に基づき幼保連携型認定こども園の施設内外の適切な環境の維持に努めるとともに、園児及び全職員が清潔を保つようにすること。また、職員は衛生知識の向上に努めること。

2　事故防止及び安全対策

(1) 在園時の事故防止のために、園児の心身の状態等を踏まえつつ、認定こども園法第27条において準用する学校保健安全法第27条の学校安全計画の策定等を通じ、全職員の共通理解や体制づくりを図るとともに、家庭や地域の関係機関の協力の下に安全指導を行うこと。

(2) 事故防止の取組を行う際には、特に、睡眠中、プール活動・水遊び中、食事中等の場面では重大事故が発生しやすいことを踏まえ、園児の主体的な活動を大切にしつつ、施設内外の環境の配慮や指導の工夫を行うなど、必要な対策を講じること。

(3) 認定こども園法第27条において準用する学校保健安全法第29条の危険等発生時対処要領に基づき、事故の発生に備えるとともに施設内外の危険箇所の点検や訓練を実施すること。また、外部からの不審者等の侵入防止のための措置や訓練など不測の事態に備え必要な対応を行うこと。更に、園児の精神保健面における対応に留意すること。

第４　災害への備え

1　施設・設備等の安全確保

(1) 認定こども園法第27条において準用する学校保健安全法第29条の危険等発生時対処要領に基づき、災害等の発生に備えるとともに、防火設備、避難経路等の安全性が確保されるよう、定期的にこれらの安全点検を行うこと。

(2) 備品、遊具等の配置、保管を適切に行い、日頃から、安全環境の整備に努めること。

2　災害発生時の対応体制及び避難への備え

(1) 火災や地震などの災害の発生に備え、認定こども園法第27条において準用する学校保健安全法第29条の危険等発生時対処要領を作成する際には、緊急時の対応の具体的内容及び手順、職員の役割分担、避難訓練計画等の事項を盛り込むこと。

(2) 定期的に避難訓練を実施するなど、必要な対応を図ること。

(3) 災害の発生時に、保護者等への連絡及び子どもの引渡しを円滑に行うため、日頃から保護者との密接な連携に努め、連絡体制や引渡し方法等について確認をしておくこと。

3　地域の関係機関等との連携

(1) 市町村の支援の下に、地域の関係機関との日常的な連携を図り、必要な協力が得られるよう努めること。

(2) 避難訓練については、地域の関係機関や保護者との連携の下に行うなど工夫すること。

第４章　子育ての支援

幼保連携型認定こども園における保護者に対する子育ての支援は、子どもの利益を最優先して行うものとし、第１章及び第２章等の関連する事項を踏まえ、子どもの育ちを家庭と連携して支援していくとともに、保護者及び地域が有する子育てを自ら実践する力の向上に資するよう、次の事項に留意するものとする。

第１　子育ての支援全般に関わる事項

1　保護者に対する子育ての支援を行う際には、各地域や家庭の実態等を踏まえるとともに、保護者の気持ちを受け止め、相互の信頼関係を基本に、保護者の自己決定を尊重すること。

2　教育及び保育並びに子育ての支援に関する知識や技術など、保育教諭等の専門性や、園児が常に存在する環境など、幼保連携型認定こども園の特性を生かし、保護者が子どもの成長に気付き子育ての喜びを感じられるように努めること。

3　保護者に対する子育ての支援における地域の関係機関等との連携及び協働を図り、園全体の体制構築に努めること。

4　子どもの利益に反しない限りにおいて、保護者や子どものプライバシーを保護し、知り得た事柄の秘密を保持すること。

第2　幼保連携型認定こども園の園児の保護者に対する子育ての支援

1　日常の様々な機会を活用し、園児の日々の様子の伝達や収集、教育及び保育の意図の説明などを通じて、保護者との相互理解を図るよう努めること。

2　教育及び保育の活動に対する保護者の積極的な参加は、保護者の子育てを自ら実践する力の向上に寄与するだけでなく、地域社会における家庭や住民の子育てを自ら実践する力の向上及び子育ての経験の継承につながるきっかけとなる。これらのことから、保護者の参加を促すとともに、参加しやすいよう工夫すること。

3　保護者の生活形態が異なることを踏まえ、全ての保護者の相互理解が深まるように配慮すること。その際、保護者同士が子育てに対する新たな考えに出会い気付き合えるよう工夫すること。

4　保護者の就労と子育ての両立等を支援するため、保護者の多様化した教育及び保育の需要に応じて病児保育事業など多様な事業を実施する場合には、保護者の状況に配慮するとともに、園児の福祉が尊重されるよう努め、園児の生活の連続性を考慮すること。

5　地域の実態や保護者の要請により、教育を行う標準的な時間の終了後等に希望する園児を対象に一時預かり事業などとして行う活動については、保育教諭間及び家庭との連携を密にし、園児の心身の負担に配慮すること。その際、地域の実態や保護者の事情とともに園児の生活のリズムを踏まえつつ、必要に応じて、弾力的な運用を行うこと。

6　園児に障害や発達上の課題が見られる場合には、市町村や関係機関と連携及び協力を図りつつ、保護者に対する個別の支援を行うよう努めること。

7　外国籍家庭など、特別な配慮を必要とする家庭の場合には、状況等に応じて個別の支援を行うよう努めること。

8　保護者に育児不安等が見られる場合には、保護者の希望に応じて個別の支援を行うよう努めること。

9　保護者に不適切な養育等が疑われる場合には、市町村や関係機関と連携し、要保護児童対策地域協議会で検討するなど適切な対応を図ること。また、虐待が疑われる場合には、速やかに市町村又は児童相談所に通告し、適切な対応を図ること。

第3　地域における子育て家庭の保護者等に対する支援

1　幼保連携型認定こども園において、認定こども園法第２条第12項に規定する子育て支援事業を実施する際には、当該幼保連携型認定こども園がもつ地域性や専門性などを十分に考慮して当該地域において必要と認められるものを適切に実施すること。また、地域の子どもに対する一時預かり事業などの活動を行う際には、一人一人の子どもの心身の状態などを考慮するとともに、教育及び保育との関連に配慮するなど、柔軟に活動を展開できるようにすること。

2　市町村の支援を得て、地域の関係機関等との積極的な連携及び協働を図るとともに、子育ての支援に関する地域の人材の積極的な活用を図るよう努めること。また、地域の要保護児童への対応など、地域の子どもを巡る諸課題に対し、要保護児童対策地域協議会など関係機関等と連携及び協力して取り組むよう努めること。

3　幼保連携型認定こども園は、地域の子どもが健やかに育成される環境を提供し、保護者に対する総合的な子育ての支援を推進するため、地域における乳幼児期の教育及び保育の中心的な役割を果たすよう努めること。

索引

かな

■ 執筆者紹介（執筆順、＊は編著者）

小野﨑佳代＊（おのざき・かよ）
東京未来大学非常勤講師　レッスン 1 ～ 2、レッスン 8 ～10、レッスン 14～ 15

石田幸美＊（いしだ・ゆきみ）
社会福祉法人なのはな　菜の花こども園副園長・主幹保育教諭　レッスン 3 ～ 7

今井大二郎（いまい・だいじろう）
駒沢女子短期大学保育科講師　レッスン 11 ～ 13

■ 写真提供協力園

社会福祉法人なのはな　菜の花こども園
社会福祉法人古宮会　ほしのみや保育園

編集協力：株式会社桂樹社グループ
本文デザイン：中田聡美

■ 監修者紹介

今井和子（いまい・かずこ）　子どもとことば研究会代表

近藤幹生（こんどう・みきお）　白梅学園大学・短期大学学長、子ども学部教授

■ 編著者紹介

小野﨑佳代（おのざき・かよ）

東京未来大学非常勤講師

34年間、東京都荒川区の公立保育園・こども園に保育士・園長として勤務し、その後、東京未来大学保育・教職センター特任教授を経て現職。

主著『エピソードから楽しく学ぼう環境指導法』（共著）創成社、2017年
『すぐにできる！保育者のための紙芝居活用ガイドブック』（共著）明治図書出版、2018年
『0・1・2歳児の世界』全5巻（共著）トロル、2018年

石田幸美（いしだ・ゆきみ）

社会福祉法人なのはな　菜の花こども園副園長・主幹保育教諭

15年間、山梨県内の2つの保育園に保育士・主任として勤務し、13年前現在の「菜の花こども園」の立ち上げに携わり主幹保育教諭として勤務、現在に至る。

主著『主任保育士・副園長・リーダーに求められる役割と実践的スキル』（共著）ミネルヴァ書房、2016年
『新人担任が知っておきたい！　3・4・5歳児　保育のキホンまるわかりブック』（共著）学研、2018年

MINERVA 保育士等キャリアアップ研修テキスト6
保護者支援・子育て支援

2020年10月10日　初版第1刷発行　〈検印省略〉

定価はカバーに表示しています

監修者　今井和子
　　　　近藤幹生
編著者　小野﨑佳代
　　　　石田幸美
発行者　杉田啓三
印刷者　森元勝夫

発行所　株式会社　ミネルヴァ書房
607-8494　京都市山科区日ノ岡堤谷町1
電話代表（075）581-5191
振替口座　01020-0-8076

モリモト印刷

ISBN978-4-623-08766-2

Printed in Japan